parliamone n°3

Catherine Mayer

AMORTALITÀ

PIACERI E PERICOLI DEL VIVERE SENZA ETÀ

Traduzione di
Sabina Terziani

iacobellieditore®

L'autrice ringrazia per il permesso accordatole di citare brani dalle seguenti opere già protette da copyright:

Nanao Sakaki, *Break The Mirror*, Blackberry Books, 1996
Riprodotto con il permesso dell'editore

Gang of Four, *Natural's Not In It*
Riprodotto con il permesso di Andy Gill

©Philip Larkin, *Aubade*, in "Clollected poems"
Riprodotto con il permesso di Faber&Faber Ltd

Originally title:
Amortality
The pleasures and perils of living agelessly

Published in 2011 by Vermilion,
An imprint of Ebury Publishing
A Random House Group company

Prima edizione italiana: maggio 2012

Iacobelli editore
Via Catania, 8
Pavona di Albano (Castelli Romani, Roma)

Trerefusi srl
Il marchio Iacobelli editore è di proprietà esclusiva di Trerefusi srl
www.iacobellieditore.it
info@iacobellieditore.it

ISBN 978-88-6252-173-4

Per Andy con tutto il mio amore, come sempre.

In ricordo di Richard Flint.
Quei momenti si perderanno nel tempo, come lacrime sciolte nella pioggia.
Ma non ora, non ancora.

ATTENZIONE: Le informazioni contenute in questo libro sono di carattere informativo, generico e divulgativo; in nessun caso si sostituiscono al parere di uno specialista. Pertanto si prega il lettore di consultare il proprio medico prima di cambiare, interrompere o iniziare qualsiasi trattamento sanitario. L'autrice dichiara che le informazioni fornite sono corrette e aggiornate al 2010.
L'autrice e gli editori declinano ogni responsabilità per danni di qualsiasi natura, che il lettore, prendendo le notizie da questo libro, potrebbe causare a se stesso a o terzi, per uso improprio o illegale delle informazioni riportate in questo libro, o per errori e imprecisioni relativi al loro contenuto, o per libere interpretazioni, o per qualsiasi azione che il lettore del libro possa intraprendere autonomamente e disgiuntamente dalle indicazioni del proprio medico curante.

Indice

Prefazione

di Lorella Zanardo

«Lei parla di ragazze e di come vengono rappresentate dai media. Io ho sedici anni mi chiamo Filippo e vorrei aggiungere che in TV *e adesso anche in politica è pieno di uomini, signori che hanno l'età di mio padre o anche dei miei nonni che però cercano le ragazze della mia età. Ma io, che non ho nemmeno il motorino, che possibilità ho?».*

Mi è tornato in mente questo episodio, mentre leggevo il libro di Catherine Mayer Amortalità *e riflettevo sulla mia generazione, quella dei* baby boomers *che sta al centro di un cambiamento epocale. Cambiamento positivo, perché ci vede attori e attrici per un periodo lunghissimo delle nostre vite ma che sta involontariamente alterando, spesso con conseguenze ancora sconosciute, gli equilibri intergenerazionali su cui si basa la coesione sociale.*

La domanda mi è stata rivolta da un ragazzo durante uno dei molti incontri che stiamo conducendo nelle scuole da tre anni a questa parte; incontri che in origine avevano come obiettivo analizzare l'influenza delle immagini televisive sulle generazioni dei quattordici-diciottenni, in particolare quelle che tendono a oggettivizzare i corpi delle ragazze. Nel corso dei mesi ho constatato però con sorpresa come l'interesse delle ragazze ma ancor più dei ragazzi fosse centrato sul trovare all'interno dello schermo televisivo figure di riferimento adulte che servissero loro da modello, fonte di ispirazione, riferimento. Ragazze con madri giovanissime che spesso vengono scambiate per loro sorelle, giovani che si trovano a competere con uomini di trenta anni più anziani quando corteggiano una ragazza: di questo non si parla o si discute ancora troppo poco, di come cioè "gli amortali" abbiano contribuito a cambiare in modo forse definitivo gli equilibri sociali.

Quello di Mayer è dunque un libro necessario perché non giudica, bensì analizza e ci obbliga a riflettere su come l'amortalità sia ormai una realtà accettata ma sino a oggi poco compresa.

Noi baby boomers *godiamo delle scoperte della medicina che ci permettono di prolungare la fase costruttiva e giovanile della vita: siamo responsabili di questo cambiamento? Ci dobbiamo ritenere colpevoli di volere restare in forma, con un aspetto gradevole e in salute per molti più anni rispetto a quanto accadeva solo fino a pochi anni fa?*

Non lo penso e non lo pensa nemmeno Catherine Mayer che racconta dei tanti incontri con gli amortali, donne e uomini che paiono non tenere conto della morte così come invece è avvenuto per secoli prima di noi.

Nel presentarci i personaggi di questa galleria di forever young, *le sue riflessioni ci conducono a porci qualche domanda, quasi un modo maieutico per iniziare una sorta di riflessione sul confine tra una vita rivolta a un benessere desiderato e comprensibile e una rincorsa al mito di Dorian Gray, che rischia di appiattirci all'interno di un tristissimo Modello Unico.*

È questa la sensazione che proviamo, per esempio, di fronte agli incontri con i tanti chirurghi estetici occupati a spianare, gonfiare ridistribuire i volumi dei volti che alla fine appariranno levigati e atemporali, non più in grado di raccontare la storia che fa di ognuno di noi una persona unica in grado di tramandare una personalissima storia a chi verrà dopo di noi.

Mentre ho provato un moto di simpatia e di desiderio di emulazione ogni volta che Mayer racconta di amortali longevi e felici in grado di prolungare la propria vita attraverso pratiche salutistiche o diete equilibrate o sport praticati con regolarità.

Leggendo mi è tornato in mente l'obiettivo che mi ero posta con il documentario Il corpo delle donne*: non un giudizio sulle donne che intervengono chirurgicamente sul passare del tempo che si manifesta nel volto, bensì un prendere atto che questa tendenza esiste e che attraverso la sua narrazione si può iniziare una riflessione che a oggi manca.*

Nel mondo globalizzato i dati di Mayer sono perfettamente adattabili anche alla realtà italiana: in un paese che invecchia e che a breve sarà abitato da una maggioranza di ultrasessantenni, spesso fortemente amortali, e che dunque hanno una prospettiva di vita lunghissima e non considerano la morte come un evento prossimo, la rappresentazione degli anziani nei media è quasi inesistente, o spes-

so irreale con conseguenze non trascurabili, quasi una rimozione di una fase della vita che è divenuta lunghissima ma di cui, in una società dominata dal culto della giovinezza, non si vuole tenere conto.

In un'epoca caratterizzata da età liquide, non è più chiaramente definibile quanto duri la giovinezza, quando si diventa anziani, se una cinquantenne sia da considerarsi vecchia e se sia possibile dunque che la vecchiaia duri quarant'anni, cioè circa la metà della vita di una persona; ecco, in un periodo storico caratterizzato dalla fluidità, risulta difficile da comprendere come la nostra società si ostini a non volere accettare questo mutamento epocale, e tenti di rinchiuderci ancora in gabbie rigidamente suddivise per sesso, età, professione. E dunque nonostante le coppie in cui la partner ha un'età maggiore dell'uomo siano ormai numerose, ci si ostina a non prenderne atto attraverso una continua descrizione caricaturale che contribuisce alla creazione dell'ennesimo stereotipo, insieme a quello sull'età ideale che ci vorrebbe tutte madri giovanissime, mentre è ormai un dato di fatto che le donne dei paesi occidentali scelgano per innumerevoli ragioni di diventare madri dopo i trentacinque anni.

Così come il linguaggio fatica a registrare cambiamenti sociali che sono da tempo realtà, vediamo infatti con quanta difficoltà un ministro donna viene nominata correttamente "ministra", anche gli amortali stentano a divenire realtà acquisita tale da aver già definitivamente mutato l'assetto sociale. Sarà necessario nei prossimi anni passare dal rifiuto e dalla critica che spesso i cambiamenti provocano, all'accettazione di questo nuovo e ampio gruppo sociale che, se conosciuto e compreso può divenire una risorsa importante per una maggiore coesione sociale: gli amortali come generazione ponte in grado di comprendere i bisogni dei giovani e tradurli per le generazioni più anziane. Una risorsa preziosa.

Introduzione

È vero, il mondo è tutto un palcoscenico
sul quale tutti noi, uomini e donne siam solo attori,
con le nostre uscite e con le nostre entrate;
ove ciascuno, per il tempo che gli è stato assegnato, recita molte parti,
e gli atti sono le sue sette età.

Shakespeare, *Come vi piace*

Sono affamata come il giorno che me ne sono andata di casa.

Madonna

La vera sfida è quando si capisce che esiste veramente la possibilità
di scoprire qualcosa di mai visto prima.

Manuale delle immersioni del British Sub-Aqua Club

I momenti di transizione possono essere impacciati e l'inizio di un'immersione non è certo un esempio di scioltezza. Si entra in acqua con un goffo plop, poi subentra la lotta per espellere l'aria dal giubbotto ad assetto variabile, e infine c'è la discesa durante la quale si cerca di ridurre la pressione sui timpani e di togliere l'inevitabile appannamento sulla maschera che la fa somigliare agli occhiali di un maniaco in calore. Questa breve, maldestra lotta è il prezzo da pagare per entrare in un seducente universo parallelo in cui le certezze si dissolvono e le cui regole ci sono sconosciute. Dopo pochi metri il rosso e il giallo diventano sfumature dell'azzurro; qualche metro ancora e certi gas che in superficie sono innocui si trasformano in sostanze inebrianti e persino tossiche. Oltre una data profondità l'azione che dovrebbe garantire la nostra sicurezza – la risalita – si fa rischiosa: una risalita troppo veloce può infatti causare la morte. Mio padre si trovava molto oltre quel punto quando una zavorra gli si sfilò dal giubbotto ad assetto variabile per scomparire negli abissi.

Quel mattino, arrivati al molo, trovammo la nostra barca per immersioni nel Mar Rosso carica di soldati americani in licenza provenienti dalle missioni di pace nel Golfo. Il sottufficiale, un tipo dai pettorali pompati a cui affibbiammo subito il soprannome di "sergente pesce palla", si dimostrò un sub esperto. I suoi sottoposti, però, non avevano alcuna esperienza. Mio padre settantenne fu messo insieme a un soldato semplice di diciannove anni, proveniente dall'Arkansas. Il ragazzo, responsabile del controllo sicurezza e della prima immersione della giornata non assicurò le zavorre che controllano la velocità di risalita.

L'incidente illustrò un'altra delle regole che il mare sovverte: sulla terraferma un adolescente sano batte inevitabilmente un settantenne in qualsiasi sforzo fisico, ma sotto la superficie delle onde le differenze di età si confondono, diventano liquide. Di fronte al problema il soldatino perse il controllo della sua forza ascensionale e iniziò a dimenarsi come un pesce nella rete, mentre il suo compagno riprogrammò l'immersione con calma, comunicando le variazioni con il limitato linguaggio dei gesti tipico dei sub. Una volta risaliti a bordo l'ordine naturale si ristabilì e l'anziano, professore emerito, sgridò il giovane che invece, felicemente inconsapevole dell'ostilità causata, si crogiolava al sole pomeridiano.

Tuttavia, anche l'ordine naturale delle cose è fluido. Mio padre, ormai ottantenne, continua a fare immersioni. Siamo abituati ad aspettarci che un uomo della sua età assista passivamente al tramontare della vita, non che attenda il calare del sole per infilarsi la muta e andare in immersione notturna. Si vive più a lungo, talvolta molto oltre le aspettative. In tutto il mondo industrializzato la durata media della vita si è allungata di una trentina d'anni dall'inizio del Ventesimo secolo. Il segmento della popolazione in maggiore crescita è quello dei centenari, passato da poche migliaia di individui nel 1950 a trecentoquarantamila nel 2010 è destinato a toccare quota sei milioni entro il 2050.[1]

Verrebbe da pensare che tutti questi anni in più possano tradursi in un aumento delle cosiddette "età della vita"; dalle sette previste da Shakespeare quando in media si moriva a quarant'anni, fino a die-

1. US National Institute on Aging.

ci, dodici o quindici. Un uomo che oggi nasce a Stratford-upon-Avon, può contare su un'aspettativa di vita di 76,9 anni.[2] Ma ecco l'aspetto non scontato della questione: in realtà le età della vita stanno scomparendo. Una volta la giovinezza era l'ultimo momento di gloria prima di soccombere alla maturità e poi al rimbambimento senile. Ciascuna pietra miliare – infanzia, adolescenza, età adulta, mezza età, pensione, gli anni tranquilli tra la pensione e il declino, la vecchiaia – veniva confrontato con le aspettative determinate dalla cultura. Ebbene, oggi quelle aspettative sono in continuo mutamento, cangianti come un banco di sardine nella corrente.

Ciò significa che le premesse su cui si basano i governi per legiferare sono sorpassate. L'economia si fonda su dati non più validi. Il divario tra come immaginiamo la vita e come essa si dispiega è profondo.

Se siete scettici riguardo alle affermazioni precedenti, provate a rispondere a queste domande: qual è l'età migliore per fare figli? O per accasarsi? O per andare in pensione? A che età una donna può considerarsi fuori dal gioco? E per un uomo le cose sono diverse? Quando arriva per lui la crisi di mezza età? A quaranta, cinquanta o sessant'anni?

Non solo non invecchiamo più come prima, ma anche i primi decenni della vita rispondono ad aspettative diverse. L'età in cui scatta la responsabilità penale, ovvero l'età a partire dalla quale un individuo può essere processato per un reato commesso, va dai sette anni di Nigeria, Svizzera e Sudafrica, ai dieci di Australia, Inghilterra, Galles e Nuova Zelanda, ai tredici della Francia, ai quattordici di Cina, Germania e Italia, ai quindici dei paesi scandinavi, New York e South Carolina, ai sedici di Giappone, Spagna e Texas, fino ai diciotto di Belgio, Lussemburgo e gran parte degli Stati americani. Anche la maggiore età, per il consenso al matrimonio e ai rapporti sessuali, varia molto – da tredici a diciotto anni – da uno Stato all'altro dell'Europa. Le decisioni dei legislatori e le azioni degli adolescenti raramente entrano in relazione. Per esempio, circa il 40% degli inglesi ha rapporti sessuali prima dei quindici anni, contro il 25% dei ragazzi tedeschi e italiani e il diciassette degli spagnoli. Tra l'altro in Spagna la soglia d'età oltre la quale si è considerati responsabili è la più bassa nel contesto europeo.[3] Gli ingle-

2. Office of National Statistics, dati per il 2007.
3. *Child Poverty in Perspective: An Overview of Child Wellbeing in Rich Countries*, Unicef, Innocenti Research Centre, 2007.

si non solo si attivano sessualmente prima dei loro coetanei europei, ma si ubriacano anche prima – in media tra gli undici e i quindici anni.[4] Siamo di fronte a comportamenti adulti: ciò significa che i ragazzi inglesi maturano prima degli altri?

Il senso di ciò che è appropriato per una data fascia di età è ormai sfuggente. Gli indizi esterni non sono più affidabili. I bambini si vestono come adulti e il loro genitori vanno in giro in felpa col cappuccio e scarpe da ginnastica. Un'epidemia di obesità, diffusa specialmente tra i poveri ma in aumento anche ai piani alti della società, occulta le differenze generazionali sotto strati di grasso e, con l'aumento dei casi di diabete infantile, minaccia di bloccare la crescita dell'aspettativa di vita. Schiere sempre più numerose di novelli Dorian Gray si affidano all'esercizio fisico, alla dieta e alla chirurgia estetica per conservare una giovinezza trascendentale. Ma anche adolescenti e ventenni radiose di freschezza si sottopongono alla chirurgia estetica che le invecchia precocemente, che scolpisce e congela i loro volti, che le fornisce di improbabili seni matronali.

E c'è un'ulteriore ragione dietro l'attuale deriva della nozione di età della vita: la scomparsa della morte dal mondo industrializzato. In realtà ci confrontiamo quotidianamente con i dettagli fisiologici della morte, quando guardiamo il telegiornale o un film dell'orrore; e se proprio la morte ci incuriosisce possiamo andarla a cercare su internet per soddisfare impulsi morbosi o atavici. Tuttavia, per quanto tali esperienze possano essere dirette, si tratta sempre di qualcosa che accade ad altri, che non ci sfiora. Se ci va bene vediamo la morte da vicino solo quando ci troviamo a metà della nostra vita. Di solito è un evento medicalizzato, relegato in una corsia d'ospedale, nascosto dietro un paravento. Uno di quei paraventi dalle banali e rassicuranti fantasie a fiorellini pastello e con le rotelle che cigolano. E nonostante tutto la morte di un familiare o di un amico ci sconvolge sempre, perché non siamo pronti ai dettagli, alla lotta istintiva di un corpo che vuole resistere alla propria fine, al carattere definitivo di questo evento, alle fredde contrattazioni con i medici, con le pompe funebri, con la burocrazia, con i notai, che costringono a estromettere il dolore e il lutto. Le società più complesse non si soffermano sulla morte: ci si aspetta che, asciugate le lacrime, si riparta con la vita di sempre. Allora, in mancanza di canali di sfogo legittimi per il dolore, le nostre emozioni rimaste orfane si riversano sui lutti pubblici, e ci ritroviamo a

4. *Ibid.*

piangere per la principessa Diana e per Michael Jackson, oppure a scrivere omaggi per perfetti estranei su di un profilo Facebook.

Ci piace credere che possiamo controllare il nostro destino. Finché siamo giovani e in salute dichiariamo che, se mai rimarremo paralizzati in seguito a un incidente, vogliamo che qualcuno ci stacchi la spina, oppure che se perdiamo la facoltà di intendere e di volere qualcuno deve sopprimerci. La Dignitas, un'associazione fondata nel 1998 in Svizzera, richiede ai propri membri una quota associativa annuale e in cambio promette di aiutarli a morire nel modo meno doloroso possibile, sia fisicamente che mentalmente. Secondo una stima, nel 2009 i membri che avevano messo fine alla propria vita grazie all'associazione erano millequarantuno.[5] Exit-Deutsche Schweiz, un altro gruppo svizzero che promuove e sostiene l'eutanasia, dichiara di effettuare duecento interventi l'anno. E molti di noi giocano con questo fai-da-te della morte. «Dico sempre a mio marito che se arrivo al punto in cui la mia vita non è più degna di essere vissuta deve soffocarmi con un sacchetto di plastica», mi confessava un'elegante editrice settantenne durante un raffinato pranzo di lavoro, pochi minuti dopo che ci eravamo presentate. Il marito annuiva sorridente. Un medico mi dice che ha stretto un patto con i figli:

> Quando non sarò più autosufficiente portatemi in una baita sulle montagne e lasciatemi lì a cavarmela da solo. Non voglio dipendere da nessuno. Voglio essere autosufficiente fino alla fine, poi fate di me quello che fanno gli eschimesi ai loro vecchi: costruitemi un igloo e lasciatemi su un banco di ghiaccio alla deriva. Non datemi alcuna assistenza, per favore.

Il suicidio assistito sta diventando, perlomeno in senso figurato, uno tra i tanti stili di vita disponibili sul mercato. È sorprendentemente facile immaginare come la malattia e la morte possano essere rimandate all'infinito. La scienza ha già aggiunto vari decenni alla durata della nostra vita e sta senza dubbio per svelare i segreti dell'immortalità. Se quest'ultima affermazione può sembrare fantasiosa, vi assicuro che un numero crescente di scienziati – menti brillanti come Ray Kurzweil – è convinto che se riusciamo a vivere abbastanza a lungo, vivremo per sempre.

Nell'era della confusione tra le età della vita c'è un fenomeno che più di qualsiasi altro rimescola le definizioni: il numero sem-

5. Martin Beckford, "Record Numbers of Britons Ended Their Lives at Dignitas Last Year", *The Daily Telegraph*, 22 febbraio 2010.

pre più significativo di persone che vivono sganciate da ogni riferimento alla propria età anagrafica e che raramente si chiedono se il loro comportamento è adeguato a quell'età, perché non riconoscono un significato particolare al concetto di età della vita. Non progettano la loro esistenza fondandola sull'inevitabilità del declino e della morte perché preferiscono evitare il pensiero. Continuano a inseguire aspirazioni, desiderare nuovi prodotti, sposarsi, divorziare, procreare, studiare, lavorare nel presupposto che tutte le opzioni siano aperte, dalla giovinezza fino alla vecchiaia. Sono gli amortali e questo libro vuole descrivere per la prima volta l'anatomia della loro specie.

Richard Flint è morto a quarantasette anni. Soffriva di una malattia degenerativa chiamata atassia cerebellare. Da persona tra le più vitali che io abbia mai conosciuto, si era trasformato in un corpo inerte e prematuramente invecchiato. Al suo funerale gli amici espressero gratitudine per aver vissuto insieme a lui su questa terra, seppure per un periodo troppo breve. Richard era un amortale doc e gli ho dedicato il capitolo in cui parlo di amortalità e religione. Appare brevemente in questa introduzione in quanto autore di un'espressione che utilizzava spesso, prima di perdere l'uso della parola, per controbattere a chi lo interrompeva: «Parlo con cognizione di causa nella misura in cui sto inventando questa storia». Ecco: in quanto inventrice del termine "amortalità", apparso per la prima volta sul numero di *TIME Magazine* dedicato alle dieci idee che stanno cambiando il mondo,[6] l'autrice di questo libro afferma la propria incontrovertibile autorità. La caratteristica che definisce gli amortali è che «dall'adolescenza fino alla morte vivono nello stesso modo, con la stessa intensità, facendo le stesse cose e consumando gli stessi prodotti».

Ho coniato il termine, ma non ho certo inventato io il fenomeno che i lettori conoscevano già, a giudicare dalle loro intense reazioni. Arrivarono lettere ed email gioiose con frasi tipo: «Finalmente una definizione in cui mi riconosco». Un lettore si lamentava che l'articolo spiegasse un fenomeno ovvio. L'amortalità è ovvia, se si sa dove guardare, anche se la condizione viene ancora vissuta in modo inconsapevole e compresa solo in parte. Il senso comune vuole che la vita segua dei tracciati precisi con fasi che si susseguono

6. Catherine Mayer, "10 Ideas Changing the World Right Now: Amortality", *TIME*, 12 marzo 2009.

puntuali. Gail Sheehy è una saggista americana che si occupa da decenni di cartografare le fasi dell'età adulta. Nel suo bestseller *Passages: Predictable Crises in Adult Life*,[7] pubblicato nel 1976, Sheehy impiega una similitudine presa dalla vita marina per raccontare come ogni cambiamento lasci il soggetto vulnerabile e pronto a crescere. «Nel corso della sua vita l'aragosta subisce varie mute. Ogni volta che la sua massa aumenta è necessario che il guscio che la contiene venga eliminato».[8]

Confrontiamo questa similitudine con quella espressa da David Battiscombe, cinquantanove anni, ex bassista oggi avvocato immobiliarista.

> Se domani dovessi smettere di fare l'avvocato per iniziare a fare qualcos'altro, non ne sarei sconvolto più di tanto. In ogni caso quando smetterò di svolgere questo lavoro mi troverò un'altra professione in un campo del tutto diverso. Non so come, ma il cambiamento mi fa ringiovanire. È il principio del cambiamento. Sono d'accordo con il compagno Mao per quanto riguarda la rivoluzione permanente. È come nella vecchia battuta di Woody Allen sullo squalo che non può fermarsi mai sennò muore. Woody è lì con Annie Hall e le dice: «Senti, secondo me la nostra relazione, dobbiamo parlarne» eccetera, e poi conclude con la frase dello squalo: «e io credo che quello che abbiamo tra le mani sia uno squalo morto».

Questo libro è frutto di approfondite ricerche e di oltre cento ore di interviste in cui il sopracitato squalo è apparso varie volte nei discorsi con cui gli amortali cercavano di spiegarmi ciò che li spingeva a non fermarsi mai. L'aragosta fa la muta ogni volta che il suo organismo cambia, lo squalo invece è immutabile, quale che sia il suo ambiente.

Battiscombe ha iniziato a correre nel 2009 e pensa di partecipare alla maratona di Londra del 2011, pochi mesi prima del suo sessantesimo compleanno. Altri amortali celebreranno quella ricorrenza correndo una maratona diversa, magari con una sbronza epica che li trasformerà in ragazzini piagnucolanti che vomitano l'anima sulla tazza del cesso. In genere etichettiamo entrambi i comportamenti come tipici dei figli del *baby boom*, e in effetti lo sono. In quanto generazione i *boomers* si sono distinti proprio per il loro mettere in discus-

---

7. Passaggi: le crisi prevedibili dell'età adulta. *[n.d.t]*
8. Gail Sheehy, "Predictable Crises of Adulthood" in *Passages: Predictable Crises of Adult Life*, E.P. Dutton & Co 1974, 1976.

sione le convenzioni riguardo l'età.[9] I nati nel dopoguerra hanno creato il movimento hippy, la controcultura, il punk: tutta gente che mai avrebbe immaginato di finire marginalizzata dalla cultura giovanilista che aveva creato.

Quando nel 2008 Bill Clinton ha aiutato sua moglie Hillary nella campagna elettorale, ribolliva di rabbia repressa perché non era pronto a calarsi nel ruolo di spalla o eminenza grigia. Ma non tutti i figli del boom economico si accorgono della situazione difficile in cui si trovano. L'amortalità si manifesta infatti non come accresciuta consapevolezza della propria età, ma come cecità di fronte alla stessa. Quando corre, Battiscombe non è consapevole di sfidare il declino inevitabile; giunto alla soglia dei sessanta, ha semplicemente trovato un nuovo hobby che stimola il suo spirito di competizione. Certi *boomers* si legano a partner più giovani perché rifiutano di invecchiare, altri perché non notano neppure la differenza d'età. Alcuni scelgono abiti che li facciano sembrare giovani, altri neppure ci pensano, semplicemente non cambiano stile con il passare degli anni. Ma gli impulsi amortali non sono prerogativa dei *boomers*. Benché prevalente tra di loro, l'amortalità ha raggiunto la massa critica e sta contagiando tutte le generazioni, più veloce di quanto farebbe un norovirus in una casa di riposo.

E voi? Siete amortali? Il questionario a pagina 269 vi aiuterà a identificare i sintomi rivelatori della patologia. Anche la psicografia offre un'utile lista di controllo che aiuta a diagnosticare il disturbo. L'amortalità è un'epidemia a livello sociale che si definisce in base ad atteggiamenti, valori e comportamenti, non essendo vincolata a gruppi d'età, alla classe sociale e al luogo di residenza. È una sindrome e un fenomeno osservabile.

Se per un verso il suo impatto è benigno, per un altro non è esente da rischi e forme maligne. Questo libro vuole identificarne tanto i pericoli quanto i benefici. Esistono vari gradi di amortalità e gli amortali ritratti in queste pagine presentano sia le manifestazioni acute sia le forme più lievi del morbo, che si trasmette per via culturale, non

---

9. Con *boomers* l'autrice si riferisce ai nati nel ventennio successivo alla fine della Seconda guerra mondiale, periodo caratterizzato da un vertiginoso incremento demografico. Il crollo della mortalità, le prime forme di benessere e le politiche di *welfare* sostennero il fenomeno del *baby boom* in Europa occidentale e nell'America del nord, per tutti gli anni Cinquanta e Sessanta. Il *baby boom* ha segnato in molti paesi l'espansione del mercato dei consumi e del tempo libero. *[n.d.r.]*

genetica. Sottoprodotto della prosperità, essa influenza i comportamenti di individui appartenenti a classi ed età disparate. Per avere una visione distopica dell'amortalità basta accendere la televisione e guardare un qualsiasi talent show in prima serata in cui adolescenti ipersessualizzati vengono giudicati da sessantenni altrettanto ipersessualizzati.

In Gran Bretagna il manipolatore che sta dietro questo tipo di programma – e che spesso si palesa anche davanti alle telecamere con il suo sorriso sardonico – è Simon Cowell, l'archetipo dell'amortale. A un intervistatore ha confessato: «Mi piacciono ancora le stesse cose che mi piacevano da ragazzo. I miei gusti non sono cambiati per niente [...], sono giovane dentro [...], conduco una vita relativamente normale, l'unica cosa è che il lavoro mi consuma, mi assorbe completamente, a tal punto da viverlo come un'ossessione».[10]

Per il sempreverde Cowell il botox è una buona abitudine al pari del fare la pulizia dei denti. Le somiglianze con la figura di Peter Pan saltano all'occhio: non ha figli, fidanzatosi ufficialmente a cinquant'anni non dà segni di volersi sposare in tempi brevi e per lui la morte è qualcosa di inconcepibile. «Non riesco ad andare ai funerali. Mi rimane molto difficile confrontarmi con quella realtà e me ne tengo alla larga perché mi impressiona troppo», ha dichiarato nel corso di un'intervista in presenza di un pubblico ristretto in studio, ma di fronte a sei milioni di telespettatori.

Gli amortali del calibro di Cowell ci sembrano arenati in una sorta di Neverland, ma rappresentano solo una parte della storia. Amortalità significa una tendenza crescente a vivere la propria esistenza sempre allo stesso modo, non importa quale, il più a lungo possibile. I maghi del computer della Silicon Valley, come il fondatore di Facebook Mark Zuckerberg, rappresentano una sfaccettatura del fenomeno, la sua parte più giovane, e hanno per mito e ispirazione l'immutabile Bill Gates. Gli amortali sono grandi e grossi ma anche magri e segaligni, hanno facce levigate ma anche rugose come prugne secche, sono gay ma anche etero e provengono da etnie, culture e religioni disparate, benché alcune culture siano più attrezzate per resistere al morbo dell'amortalità.

Tra gli amortali più stagionati troviamo Hugh Hefner: «Per me la sorpresa più grande è stata scoprire che l'età è solo un numero, un numero senza significato», filosofeggia il fondatore di *Playboy* all'età di ottantuno anni. «Una persona che muore a quarant'anni di

10. Piers Morgan, *Life Stories, Simon Cowell*, trasmissione del 6 marzo 2010.

cancro o per un incidente stradale o per quant'altro, quanto era vecchia a trentotto? A quell'età si trovava a due passi dalla morte anche se non lo sapeva. E uno che muore a cento? A settantotto quanto era vecchio?».[11] A ottantaquattro anni, nel luglio 2010, Hefner, proprietario di una sostanziosa fetta di azioni della compagnia da lui fondata, si è lanciato in un'agguerrita gara al rilancio per conquistarne un'altra tranche. I suoi avversari erano i proprietari di *Penthouse*. Sempre nel 2010, la notte di Natale, Hefner ha twittato la notizia del suo fidanzamento con la ventiquattrenne Crystal Harris, la quale si definisce «coniglietta» e «cantante». Sei mesi prima, in un'intervista al *News of the World*, Harris affermava che la differenza abissale di età – sessant'anni – tra lei e il suo boyfriend le sembrava inconsistente: «Molti parlano della differenza d'età tra Hef e me, ma io non la vedo. Piuttosto, nella nostra coppia il ragazzino è Hef e l'adulta sono io».

Mick Jagger è un altro esempio di giovinezza prolungata. «Penso che sia importante andare avanti, non fermarsi mai, fare quello che ci piace», ha affermato a sessantasei anni, forse dimenticando di aver detto, nel maggio 1975, che avrebbe preferito essere morto piuttosto che ritrovarsi a cantare *Satisfaction* a quarantacinque anni, anno più, anno meno.[12] Richard Wilson, l'attore che ha impersonato Victor Meldrew nella sitcom *One Foot in the Grave*[13] facendone l'incarnazione del vecchietto stizzoso, nella vita reale è una specie di Mick Jagger. «Guardo una persona e penso: "Guarda quel povero vecchio", poi mi rendo conto che forse è più giovane di me», ha detto all'età di settantatre anni. «Dato che non mi vedo anziano, ci rimango malissimo quando la gente mi definisce tale». Quando gli proposero la parte di Meldrew, di primo acchito la rifiutò: «Non mi ci vedevo ancora a recitare la parte di un personaggio anziano».

Gli amortali, come i vampiri, possono diventare tali in qualsiasi momento e, data la varietà di forme che assumono, sono difficili da riconoscere. Non rifuggono l'aglio e le croci non hanno presa su

---

11. Hugh Hefner intervistato da Renee Montagne, *The Long View*, NPR, trasmissione del 23 aprile 2007.
12. Martyn Palmer, "Mick Jagger: My upbringing kept me stable", *Sunday Telegraph*, 23 maggio 2010.
13. Letteralmente *Un piede nella fossa*. È una serie televisiva andata in onda alla fine degli anni '90 in Gran Bretagna, in cui il protagonista – l'anziano Victor Meldrew – era stato obbligato ad andare in pensione contro la sua volontà, ritrovandosi alle prese con il tempo libero. *[n.d.r.]*

di loro. Diversamente dai protagonisti della saga di *Twilight* la loro pelle non brilla alla luce del sole. Ciononostante vampiri e amortali hanno dei tratti importanti in comune. Il ritorno dei vampiri in letteratura e nel cinema non è una coincidenza. I vampiri sexy e socializzanti che popolano *Twilight*, *True Blood*, e i *Vampire Diaries* rappresentano l'ideale perfetto di amortalità: un corpo senza età e una vita avventurosa sempre al centro degli eventi.

Però c'è un problema. Persino i vampiri sociali si lasciano andare a pulsioni antisociali, poiché non c'è niente che neghi il fastidioso insinuarsi della mortalità in modo altrettanto efficace del sesso proibito e dei drammi emotivi, separati o uniti in una combinazione detonante. Ma gli amortali sono molto bravi a generare confusione. Nel gennaio 2010, prima di morire per un cancro alla prostata, Dennis Hopper chiese il divorzio dalla sua quinta moglie. «Chi avrebbe mai detto che sarei riuscito a ottenere il divorzio nello stato in cui sono?» si chiedeva durante un'intervista con *Vanity Fair*.[14]

La vita privata di Woody Allen è sempre stata abbastanza movimentata da tenerlo lontano da questioni metafisiche evidentemente ritenute scomode. Nelle sue opere esplora in modo sistematico e ossessivo il potenziale comico della paura della morte: «Non mi interessa ottenere l'immortalità con le mie opere, voglio ottenerla non morendo». E questa non è una battuta anche se ne ha tutta l'aria. Allen ha organizzato la sua esistenza in modo da minimizzare l'intrusione della morte. Non ha mai un momento di riposo, sforna un film all'anno da quarant'anni e suona regolarmente il clarinetto in una jazz band: «Se ti arrovelli su una battuta, su un costume, una parrucca, sulle scenografie e sui giornalieri, non hai tempo per pensare alla morte e a quanto sia breve la vita».[15]

> Per me la noia è la strada che porta alla malinconia. Non è un cane nero, ma una specie di tristezza senza confini, vuota. È scatenata dal crepuscolo, da uno stato d'animo cupo e dal rimanere soli troppo a lungo. Perciò mi tengo sempre occupato in maniera frenetica e se mi rilasso un attimo mi viene il senso di colpa che non sto facendo niente. Alla fine però tutto questo correre avanti e indietro sfianca e non è particolarmente gratificante. Ma la musica è un'eccezione. Ecco la cosa importante. E poi c'è il sollievo dato dal fatto che un giorno tutto ciò non accadrà più, il che mi dà conforto.

14. Bob Colacello, "Dennis Hopper's last interview: His accomplishments, divorces and career", *Vanity Fair*, agosto 2010.
15. "Why Are We Here? And Why Is It So Terrible?", Woody Allen intervistato da Adam Higginbotham, *Seven magazine*, *Sunday Telegraph*, 20 giugno 2010.

L'intervistato mi racconta che riesce a guardare la morte negli occhi, che l'ha vista diverse volte nel corso degli anni, nelle carestie in Africa, nelle guerre, negli ospedali per malati di Aids ma anche nella sua famiglia: la morte di sua madre quando aveva sei anni, la morte della sua ex moglie e quella di suo padre, che quando ci siamo trovati per parlare di amortalità lui giudicava imminente e che infatti è avvenuta appena due mesi dopo. E quella di sua sorella, morta in modo improvviso e violento a distanza di meno di tre settimane dal padre. Lui ha cercato di affrontare il lutto, ha organizzato, gestito. E non si è mai fermato. Ma cosa accadrebbe se si fermasse?

Il moto perpetuo è uno dei segni distintivi degli amortali, ma Bob Geldof non soltanto si muove in continuazione, possiede anche un'energia tale da schiacciare qualunque cosa e persona si frapponga tra lui e il suo obiettivo. Con la forza di volontà ha lanciato Band Aid e Live Aid creando un modello di reazione pubblica ai disastri umanitari e una nuova modalità di interazione tra le celebrità e il resto del mondo. Ha costruito un impero mediatico cospicuo e ben organizzato. È in tour perenne, tiene conferenze, concerti e fa anche lobby, benché il termine lobby non trasmetta appieno la violenza dei suoi attacchi al mondo della politica. La sua attenzione è concentrata soprattutto sul rapporto tra paesi ricchi e paesi in via di sviluppo, ma si dedica anche alla difesa dei diritti dei padri.

Il venerdì che abbiamo riservato per la nostra chiacchierata è un giorno relativamente libero per Geldof, privo di impegni familiari, programmi di viaggio o incontri ad alto livello; tuttavia le interruzioni sono frequenti. Certo, è inevitabile che qualsiasi conversazione con lui venga interrotta da telefonate, ma in questo caso non si tratta di chiamate frivole, bensì di aggiornamenti riguardo a progetti in corso, richieste di appoggio, di partecipazione, di consigli. Ieri Geldof è andato al funerale del produttore rock Malcom McLaren dove ha incontrato molti colleghi del mondo della musica. Osserva che i vecchi punk, diversamente dai rockers conformisti, mostrano la loro età: «Devo dire che non sono invecchiati bene. Però, in fondo, non era neppure previsto che invecchiassero, no? Tutti con quella storia contro la vanità, che a loro piaceva tanto».

Bob, comunque, è messo meglio e nonostante la trasandatezza che è il suo marchio di fabbrica, si prende un minimo di cura della propria salute e del proprio aspetto, senza però arrivare a fare esercizio fisico:

> Ti guardi allo specchio e dici: Cazzo! Che strano, sono vecchio. E provi a fare qualcosa. Io accetto il fatto che sto invecchiando, non mi dà problemi. Dovrei andare a correre? Cominciano a farmi male le ginocchia? Cazzo che strano. E che è? E questo? È grasso sulla pancia? Ma è ridicolo. Allora continuo a portare gli stessi pantaloni anche se mi stringono. Resisto, non mi compro una cintura più grande. I pantaloni rimangono gli stessi, è la pancia che deve diminuire, ma senza diete sceme e noiose. Certo potrei mandare i pantaloni in lavanderia per farli allargare, tanto lo so che il jogging, gli addominali, le altre stronzate non servono a niente. Peccato non si perda peso leggendo. «La dieta Geldof: perdi peso leggendo libri». Questa dieta sì che funzionerebbe.

Geldof è un amortale, ma in lui lo slancio verso l'amortalità è in conflitto con l'istinto che lo spinge ad affermare ed esplorare la sua età. Il suo penultimo album porta il titolo *Sex, Age and Death*,[16] mentre l'ultimo è intitolato *How to Compose Popular Songs that will Sell*.[17] Una delle canzoni di punta di questo album è *Systematic 6-pack*, sottotitolata *58?* e il testo fa: «Il tempo ha sempre l'ultima parola/hai cinquantotto anni e mezzo». «È la mia età», dice Bob. E a me sembra che sia un ritratto fedele di cosa significhi avere quell'età. Potrebbe tirare su un mucchio di soldi se rimettesse insieme la vecchia band, i Boomtown Rats, ma dice:

> Non ce la farei. No, non ce la farei proprio. No, no, e poi no. Firmami un assegno da dieci milioni e non ce la farei comunque. Non esiste che un manipolo di ultra cinquantenni grassi e calvi si mettano a scimmiottare le canzoni che scrivevano a ventuno anni e che raccontavano cosa significava avere quell'età... Alcune posso cantarle oggi con la mia band, ma solo quelle che funzionano nel contesto delle canzoni più nuove e hanno attinenza con me, con la persona che sono oggi. È questo che conta, non il pubblico.

Negli anni trascorsi da quando i Rats dominavano le classifiche con *I Don't Like Mondays*, Bob è passato dall'incarnare il giovane arrabbiato che impreca perché ci sono dei bambini che muoiono a rappresentare uno dei *Grumpy Old Men*[18] della serie televisiva. Passa la sua vita «in un'incazzatura perenne... non sopporti più, non tolleri le stronzate, come quando arriva un poliziotto di diciannove anni con il suo faccino fresco e ti ordina di scendere dall'auto. Vaffanculo. Pensi: "Ho una vita alle spalle, non scendo perché me lo dice lui". Quel-

16. Sesso, vecchiaia e morte. *[n.d.t.]*
17. Come comporre canzoni pop che vendono. *[n.d.t.]*
18. Vecchi scontrosi. *[n.d.t.]*

lo fa: "Lei è in arresto". "Bene fai come vuoi, non me ne frega niente". Avere quasi sessant'anni è anche questo».

Non capisco a che punto la rabbia diventi affascinante e si trasformi in divertente scontrosità. Io non sto protestando contro l'arrivo del crepuscolo della vita, sono ancora arrabbiato per le stesse cose che mi facevano infuriare quando ero giovane. Non me ne voglio andare, come dice il poeta Dylan Thomas, «docile in quella buona notte», non ho mai neppure camminato docilmente nella luce del giorno. Purtroppo sono composto di una infelice mistura di rabbia e desiderio di cambiamento. A volte funziona, a volte è irritante per chi mi sta intorno, me incluso.

È proprio così. Se guardiamo con attenzione il suo percorso viene da chiedersi se qualcosa è veramente cambiato. Geldof è sempre stato un tipo molto scontroso, sempre pronto ad azzuffarsi per le sue idee. «Il momento in cui sto meglio è quando deludo le persone, è allora che mi sento bene nella mia pelle». Se gli si chiede di comportarsi bene, di fare quattro chiacchiere con un capo di stato durante una delle sue campagne, è come sventolare una bandiera rossa davanti a un toro: «Non ditelo proprio a me perché pensate che dipendo da voi e per questo devo fare il bravo bambino. È ridicolo».

E non pensa neppure di ridurre a breve i suoi mille impegni:

Quando avrò settant'anni e prenderò il telefono per parlare con un trentenne all'apice delle sue energie, sarò ascoltato? Certo che no. Ma se a quell'età fossi ancora presente in televisione, nel mondo della musica e facessi politica in senso buono come oggi, se partecipassi a dibattiti e contestazioni, allora il trentenne mi ascolterebbe. Dunque l'età è ininfluente in modo direttamente proporzionale alla vitalità delle idee.

Come molti amortali non ha nessuna intenzione di uscire di scena, ma è consapevole di rappresentare una sfida per una cultura che tende a relegare nell'ombra gli anziani. Parla dell'«atomizzazione della società in cui gli anziani scompaiono. E loro scompaiono perché noi non vogliamo confrontarci con l'inevitabile. Negli ultimi anni abbiamo ignorato la possibilità della morte perché se la riconoscessimo, prenderne atto renderebbe assurda ogni ambizione».

La pensione non è un'opzione particolarmente gradita agli amortali a meno che la vita postlavorativa non sia più ricca di impegni e migliore di quella che conducevano prima. In fondo, la spinta a continuare a lavorare non è così negativa, considerate le tendenze demografiche. Entro il 2050 un quinto della popolazione mondiale avrà più di sessant'anni. In Europa, che è già il continente più anziano, gli ultra sessantenni diventeranno il 37% (contro il 10% in Africa). Anche in altre regioni questo segmento demografico toccherà quote molto alte: in Cina (quattrocentotrentasette milioni), India (trecentoventiquattro milioni), America (centosette milioni), Indonesia (settanta milioni) e Brasile (cinquantotto milioni). In certi paesi due quinti degli abitanti avranno settant'anni o più.[19]

La Grecia sarà uno di quei paesi. All'inizio del 2010 la crisi del debito greco si è propagata in tutto il mondo e la fiducia dei mercati è crollata. L'eurozona ha cercato di arginare il contagio e il governo greco ha proposto un pacchetto di misure di austerità che includeva l'aumento dell'età pensionabile da cinquantatre a sessantasette anni in cambio del salvataggio.

I cittadini infuriati si sono riversati subito nelle strade per ribellarsi a provvedimenti che minacciavano il loro diritto di essere pagati per stare in panciolle durante gli ultimi ventisette anni della loro vita (benché i greci siano tra i fumatori più accaniti del mondo, la durata media della vita è di ottanta anni).[20] In Francia – altro paese longevo in cui i dipendenti pubblici vanno in pensione con il 75% del salario – il clima si è arroventato quando Nicolas Sarkozy ha alzato l'età pensionabile da sessanta a sessantadue anni. Una serie di proteste nel 2010 ha bloccato il paese con milioni di dimostranti – tra cui molti studenti indignati per un futuro distante – che intasavano le grandi arterie di comunicazione. «Siamo di fronte alla riforma più ingiusta che il presidente abbia mai deciso», inveiva François Hollande del partito socialista francese.

Non è chiaro dove il signor Hollande pensi di trovare i soldi per mandare in pensione i sempre più numerosi cittadini anziani. È però evidente che non tutti i sessantenni di oggi sono anziani come lo si era una volta. Nel settembre 2010 gli scienziati dell'International Institute for Applied System Analysis (Iiasa) in Austria, la Stony Brook University negli Stati Uniti e il Vienna Institute of Demography hanno pubblicato su *Science* una proposta congiunta di modifica dell'indice di dipendenza degli anziani utilizzato dall'Onu in modo da valutare con maggiore accuratezza le esigenze delle popolazioni. «Se si utilizzano indicatori basati su fasce anagrafiche fisse, non si tiene con-

---

19. Department of Economic and Social Affairs, Population Division, Onu.
20. The Economist Intelligence Unit for GE's healthymagination, 2010.

to dei cambiamenti che riguardano le aspettative di vita e gli indici di disabilità. Molte caratteristiche relative a determinate fasce d'età sono cambiate e cambieranno anche in futuro»,[21] riferiva uno degli autori del rapporto.

Un punto cruciale che inevitabilmente si perde nello scontro tra portavoce di interessi diversi ogni volta che i governi spingono per riconsiderare l'età pensionabile, è che sovvenzionare gli anziani affinché si mantengano improduttivi è, guarda caso, improduttivo. Non solo perché applica una pesante pressione fiscale su chi lavora ma anche perché, come hanno dimostrato alcuni studi, a volte la pensione danneggia le persone che dovrebbe favorire.

Otto von Bismarck creò la Germania unendo un coacervo di piccoli stati bellicosi. L'altra sua grande impresa fu istituire nel 1889 il primo sistema pensionistico del mondo. Il governo britannico lo imitò nel 1908. I beneficiari di entrambi i sistemi erano i settantenni, che all'epoca erano veramente vecchi.

L'idea della pensione come una condizione di beato relax, meritata ricompensa di una vita di duro lavoro, è frutto del boom economico del dopoguerra e dell'aumento dell'aspettativa di vita. Nel 1960 Del Webb, un impresario edile ricchissimo, inaugurò Sun City, il primo villaggio-casa di riposo del mondo a Phoenix, Arizona. I residenti del villaggio, al pari della mitica fenice che risorge dalle proprie ceneri, potevano godere di nuove prospettive di vita arrivati a quello che allora era considerato il termine della vita tout court. Oggi esistono più di cinquanta comunità Del Webb per ultra cinquantacinquenni sparse per gli Stati Uniti. I residenti che ho intervistato nel maggio 2010 durante la mia visita a Sun City Shadow Hills in California sprizzavano una soddisfazione quasi vergognosa per la loro situazione.

Non ho mai incontrato persone così indaffarate a infilare un invito per un barbecue a base di salmone in un programma fittissimo di feste, corsi di fitness, gite in bicicletta e attività comunitarie. A Sun City il pensionamento è stato ripensato non come cessazione di ogni attività, ma come una girandola di attività coinvolgenti che per alcuni residenti includono anche un lavoro remunerato.

E poi c'è l'esempio di qualcuno che ha ripensato l'uscita dal lavoro riproponendosi in un campo professionale analogo. La seguen-

---

21. W.C. Sanderson e S. Scherbov, "Remeasuring Aging", Science Policy Forum, *Science*, 10 settembre 2010.

te testimonianza riguarda una donna che, dopo aver lasciato controvoglia il proprio posto al Royal Court Theatre solo perché i datori di lavoro avevano scoperto che aveva superato l'età pensionabile, ha aperto un'agenzia di pubbliche relazioni.

> La mia vita è interessante, piena, ricca di stimoli diversi. Sono a contatto con persone di tutte le età. L'altro giorno ero nella doccia e mi lavavo i capelli. Alla radio parlavano dei problemi che Gordon Brown o David Cameron si troveranno ad affrontare per sostenere il peso economico degli anziani ed evitare che la gente debba vendere tutto ciò che possiede per permettersi la casa di riposo e le cure. Ascoltavo senza prestare troppa attenzione quando all'improvviso mi sono detta: «Io sono anziana, stanno parlando di me, ma non mi sento toccata da questo argomento». Ascolto i loro discorsi sugli anziani e penso che ho settantasei anni ma in quello che dicono non ci trovo niente che mi riguardi.
> E non è questione di soldi, perché a livello finanziario non sono mai stata meno al sicuro che in questo momento, mai, per cui non posso dire «Ah, be', che m'importa tanto ho abbastanza soldi». Il punto è che non mi sento anziana, le loro parole non mi fanno pensare a me stessa, ma a persone con i capelli grigi, piene di acciacchi. Quando sono in metropolitana guardo la gente e mi chiedo se sono più vecchi o più giovani di me perché non sento proprio nessuna corrispondenza con la mia età anagrafica. Prima mi preoccupavo di cosa avrebbero pensato le persone per cui lavoro, pensavo alle loro aspettative, ma adesso ho superato del tutto questa fase. Penso soltanto che sono quel che sono e la cosa non sembra dare fastidio a nessuno. Nessuno mi ha mai detto: «Oddio, pensi di essere all'altezza?». Nessuno.

Nella testimonianza è mia madre che parla. Questo libro non è un'autobiografia, ma nelle ricerche che ho svolto per scriverlo ho attinto liberamente alla mia esperienza di persona amortale cresciuta in una famiglia amortale. Benché viva in Gran Bretagna e abbia viaggiato in Francia, Germania e Italia in cerca di esempi di amortalità, gran parte delle ricerche si è svolta in America, il paese all'origine e al centro del cambiamento che riguarda il modo in cui viviamo le diverse età della vita. Sono nata in America e lì è nata anche l'amortalità.

È difficile dire quando mi sono accorta che la mia famiglia era diversa. Le madri delle mie amiche portavano gonne con la cintura elastica adatta per il loro giro vita che aumentava, ma io attribuivo la snellezza di mia madre ai suoi geni americani. Arrivammo a Londra verso la fine degli anni Sessanta. Alcuni quartieri della capitale erano *swinging* in molti sensi, come si è poi capito, ma il resto del paese credeva ancora nei valori tradizionali e nelle convenzioni.[22] Una persona di mezza età – e se eri una donna la mezza età iniziava dopo il primo figlio – si vestiva e comportava in modo coerente. Le mamme cucinavano per i figli pasti frugali a base di carne in scatola, pomodori e ketchup. I loro interessi erano subordinati al progetto di vita della famiglia. Gli americani che conoscevo si distinguevano per vivacità e ambizione e le loro aspirazioni includevano i figli. All'epoca ci nutrivamo meglio dei bambini inglesi, non di più, ma consumavamo cibi di migliore qualità.

Credevo che tutte le nonne del Nuovo Mondo si comportassero come la mia, che viaggiava, amava gli alcolici ed era una libera pensatrice. Entrambi i nonni sono morti prima che nascessi, probabilmente sfiancati da mogli che, una volta vedove, hanno continuato a vivere a spron battuto fino a novant'anni. Nessuno ha mai saputo la data di nascita della mia nonna materna. Nonna Ruth doveva essere sulla quarantina quando ha incontrato il nonno che allora era ventenne. Dopo la sua morte abbiamo ritrovato il passaporto, dal quale aveva cancellato la data di nascita con un tratto di penna deciso.

Ruth apparteneva a una famiglia di origini ugonotte caduta in miseria ed era considerata un partito del tutto inadeguato dalla famiglia di mio nonno che era di origini ebraiche. Considerato che l'ebraismo si trasmette per via matrilineare, mia madre è solo per metà ebrea. Mio padre è ateo ma ebreo di nascita, perciò io e le mie sorelle siamo per tre quarti ebree, troppo ebree per gli antisemiti ma non abbastanza per gli ebrei ortodossi. «Ruth era la donna più bella della famiglia, tutti lo dicevano», afferma mia madre che è riuscita a mettere insieme i frammenti della storia di famiglia basandosi su fonti più affidabili della nonna.

Scappò a New York e si costruì una incredibile carriera di cantante con un repertorio classico e popolare. Conosceva Gershwin e André Kostelanetz; inaugurò il Radio City Music Hall cantando nel duetto delle Glenn Sisters. Partecipò a Strike up the Band e Gershwin pensava avesse un gran talento. Poi incontrò mio padre che conduceva una vita opposta alla sua: rampollo di una ricca famiglia ebrea aveva lavorato per un breve periodo alla radio locale che l'aveva inviato a New York per sentire che aria tirava. Lui era andato a vedere le Glenn Sisters e aveva incontrato Ruth. ➔

22. L'autrice si riferisce al fenomeno culturale giovanile che dilagò in Gran Bretagna, soprattutto a Londra durante gli anni Sessanta. Tra i simboli della *Swinging London*, la musica psichedelica e le minigonne strepitose. *[n.d.r.]*

> Quando i suoceri la incontrarono si sedettero attorno a un tavolo e fecero un accordo con lei. L'avrebbero accettata come nuora solo se avesse promesso di non rivelare ad anima viva che aveva lavorato nello show business. Inoltre nessun membro della sua famiglia avrebbe messo piede a Chicago.

Neppure mia nonna paterna, nonna Jane, era una donna convenzionale. Scriveva romanzi che avevano per protagoniste donne che sfidavano le idee conformiste dell'epoca. Con spirito indomito abbatté i molti steccati che avrebbero limitato la sua libertà. A novant'anni sopravvisse a un incidente d'auto e mentre la estraevano dai rottami riuscì a correggere un agente che le aveva chiesto cosa ci facesse una signora di novantuno anni al volante da sola con la strada ghiacciata. Poi smentì per ben due volte i chirurghi che all'inizio avevano previsto che sarebbe morta per le ferite riportate e poi che non avrebbe più camminato. Un paio di anni dopo, fece il suo ingresso senza farsi aiutare da nessuno in un ristorante di gran classe mentre un cameriere fin troppo sollecito le svolazzava intorno e riempiva me di domande credendo che lei fosse troppo debilitata per rispondere. Quando fu seduta al tavolo si sporse verso di me, e sussurrando ma in modo da farsi sentire, disse: «Secondo te come reagirebbe questo bravo giovane se gli chiedessi di andare a fare in culo?».

Mio padre è uno storico del teatro, esperto in cinema delle origini. Anche a lui piace scioccare e provocare, sfidando qualunque autorità gli capiti sottomano. A ottantuno anni ha pubblicato il suo undicesimo libro e sta elaborando il soggetto del prossimo. Mia madre ogni volta che la chiamo mi recita una lista infinita di impegni o si mette a parlare dei suoi nuovi clienti, un esercito in costante crescita. Nel 2003 le diagnosticarono un cancro colorettale. Lei rifiutò la colostomia consigliata dallo specialista, accettando solo la chemio e la radioterapia che sembra abbiano sconfitto il male. Per spiegare a noi figlie il motivo di quella scelta rischiosa, si alzò la gonna e ci mostrò una pancia tonica e piatta come una tavola, dicendo: «Questa fa parte della mia identità».

Non sono i geni a renderci amortali, è il modo che abbiamo di vivere in società. Questo libro chiarirà appunto che gli elementi del vivere sociale stanno cambiando. Le forme tradizionali di autorità, inclusa l'autorità esercitata dai componenti anziani della famiglia, cedono il passo all'influenza esercitata da un manipolo improvvisato di figure pubbliche e da tendenze culturali globalizzate. Genitori amortali come i miei modellano i propri discendenti non soltanto grazie ai valori che trasmettono, ma anche attraverso quelli che non riescono a comunicare.

La mia famiglia lavora perlopiù nell'ambito dello spettacolo, un'industria che fa del desiderio di distrazione una merce ed è piena zeppa di gente il cui talento principale è proprio distrarsi. Hollywood è la sede centrale dell'amortalità, mentre l'industria musicale ne diffonde la cultura. Durante i festival musicali è tutto un mescolarsi di preadolescenti e hippy con i capelli grigi che ballano sotto a un palco su cui si succedono musicisti di età altrettanto diverse. «Ho raccontato a mia moglie che portavo i ragazzi in campeggio», mi ha confessato un habitué di Glastonbury mentre aspettavamo che salisse sul palco la band di mio marito, in mezzo al tanfo di birra e di ascelle stantie, «solo che non le ho detto dove».

A uno sguardo esterno il mio lavoro può apparire più gravoso di quanto non sia, soprattutto quando devo indossare un giubbotto antiproiettile molto pesante. Il giornalismo di inchiesta è un'altra di quelle carriere scontate per un amortale. Si tratta di un lavoro che solo in apparenza comporta riflessione e analisi, ma che in realtà proprio perché va fatto di corsa non lascia tempo per pensare alla morte e analizzare a quale punto della vita ci si trova. Di tanto in tanto una missione in una zona di conflitto rinforza l'illusione che la morte riguardi solo gli altri.

Gli amortali non lasciano la vita senza protestare. A novantasette anni nonna Jane non aveva nessuna intenzione di farsi da parte, e quando si rese conto che una volontà di ferro non sarebbe bastata a tenere in funzione il corpo, si offese moltissimo. Quando iniziò ad avere difficoltà respiratorie suonò il campanello d'emergenza per chiamare le infermiere che si precipitarono al suo capezzale, quasi potessero alleviare la sua condizione di creatura mortale. «Vedi? Esisto ancora», mi disse con voce roca, divertita dallo scompiglio che aveva creato.

Se mia nonna fosse vissuta qualche giorno in più avrebbe assistito a un evento trasmesso dal televisore appeso sopra al suo letto d'ospedale in cui un aereo si schiantava contro la Torre nord del World Trade Center, seguito a distanza di diciassette minuti da un secondo aereo che finiva dentro la Torre sud, distruggendo ogni residua speranza che il primo impatto fosse stato solo un terribile incidente. È opinione condivisa che quell'evento sia stato uno spartiacque, un punto di non ritorno, espressione delle crescenti tensioni tra culture, ideologie, polarità socioeconomiche e geografiche, esempio di un nuovo tipo di terrore non negoziabile, un catalizzatore di guerre e un test che ha rivelato i punti deboli delle istituzioni e delle democrazie nei loro tentativi affannosi di reagire. Le conseguenze sono ancora in pieno sviluppo, ma nell'attimo in cui i due grattacieli si incendiarono e crollarono la sensazione fu di un cambiamento irrevocabile. Mia nonna avrebbe riconosciuto quella sensazione. Aveva vissuto due guerre mondiali, l'olocausto, Hiroshima, il Vietnam, la conquista dello spazio, la rivoluzione russa, le rivoluzioni sociali, una prosperità economica senza precedenti e tutto il succedersi dei progressi nel campo delle comunicazioni. Tutti questi avvenimenti hanno avuto un impatto a livello sia personale sia collettivo, influenzando non solo la natura della società in cui lei viveva ma anche l'opinione comune che dettava il modo in cui l'individuo doveva farne parte.

Per l'epoca in cui viveva, la nonna si era scrollata di dosso molti dei dettami che irreggimentavano la vita sociale. Amortale ante litteram, non dava soltanto l'impressione di anticipare i tempi, sembrava proprio atemporale. Cavalcava l'onda con spensieratezza, accoglieva le novità con curiosità. In genere coloro che vivono a lungo finiscono per cadere nella nostalgia, nel rimpianto di ciò che hanno perso, impantanandosi in un passato mitico invece di assaporare il presente e progettare il futuro. Non ho mai sentito Jane lamentarsi di come si vive al giorno d'oggi o mordersi le mani per le scelte fatte nell'arco della sua esistenza. Gli amortali guardano avanti, raramente indietro. Osserveremo gli amortali nelle loro case, vedremo come amano, come vivono la religione ed esplorano la propria psiche, come si comportano sul lavoro e nei consumi. Ma per capire l'amortalità, il suo potere di trasformazione e la sua importanza sempre crescente, dobbiamo prima riflettere sulla strada che abbiamo percorso in così poco tempo e sulle forze che ci hanno spinto fin qui.

Prima di intraprendere questa esplorazione minuziosa vi consiglio una pausa di riflessione. Fate il test che si trova in fondo al libro: vi svelerà se state per leggere un manuale che descrive una specie nuova e bizzarra oppure... la vostra autobiografia.

PRIMA PARTE

Tuffo nel vuoto

L'età della confusione tra le età della vita

You saw your whole life. You ricocheted
The length of your Alpha career.

Ted Hughes, *The Shot*

Pratica sportiva consistente nel saltare da notevole altezza assicurati a un cavo elastico che blocca la caduta a pochi metri dal suolo.

Tullio De Mauro, *Grande Dizionario della Lingua Italiana*

Come son belle le creature umane!
Oh, splendido, smagliante nuovo mondo
che contieni abitanti come questi!

William Shakespeare, *La tempesta*

Se c'è un luogo sulla faccia della Terra che ha imbrigliato la natura e fermato il tempo è Las Vegas, una città costruita nel deserto, senza altra risorsa che un sole bruciante; una città che inghiotte i visitatori nella penombra refrigerata, eterna e tintinnante dei suoi casinò; la città in cui l'antico Egitto rivive fianco a fianco con il Rinascimento veneziano e la Belle époque parigina. Sono andata in quel prodigio di glassa e panna montata che è Las Vegas per capire se il Cenegenics Medical Institute, «lo studio medico per le strategie anti-età più grande del mondo» è veramente capace di sovvertire le leggi della biologia umana con la stessa facilità con cui Las Vegas sovverte quelle della natura. Per prima cosa dovevo individuare la sede della Cenegenics. Chi ci lavora la descrive come una specie di Casa Bianca ma, quando ti rendi conto che nel deserto del Nevada le riproduzioni della Casa Bianca sono abbastanza comuni e devi passartele tutte in rassegna insieme al tassista prima di trovare quella giusta, l'impresa non è più tanto facile.

Perché il paradosso di Las Vegas è proprio questo: nonostante vi sia rappresentata una spaventosa varietà di stili e periodi architettonici, alla fine quello che vince è l'uniformità. I suoi abitanti sono tutti uguali: stessa eterna abbronzatura, stessi muscoli tonici, stessa faccia che si tratti di uomini o donne, di fattorini o proprietari di casinò. La mono-faccia è definita dall'assenza. Le sopracciglia vengono domate strappandole con le pinzette, con la ceretta, o all'indiana, con il filo; il naso viene lisciato e privato di ogni protuberanza o deformità; le labbra turgide rivelano una dentatura perfetta. È un viso né giovane né vecchio. Non ha età.

L'amortalità, il fenomeno descritto in questo libro, va molto oltre il semplice desiderio di contrastare l'invecchiamento o la tecnologia che promette di aiutarci a farlo. Il desiderio di vivere come se l'età non contasse è una forza che sta rimodellando le nostre vite dal profondo. Trasforma il modo in cui affrontiamo il lavoro, il tempo libero, la famiglia, l'amore, la giovinezza, la vecchiaia e tutto quello che accade tra l'inizio e la fine della vita. Gli amortali stanno sovvertendo, spesso senza volerlo, ogni regola finora applicata alla sfera personale e pubblica.

Studieremo in dettaglio conseguenze e ripercussioni, e conosceremo un affascinante cast di amortali. Partiamo da Las Vegas non solo perché è sede della Cenegenics e prototipo della crescente richiesta di interventi estetici a livello globale. Questo luogo di villeggiatura senza legami con la storia e privo di un substrato culturale crea le proprie regole, i criteri di ciò che costituisce la normalità, con caratteristiche simili a ciò che accade in zone sempre più ampie dell'Occidente che si ritrovano ogni giorno più sconnesse dal proprio passato. E, slegate dal passato, le nostre convinzioni riguardo alla vecchiaia e all'invecchiamento vagano senza direzione. Ma prima di poter dare un senso al fenomeno dell'amortalità dobbiamo dare un nome a ciò che lo sostiene e lo sospinge.

L'80% di coloro che si rivolgono alla Cenegenics sono uomini in cerca di Life, il dottor Jeffry Life (sic), celebrità creata da una campagna promozionale su carta e web che lo ritrae in pantaloncini aderenti e canottiera da palestrato. Il dottore ha un volto da vecchio zio bonario e un corpo da perfetto Mister Universo. Lo slogan recita:

> Settant'anni e non sentirli. Buon compleanno dottor Life!
> Cos'è Cenegenics®? È un esclusivo programma bilanciato che combina dieta, esercizio fisico e un dosaggio ottimale di ormoni, laddove è necessario. ➔

I vantaggi del programma includono:
- minore incidenza delle malattie degenerative legate all'età
- aumento del tono muscolare
- diminuzione della massa adiposa
- diminuzione del grasso addominale
- maggiore energia
- aumento del desiderio sessuale
- maggiore lucidità di pensiero

Cenegenics non promette di allungare la vita delle persone, bensì di prolungare il periodo in cui la viviamo al meglio. E i medici che ci lavorano sono l'incarnazione (seriale) di tale promessa.

Due giorni dopo il mio arrivo in clinica, incontro il dottor Life in carne e ossa, anche se in verità di carne non se ne vede molta, nascosta com'è da un completo color biscotto. La sua collega, la dottoressa Beth Traylor, un'appetitosa cinquantaduenne che sembra una sorella minore di Suzanne Somers, l'attrice riciclatasi come icona salutista, mi racconta com'è passata dalla medicina convenzionale a Cenegenics dopo che un'isterectomia l'ha spinta a cercare alternative alla terapia ormonale sostitutiva.

C'è stato un cambiamento radicale in termini di energia che sento di avere, – dice. – Ovviamente a questo punto i sintomi della menopausa sono scomparsi, ma la questione è diversa. Non si tratta soltanto di non sentire più le vampate ma di sentire dentro un'energia, una voglia di fare... che per me è diventata una passione da trasmettere agli altri. Mi ricordo che quando avevo vent'anni pensavo: «Oddio quella ha cinquant'anni, quant'è vecchia», e sembrava proprio vecchia, perlomeno quella era la mia impressione. Ma la percezione che le persone hanno dell'invecchiamento è cambiata, soprattutto a causa della chirurgia estetica e dei farmaci. Conosco tantissime persone che non sanno invecchiare con grazia.

Durante la visita, il dottor Jeffrey Leake (cinquantasei anni) mi mostra una serie di slide powerpoint con tabelle e diagrammi allo scopo di darmi una visione d'insieme di ciò che la scienza conosce sull'invecchiamento. Tra uno schema e una tabella si intrufola una foto del dottore *au naturel*, senza canottiera o camicia o altro indumento se non un paio di short striminziti. Il suo corpo perfetto, racconta il dottor Leake, è frutto dei comandamenti Cenegenics: alimentazione sana, esercizio fisico e un pizzico di magia del ventunesimo secolo, ovvero gli ormoni a cui la dottoressa Traylor attribuisce il merito della ritrovata forma. Un corretto dosaggio ormonale può ricreare il naturale dinamismo della giovinezza, spiega il dottore che è anche un ottimo imbonitore.

La prima consultazione comprende analisi del sangue accurate e un check-up completo per un costo di tremilaquattrocento dollari. Nel mio caso la consultazione è stata offerta dalla ditta. Il prelievo del sangue è stato effettuato a Londra un mese prima del mio arrivo, poi i campioni sono stati spediti nello Utah per essere analizzati, sempre a carico della Cenegenics. Le consultazioni successive, le forniture di medicinali e integratori sono quantificabili in mille dollari mensili.

Più ci allontaniamo dalla natura – e Las Vegas è la prova eclatante del guastarsi del nostro rapporto con il mondo naturale – più crediamo che la natura sia un'entità benigna. Compriamo prodotti naturali e programmi che promettono di aiutarci a mantenere o ritrovare il nostro vigore naturale. Magrezza e gioventù naturali sono beni rari in una società sempre più obesa e anziana, perciò il loro valore di mercato sale e i consumatori sono disposti a pagare cifre sempre più alte per ottenerli.

Maria White, cinquantaquattro anni, consulente per le risorse umane, è cliente della Cenegenics dal 2005. Ha il fisico di un'adolescente o di un'atleta, tutto muscoli e nemmeno un filo di grasso, e un sorriso da mille watt, sfolgorante come Las Vegas Strip.

Si dice che la felicità viene da dentro ed è vero! Me la sento dentro perché è il risultato della cura che ho per i miei organi. Tutto il mio corpo lavora al cento per cento delle sue potenzialità, – dichiara Maria. Prendo molti integratori e medicinali consigliati da Cenegenics... Si parla molto male delle terapie ormonali sostitutive, ma a chi critica io rispondo che mi sono informata in giro riguardo a tutte le sostanze che assumo, e quello che faccio non mi crea alcun problema. Sono consapevole del fatto che certe statistiche evidenziano fattori di pericolo, ma nel mio caso le percentuali sono così basse che non mi preoccupo affatto. Dimostro un po' meno della mia età e ricevo un sacco di complimenti. In genere mi danno una decina di anni in meno, tra i trenta e i quarant'anni, e non mi sento per niente vecchia. E poi non lo sono. Certo per gli standard di una volta, quelli mia nonna, a cinquantaquattro anni eri vecchia. Ho visto una foto di mia nonna quando aveva sui cinquant'anni e i casi sono due: o lei sembrava molto più vecchia o io sembro molto più giovane, perché sul dimostrare la propria età non ci somigliamo per niente. Invecchiare... Sento di aver lavorato sodo per mantenere un atteggiamento e un'apparenza giovanile. So di sembrare più giovane ed è proprio così.

A differenza di molti pazienti della Cenegenics, Maria White era ancora in forma quando si è iscritta al programma completo. Lo scopo dell'investimento era ottenere la forma ottimale: «Diamo tutti la priorità alla salute e al benessere, ma se non siamo al top della forma come possiamo dare il meglio in ogni campo della vita, che sia il matrimonio, la famiglia o la professione?».

Ma dove si incontrano questi uomini e donne che smaniano per dare il meglio di sé? Le loro facce tirate e inespressive frequentano le cliniche e i casinò di Las Vegas, le boutique esclusive di Beverly Hills e della Upper East Side di New York, il St. Tropez Club 55 e le lezioni di pilates.

Il lifting facciale è un procedimento brutale che separa la pelle dagli strati sottostanti di grasso e fibre muscolari, arpiona i tessuti profondi e li tira, taglia via la pelle in eccesso e aggraffa o ricuce l'insieme. Agli albori di questa pratica, di brutale non c'erano solo i procedimenti ma anche i risultati: schiere di epigoni moderni del mostro creato dal dottor Frankenstein, simboli viventi della *hybris* della scienza che cerca di farla in barba al passare del tempo. E proprio tali esiti infelici sono alla base dell'attuale calo del 23% della domanda di lifting registrato nella prima decade del 2000 dall'associazione dei chirurghi plastici statunitensi.[1] Anche in Europa si assiste a un calo analogo, seppur partendo da valori più bassi.[2]

Non crediate però che questo fenomeno sia il segno che l'Occidente sta cominciando ad accettare guance flaccide e palpebre cadenti. Nello stesso periodo, infatti, gli interventi estetici non chirurgici hanno visto una crescita esponenziale. Negli Stati Uniti i trattamenti al laser frazionato per il ringiovanimento cutaneo sono aumentati del 154%, il botox del 509%: dati da far aggrottare la fronte e sgranare gli occhi, se fosse ancora possibile.[3] Sempre più uomini si rivolgono al bisturi, soprattutto per la riduzione della ginecomastia, il lifting della fronte, la riduzione della pancia, il botox e la microdermoabrasione. Sempre negli Stati Uniti si assiste a un aumento delle richieste da parte degli uomini di lifting ai glutei, protesi di silicone agli zigomi, gonfiamento delle labbra e

1. *2010 Report of the 2009 Statistics: National Clearinghouse of Plastic Surgery Statistics*, American Society of Plastic Surgeons.
2. *International Survey on Aesthetic/Cosmetic Procedures Performed in 2009*, International Society of Aesthetic Plastic Surgery.
3. *2010 Report...* cit.

liposuzione di addome, fianchi e cosce.[4] E i maschi europei non sono da meno.[5]

Gli americani sono talmente abituati agli smaglianti risultati dell'odontoiatria estetica che per le strade di Los Angeles la dentatura storta di un inglese provoca tamponamenti a catena. Anche in Europa ci stiamo sintonizzando sull'estetica del lifting e delle facce scolpite, tanto che in un futuro non lontano il viso naturale salterà all'occhio in senso negativo. Senza considerare che le tecniche di lifting hanno fatto passi da gigante. Siamo nell'Upper East Side, nello studio del dottor Sam Rizk (si pronuncia *risk*) il quale ci mostra il suo portfolio di fotografie prima e dopo l'intervento. Non c'è traccia dell' "effetto forza di gravità" che in passato stirava le facce dei pazienti fino a farli somigliare ad astronauti sottoposti all'accelerazione del decollo. Sono sparite anche le facce gonfie, l'equivalente chirurgico di un divano troppo imbottito. I pazienti del dottor Rizk hanno semplicemente un aspetto fresco e giovane, artificiale solo in quanto privo di imperfezioni. Chi potrebbe mai sospettare che hanno subito un lifting? Rizk sostiene che è tutta questione di volume, ma senza esagerazioni:

> Se praticassi un lifting a un paziente che ha cento anni, ne dimostrerebbe sempre cento, perché gli manca il volume. Qui entra in scena l'innesto di grasso da cellule staminali. L'innesto di grasso è l'intervento più frequente e importante quando opero sugli strati profondi. I miei interventi in realtà sono riposizionamenti di volume. Più pappagorgia riesco a far risalire all'interno della guancia, più il paziente avrà un aspetto naturale. D'altro canto, più mi avvicino alla superficie cutanea, più la guancia avrà un aspetto stirato e sembrerà finta. Se riesco a scendere sotto il pannicolo adiposo della pappagorgia e a riposizionarlo nella parte alta della guancia, posso conferire volume alla guancia, in un punto fondamentale per la bellezza del volto.

Rizk mi dice che anch'io potrei essere bella, con un lifting al collo (undicimila dollari) e una rinoplastica (ottomila dollari) per eliminare quella leggera curvatura all'ingiù che mi impedisce di avere l'aspetto maestoso di un'imperatrice romana. Mi fa notare che ho l'arcata sopracciliare troppo bassa, ma con cinquemila dollari mi risolve il problema. «In realtà le sopracciglia molto basse mi piacciono e sono uno dei pochi chirurghi che non insistono per fare l'intervento. Perciò lo suggerisco solo a quei pazienti che hanno proprio bisogno di farlo».

---

4. *Ibid.*
5. *International Survey...*, cit.

Indossa il camice operatorio perché ha appena eseguito due rinoplastiche, di cui una accompagnata da un trattamento al laser frazionato. La paziente è ancora in rianimazione. Ha un aspetto orribile, la faccia tumefatta spalmata di una sostanza vischiosa e il naso sanguinolento. Quando vede Rizk entrare nella stanza si tira su sui gomiti e dice: «Dottore, lei è un genio».

Lo studio della tendenza che porta sempre più persone a vivere come se l'età non contasse non può prescindere dall'analisi delle tecnologie scientifiche che permettono tale fenomeno. La chirurgia estetica è la tecnologia più diffusa ma meno incisiva dal punto di vista culturale (quante persone conoscete che hanno evitato un semplice intervento di odontoiatria estetica per conservare un dente piuttosto che estrarlo?). Consideriamo per esempio la questione di come i progressi nella medicina della fertilità ci permettano di avere figli avanti negli anni, ma allo stesso tempo ci spingano ad averne di meno, argomento che tratterò nel capitolo dedicato alle famiglie amortali. La parte finale del libro è un'indagine sulla scienza dell'invecchiamento e prende in considerazione i programmi Cenegenics e gli altri trattamenti disponibili nonché le prospettive di immortalità che ci offre la medicina. Tuttavia, da un punto di vista culturale, il nostro atteggiamento nei confronti della vecchiaia e dell'invecchiamento – cui afferisce la questione non secondaria di cosa intendiamo con l'espressione "invecchiare bene" – è determinato non tanto dalle applicazioni reali della scienza quanto da opinioni e impressioni diffuse e cangianti riguardo alla scienza stessa e dall'immenso giro d'affari dell'industria che propone rimedi in grado di ritardare o addirittura fermare l'invecchiamento.

Tali nozioni non avrebbero la presa che hanno se le voci del buonsenso non fossero state messe a tacere o fossero state screditate per allontanarle dal dibattito pubblico e privato. Ormai molti di noi vivono, chi più chi meno, in Las Vegas virtuali, ambienti privi di storia e di punti di riferimento capaci di orientare le scelte riguardo al futuro. Cosa dobbiamo aspettarci e cosa ci si aspetta da noi man mano che gli anni passano?

Una volta genitori e insegnanti ci inculcavano precetti sul comportamento più consono alle varie stagioni della vita. Oggi non più; oggi una sessantenne vestita da adolescente ci strappa al massimo qualche risatina imbarazzata. Siamo cresciuti nutriti da queste concezioni tradizionali, che non sono mai state radicate come credevamo tanto che, lo vedremo, è facile farle crollare.

Il concetto stesso di infanzia è un costrutto relativamente recente. Neil Postman, accademico e teorico americano della comunicazione, ha trattato la questione del progressivo restringersi della durata dell'infanzia che si è verificato verso la fine del XX secolo. Postman ha collegato la nascita dell'idea di infanzia all'invenzione della stampa nel XV secolo, un cambiamento quest'ultimo di portata tale da aver determinato una riorganizzazione dell'ordine sociale. Le tecnologie per la comunicazione non modificano solo il contenuto dei nostri pensieri ma anche il modo stesso di pensare e lo spazio sociale in cui si sviluppano le idee.

L'inventore, con in mente uno scopo particolare e limitato, crea una macchina. Ma quando è costruita scopriamo – a volte con orrore, spesso con disagio e sempre con gran sorpresa – che la macchina possiede idee proprie e che è perfettamente in grado di modificare non solo il nostro modo di agire ma anche quello di pensare».[6] Postman ha definito Sindrome di Frankenstein la legge delle conseguenze imprevedibili, includendo tra le conseguenze dell'invenzione della stampa «un'accresciuta autoconsapevolezza, il seme che nel tempo ha dato origine al fiorire dell'idea di infanzia».[7]

Nel XVII e nel XVIII secolo pensatori come John Locke e Jean-Jacques Rousseau enunciarono il ruolo speciale e distinto dei bambini nella società. L'industrializzazione nascente stava infatti insidiando l'infanzia e «l'espansione delle città industriali, unita alla richiesta pressante di operai e minatori, tendeva a subordinare la natura speciale dell'infanzia all'utilità dei bambini in quanto fonte di manodopera a basso costo»[8]. Una variante del meccanismo settecentesco è in atto nelle società occidentali contemporanee, le quali da un lato sentimentalizzano l'esperienza dell'infanzia mentre dall'altro consumano avidamente merci importate da paesi poveri in cui viene sfruttata la forza lavoro dei bambini.

Da un punto di vista concettuale gli adolescenti sono ancora più giovani dei bambini. La loro entrata in scena risale al 1944, anno in cui alcuni ricercatori di mercato americani studiarono una definizione che si adattasse ai giovani adulti tra i quattordici e i diciotto anni con soldi in tasca da spendere. Erano nati i teenager, e a settembre

6. Neil Postman, "The Printing Press and the New Adult" in *The Disappearance of Childhood.*
7. *Ibid.*
8. Ivi, "Childhood's Journey".

dello stesso anno fu lanciata la rivista *Seventeen*, indirizzata alla ragazze di quella fascia d'età. Una lettrice dichiarava: «Mi piace essere una diciassettenne e vorrei rimanere così ancora per un po'. A diciassette anni sei in equilibrio perfetto tra quel momento strano che si chiama adolescenza, in cui ti muovi verso qualcosa, e l'età adulta, in cui invece inizia il declino».[9]

D'altro canto l'età adulta è un concetto nebuloso e molte lingue non hanno neppure un termine per indicarla.[10] Oggi i confini tra le diverse creazioni concettuali che sono le età della vita sfumano e si confondono. L'infanzia scivola nell'adolescenza, l'adolescenza si prolunga nell'età adulta e gli amortali di una certa età non accennano a considerarsi sulla via del declino. Basta osservare l'uscita dei bambini da scuola per accorgersi di come questa riconfigurazione stia trasformando la famiglia tradizionale in una costellazione complessa di fratellastri, fratelli acquisiti, sorelle di primo letto e genitori sempre più in là con l'età.

In *Arrested Adulthood*, un'invettiva contro il culto della giovinezza, il sociologo James Côté definisce questo fenomeno come un «discostarsi dalla rotta stabilita». «Tutti i giovani che si affacciano all'età adulta e gli "adulti" stessi si accorgono che se da un lato le loro scelte di vita subiscono minori limitazioni culturali rispetto al passato, dall'altro anche gli esempi da seguire sono diminuiti».[11]

Negli anni Sessanta il femminismo e la diffusione della pillola cambiarono la vita lavorativa e familiare delle donne, che sempre più numerose entravano nel mondo del lavoro e in numero sempre minore sceglievano di avere figli. I divorzi aumentarono mentre la Chiesa, da sempre baluardo del matrimonio – che in effetti aveva inventato – perdeva autorità. Da allora le famiglie dei paesi industrializzati hanno continuato a rimpicciolirsi. La crescita più marcata si ha nel numero di famiglie monoparentali e di single. Nel 2009 in Inghilterra e nel Galles un bambino su dieci è nato in una famiglia monoparentale, più di un terzo delle famiglie sono composte da due persone, e solo il 2% delle famiglie

---

9. Jon Savage, "The Arrival of the Teenager" in *Teenage: the Creation of Youth 1875–1945*.
10. James Côté, "Maturity transformed: the rise of psychological adulthood" in *Arrested Adulthood: the changing nature of maturity and identity*, New York University Press, 2000.
11. *Ibid.*

consta di sei o più componenti.[12] Un sondaggio condotto nel 2007 dal Pew Research Center di Washington ha evidenziato che nella classifica di cosa determini il successo di un matrimonio, i figli sono scesi dal terzo all'ottavo posto, dopo la condivisione dei lavori casalinghi, una bella casa, un reddito adeguato, una buona intesa sessuale e la fedeltà.[13]

La famiglia come unità non sta soltanto rimpicciolendo, si sta atomizzando. I figli lasciano il nido per lavoro, studio e amore. I genitori, giunti alla pensione, assegnano una priorità bassa al fatto di rimanere vicini ai figli rispetto a fattori come il costo della vita, l'assistenza sanitaria, le strutture ricreative e le occasioni di socialità in luoghi con clima più mite. Questo è il risultato di uno studio del 2010[14] che ha preso in esame i figli del *baby boom* americano, molti dei quali da giovani hanno sfidato l'autorità dei genitori, e una volta diventati genitori sono stati riluttanti ad assumerla.

Cambiamenti di tale portata nell'assetto della famiglia, «un'istituzione di importanza fondamentale, avranno ripercussioni psicologiche a lungo raggio», osservava lo storico Christopher Lasch nel suo *La cultura del narcisismo*, pubblicato originariamente nel 1979. Si trattava secondo lui del risintonizzarsi della psiche collettiva della nazione (l'America) sul narcisismo come tratto caratterizzante. Gli psichiatri registravano infatti un aumento di pazienti con problemi di narcisismo:

> Prendendo sul serio le osservazioni degli psichiatri non dobbiamo giungere alla conclusione che la società è "malata" o che gli americani sono tutti candidati al manicomio, bensì renderci conto che la gente normale oggi mostra diversi tratti della personalità che, in forma estrema, si ritrovano nel narcisismo patologico.

Ci immaginiamo i narcisisti come individui pervasi da un amore eccessivo per se stessi, ma sbagliamo: i narcisisti soffrono piuttosto di un'autostima più bassa del normale e vedono il mondo come un'estensione o un riflesso della loro psiche, per cui cercano di modificare la faccia che presentano agli altri nel tentativo di ottenere la legittimazione che

---

12. Fonti: *Births and Deaths in England and Wales 2009*, Statistical Bulletin ottobre 2010 e *Social Trends*, Office for National Statistics, luglio 2010.
13. *Generation Gap in Values, Behaviors As Marriage and Parenthood Drift Apart, Public Is Concerned about Social Impact*, Pew Research Center, 1 luglio 2007.
14. *2010 Del Webb Boomer Survey*, pubblicato il 13 aprile 2010, rilevazioni effettuate tra novembre e dicembre 2009.

bramano. In un mondo fatto di specchi, l'aspetto esteriore è essenziale. L'umanità desidera da sempre l'eterna giovinezza, ma è solo negli ultimi decenni che la sua feticizzazione ha toccato l'apice, come previsto da Lasch.

> Freud ha sempre sottolineato il fatto che non esiste soluzione di continuità tra il normale e l'anormale. Un freudiano quindi si aspetta che la descrizione di un caso clinico di narcisismo patologico riveli qualcosa della struttura della personalità tipica inserita in una società dominata dai grandi apparati burocratici e dai mass media, in cui le famiglie non esplicano più alcun ruolo nella trasmissione della cultura e di conseguenza le persone non avvertono quasi più i legami con il passato.[15]

La maggior parte degli amortali non sono narcisisti in senso stretto, ma prodotti di una società che, come notava Lasch, ha normalizzato alcuni tratti della personalità narcisista nel suo "discostarsi" dal passato. Un passato in cui solide nozioni riguardo a cosa aspettarsi dalle diverse stagioni dell'esistenza facevano tutt'uno con l'adesione alla fede religiosa, che forniva ulteriori indicazioni di comportamento. La perdita di questi due importanti fattori di socializzazione ha inferto un duro colpo al concetto di comportamento adeguato all'età anagrafica. La religione, vista non come occasionale estremismo, ma come possente collante dei fedeli, i quali grazie alla sua forza creano comunità di valori che si consolidano dall'interno, riesce ancora a porsi come antidoto all'amortalità infondendo nei fedeli sia norme rigide a cui attenersi nei diversi momenti e fasi della vita sia narrazioni, a volte sferzanti, a volte confortanti, su cosa accade al momento della morte e dopo di essa. Ma questa idea di fede è in declino.

La mia definizione originale di amortalità doveva attenersi, per ragioni editoriali, a settecentosettanta parole. *TIME* fu creato nel 1923 per fornire il prodotto specificato dal nome della testata: il tempo, appunto. I lettori a cui il fondatore Henry Luce si rivolgeva erano "il signor e la signora Indaffarato". Con l'allungarsi della durata media della vita sono aumentati anche i modi per riempirsi di cose da fare e il signor e la signora Indaffarato-più-di-prima – l'attività frenetica è un segno distintivo dell'amortalità – si aspettano che le riviste forniscano idee e informazione in modo vivace. Nei quotidiani e su internet l'informazione è spesso ancora più condensata. Un blog del *New York Times* intitolato "Schott's Vocab" condensò in quindici parole la

15. Christopher Lasch, *La cultura del narcisismo*, Bompiani 1999.

mia definizione che in origine era moderatamente discorsiva: «Uno stato di fiduciosa atemporalità in cui ci si comporta allo stesso modo dall'adolescenza alla tomba».

Benché elegante, questa sintesi dimentica uno dei tratti più evidenti del fenomeno: tutti gli amortali ignorano la morte finché non sono con un piede nella fossa. E se i preti non si mettono in mezzo, questa ignoranza è facile da mantenere. Uno dei grandi successi editoriali del XIX secolo fu un trattato dall'orecchiabile titolo *La quotidiana preparazione del cristiano devoto al morire*. Il preside della prestigiosa scuola cattolica Ampleforth non era del tutto ironico quando descriveva il suo compito in termini di «preparare i fanciulli alla morte».

L'aspetto ironico, ovviamente, è che il Cristianesimo fa leva sulla mortalità per tirare acqua al mulino del proprio prodotto: la vita eterna. In *Aubade*, bruciante testimonianza della paura della morte, Philip Larkin non trova alcun conforto negli insegnamenti di *«That vast motheaten musical brocade/Created to pretend we never die»*.[16] Tuttavia la religione aiuta i fedeli a riconciliarsi con la morte del corpo. Come ciò avvenga mi è stato spiegato con grande delicatezza dall'arcivescovo di Canterbury, Rowan Williams, e da Timothy Radcliffe, sacerdote cattolico e frate domenicano durante un pomeriggio a Lambeth Palace, davanti a una tazza di tè e a una torta alle noci fatta in casa:

> Williams: Il valore della religione non risiede nel fatto che le persone religiose riescono ad affrontare la morte con maggiore serenità perché sanno che non è la fine. Una persona religiosa perfettamente consapevole sa che la morte rappresenta la fine in un senso molto importante. Non si tratta di vita eterna nel senso di vita come quella che abbiamo vissuto fino a quel momento. Il senso profondo della fede non risiede nel minimizzare la rottura tra prima e dopo. È possibile rinunciare alla vita pur guardando in faccia la verità.
> Radcliffe: Non crediamo nella vita dopo la morte; crediamo nella vita eterna. E la vita eterna comincia adesso, nell'amore, nel perdono, nell'aiuto che offriamo al prossimo.

Come vedremo nel capitolo dedicato alla fede amortale, gli amortali sono esperti nel riformulare i credo religiosi affinché si adattino ai loro bisogni psicologici. In realtà – Williams e Radcliffe non me ne vogliano – i cristiani sono da sempre maestri in materia. Nella loro

16. Quel vasto arazzo musicale roso dalle tarme / Creato per far finta che non si muore. *[n.d.t.]*

visione la profondità della vita eterna si trasforma in un luogo affollato di persone che hanno lasciato questo mondo, a partire dagli antenati e dagli affetti più cari, fino ad arrivare alla principessa Diana.

La contrazione del numero di fedeli è in corso da anni e non accenna a diminuire, anzi accelera. Un'indagine condotta nel 2009 in America sull'identificazione religiosa dei cittadini ha rivelato che dal 1990 i non credenti sono raddoppiati, arrivando a toccare il 15%. «La sfida al Cristianesimo non viene dalle altre confessioni, ma da un rifiuto di qualsiasi forma di organizzazione della fede», è stata la conclusione degli studiosi.[17] Una tendenza in atto anche in Europa, dove agnosticismo e ateismo sono i sistemi in maggiore crescita. Anche l'Islamismo è in sostanziale aumento, ma i suoi aderenti rappresentano solo il 2% della popolazione statunitense e il 10% in Francia, paese che possiede la quota maggiore di musulmani dell'Europa occidentale.

Dio non è l'unico personaggio importante che sta assistendo al declino del suo potere; anche politici e leader se la vedono brutta. Sul sito del Pew Research Center è disponibile un grafico che indica la fiducia dei cittadini nei confronti del governo dal 1958 al 2010.[18] All'inizio del tracciato, durante l'amministrazione Eisenhower, la percentuale degli intervistati che esprimevano fiducia nei propri rappresentanti a Washington partiva dal 76% per arrivare a sfiorare l'80% durante la presidenza Johnson. Da quel momento inizia il declino, che si interrompe brevemente negli anni di Reagan e risale appena con Bush padre e figlio, per riprendere e arrivare al 20% con Obama. Eurofound, un'organizzazione con sede a Dublino, registra un'analoga decrescita dei livelli di fiducia nei governi e nei parlamenti europei dal 2007 al 2009. Studi su archi temporali più ampi mostrano un continuo crollo della fiducia che va avanti da decenni.

Contemporaneamente i media, che spesso si sono proposti come delegati dell'autorità familiare e morale, hanno iniziato una rapida espansione, consolidando dapprima il proprio potere, per poi atomizzarsi in una miriade di forme ed espressioni diverse. La stampa si erge tuttora a tutrice della morale, ma in realtà è mossa dal desiderio

17. Barry A. Kosmin e Ariela Keysar (a cura di), *American Religious Identification Survey 2008*.
18. *http://people-press.org/*

di accaparrarsi occhi e orecchie sfruttando la forza d'attrazione di scandali e celebrità, meglio ancora se mescolati. Il senso del rispetto è uscito indenne da scandali come il Watergate e l'affaire Profumo, ma non ha resistito né ai dettagli truculenti dei vari *Monicagate*, *Squidgygate*[19] e *Duckhousegate*[20], né allo stillicidio di rivelazioni di abusi sessuali da parte del clero e relativi tentativi di insabbiamento. Ma la copertura giornalistica di questi scandali da parte dei media tradizionali appare persino cerimoniosa se paragonata al ciarliero, incessante, rumoroso scambio di pettegolezzi via internet.

Internet ha minato le fondamenta del familiare e rassicurante mondo analogico, benché molti di noi siano troppo indaffarati a scambiare notizie sui social network per accorgersene. Ho incontrato William Gibson su Twitter, che frequenta come @GreatDismal. È Gibson che in un racconto del 1982 intitolato *Burning Chrome* ha coniato il termine cyberspazio, prevedendo l'allucinazione di massa volontaria che è la rete. In seguito ha continuato a prevedere ed esplorare le manifestazioni della sindrome di Frankenstein, definita da Neal Postman come «le conseguenze non previste delle innovazioni tecnologiche». Dopo un po' di insistenze da parte mia, Gibson ha ammesso che la discussione sull'amortalità che volevo intavolare con lui non poteva limitarsi a dei tweet di centoquaranta battute, per cui mi ha trasmesso la sua visione del tempo e del mondo interconnesso attraverso un cavo che passa sotto l'Atlantico:

> Arrivata a sessantadue anni la mia generazione si accorge per la prima volta che forse un giorno le toccherà morire. Per i miei coetanei la morte ha un che di ipotetico; qualcosa succederà, pensano, che sia l'assunzione in Cielo o che ci inventiamo qualcos'altro. Quelli che accettano la propria mortalità con minore o maggiore compostezza sono comunque molto più attivi dei loro coetanei di cinquant'anni fa. Il ruolo dei comportamenti adeguati a una determinata fascia d'età si va estendendo e allargando in molti modi. Si rimane giovani più a lungo e alcuni rimangono infantili oppure si dedicano a interessi che prima non avrebbero ritenuto adeguati alla loro età.
> Anche i giovani lo fanno. Se parli più di una lingua e hai accesso a internet puoi incarnare l'età che vuoi. Su internet un adolescente precoce può comunicare con chiunque ed esplorare tutto ciò che è possibile catturare con le parole.
> Fisicamente non sono ancora granché "modificato". Ho tutti i denti, ma

19. Il caso sulle intercettazioni a Lady Diana. *[n.d.t.]*
20. Il caso sulle spese pazze dei parlamentari inglesi. *[n.d.t.]*

sono impianti permanenti, frutto di una tecnologia che non esisteva all'epoca di mio padre. Inoltre, grazie ai vaccini, sono immune a una serie di malattie che una volta erano mortali e ci vedo bene per merito di lenti bifocali talmente sottili da non sembrare tali.
Per il resto sono un anziano senza artifici, sennonché internet moltiplica a dismisura le mie facoltà e quelle del resto dell'umanità. Possiedo una protesi di memoria attiva ventiquattro ore su ventiquattro, accessibile in ogni momento, con capacità che la mia memoria neppure si sogna. Posso verificare qualsiasi dato, ricevere informazioni da sconosciuti sparsi in tutto il mondo che lavorano con me e per me. E io navigo tra queste informazioni in modo romanzesco. Nulla di tutto ciò avrei potuto immaginarlo negli anni Settanta e neppure all'inizio degli Ottanta. Mai avrei detto che un giorno nella mia tasca ci sarebbe stato un oggetto simile a un telefono che mi avrebbe permesso di soddisfare ogni mia curiosità consultando l'enciclopedia più vasta, per quanto approssimativa, che il mondo abbia mai conosciuto.
È strano, lo diamo già per scontato, ma è qualcosa di incredibile. Internet ha cambiato tutto e siamo cambiati insieme a lui, ma non riusciamo a capire l'entità del cambiamento.

Chiunque può moltiplicare a dismisura le proprie facoltà grazie a internet, benché un nutrito gruppo di persone per altri versi intelligenti inveiscano contro la rete, quasi fosse il nodo di smistamento del male universale. Non riesco a ricordare come noi giornalisti riuscissimo a lavorare prima; come facevamo a indagare e verificare le storie? Come ci mettevamo d'accordo, come archiviavamo gli articoli? Oggi partiamo da internet per quasi tutte le ricerche e non c'è modo altrettanto semplice per comunicare, almeno finché la tecnologia non si blocchi o un regime repressivo non costruisca barriere digitali. Durante la rivoluzione verde in Iran, Twitter, che è il miglior aggregatore di notizie disponibile se si impara a usarlo, ha dimostrato di essere uno strumento essenziale per aggirare la censura.

Come per gli altri fenomeni esaminati da questo libro – il crollo delle nascite e l'aumento delle gravidanze posticipate – il punto essenziale non è che internet sia una forza del male o del bene, ma semplicemente che esista. Il web ha cambiato in modo irreversibile non solo gli argomenti delle nostre conversazioni, il modo in cui discutiamo e il contesto della discussione ma anche cosa facciamo. In un'epoca in cui le vecchie modalità di trasmissione della cultura hanno perso vigore, internet ha conquistato il potere di diffondere informazione, disinformazione, atteggiamenti e opinioni.

A volte il web contribuisce a rovesciare i tiranni, altre volte è oclocrazia. La messa alla gogna dei personaggi che incarnano l'autorità in senso tradizionale è una versione contemporanea del cinquecentesco autodafé; la reputazione di alcuni trascinata nel fango e le istituzioni pubbliche dileggiate. E se le istituzioni stesse non avessero contribuito ad alienarsi la nostra fiducia, se la Chiesa e lo Stato meritassero ancora un rispetto istintivo da parte nostra, non saremmo così ricettivi al chiacchiericcio instancabile della rete. In mancanza di un'autorità credibile prendiamo l'imbeccata da sedicenti guru, che siano celebrità o imbonitori da fiera. Ma la confusione riguardo alle età della vita ha anche un'altra origine: la nostra disponibilità a credere qualsiasi cosa dicano gli esperti, gli scienziati. Ma neppure gli scienziati, anzi loro meno di chiunque altro, riescono a mettersi d'accordo su cosa determini l'invecchiamento e sulla possibilità di trovare un antidoto.

Timothy Radcliffe dice che quando un frate è moribondo, tutti i confratelli sono invitati al suo capezzale a morire con lui. Tale pratica vuole essere d'aiuto tanto ai novizi quanto all'agonizzante. «Che i giovani familiarizzino con la morte a vent'anni se non prima è una parte molto importante della loro formazione. Quando per uno di noi arriva il momento di morire, suoniamo la campana e ci raduniamo al capezzale del morituro cantando un *Salve Regina* particolare insieme a lui. Ma talvolta accade che un fratello si tiri su dal letto e dica: "Oh, forse non è ancora il mio turno"».

FORSE NON È ANCORA IL MIO TURNO potrebbe essere un ottimo adesivo da mettere sul lunotto posteriore dell'auto di un amortale. La mia amica Charlotte voleva mandarmi un adesivo che aveva visto in Australia: MI RIFIUTO DI INVECCHIARE. Una volta frasi come questa erano ironiche, oggi sono dichiarazioni d'intenti.

«Mi sento invulnerabile e immortale come un adolescente», dichiara Andy Garfield, trentasei anni, californiano, compositore di colonne sonore. Ammette comportamenti che non gli allungano certo la vita, come mangiare schifezze, ma allo stesso tempo non crede che finirà.

Io credo fermamente che nei prossimi sessanta o settant'anni raggiungeremo il punto in cui potremo caricare la nostra coscienza su computer quantistici infinitamente potenti e fare in modo che questa continui in modo virtuale a vivere magari in una situazione in stile Avatar in cui questa coscienza controlla un androide.

A una cena per il compleanno di un gallerista londinese mi sono trovata seduta accanto a un famoso mercante d'arte che mi ha raccontato come collezionisti ricchissimi spendano in segreto cifre maggiori di quelle che investono in quadri e sculture per clonare i loro organi. Si sottopongono ad analisi minuziose per accertare quali parti del loro corpo abbiano più probabilità di cedere prima delle altre e fanno in modo di avere a portata di mano i pezzi di ricambio. «Presto faremo tutti come loro», osserva il mercante.

Che gli scienziati siano sul punto di scoprire il segreto dell'immortalità o perlomeno di garantirci qualche secolo di vita in più, è opinione diffusa ed espressa in modi diversi che entrano in conflitto con quanto afferma la scienza corrente. Nel 1961, l'anno in cui sono nata io, un microbiologo di nome Leonard Hayflick fece una scoperta deprimente riguardo alla possibile durata della vita. Scoprì che la maggior parte delle cellule del corpo umano possono dividersi per un numero limitato di volte, e più sono vecchie meno si dividono.[21] L'inevitabile conclusione è che tutte le cellule diventano senescenti e, sia nel caso di malattia sia nel caso in cui si resta sani, a un certo punto smettono di replicarsi in numero sufficiente portandoci alla morte. Benché l'aspettativa di vita abbia fatto un balzo considerevole tra la fine dell'Ottocento e la fine del Novecento e abbia poi continuato a crescere seppur a un ritmo più moderato (da due a cinque anni per decennio nel mondo industrializzato), Hayflick non è ottimista riguardo alle possibilità di un allungamento illimitato. Il cosiddetto limite di Hayflick ci assegna non più di centoventi anni. La donna più longeva del mondo, Jeanne Calment, è morta a centoventidue anni nel 1997.

Forse Hayflick ha scoperto il motivo per cui moriamo. Ma chiunque accetti di essere il prodotto di un processo evolutivo – e mi permetto di supporre che gran parte dei miei lettori sia d'accordo – si chiede perché la selezione naturale non abbia gradualmente eliminato i processi e le mutazioni che portano all'invecchiamento e alla morte.

Nel 1951 un brillante zoologo di nome Peter Medawar tenne una conferenza in cui affrontò questa domanda. Ipotizzò che la selezione naturale favorisca quei caratteri che permettono all'organismo di riprodurre i propri geni a prescindere dai danni che gli stessi possono causare nel corso della vita. Il biologo Gorge Williams suggerì poi che il declino fisico che segue al picco riproduttivo sia causato da

---

21. Leonard Hayflick, *The limited in vitro lifetime of human diploid cell strains*, Exp Cell Res, 1965.

alcune delle stesse caratteristiche che in giovinezza ci hanno dato un vantaggio su altri organismi. La sua teoria è conosciuta come "pleiotropia antagonistica".

L'orologiaio cieco – espressione coniata da Richard Dawkins per indicare il meccanismo della selezione naturale – ha scelto a caso tra tanti proprio Richard Flint. I geni che causano la malattia di cui soffriva Richard, l'atassia cerebellare, continuano a trasmettersi di generazione in generazione perché non ostacolano la facoltà di riprodursi. Infatti i primi sintomi dell'atassia si manifestano intorno ai trenta quarant'anni, superato il picco riproduttivo.

Osservare il declino inesorabile di Richard mi fece capire alcune delle sfide rappresentate dal mantenere in vita un corpo in disfacimento. Secondo Aubrey de Grey possiamo vincere tali sfide con interventi di riparazione e manutenzione a livello cellulare. de Grey è uno dei maggiori sostenitori della lotta contro l'invecchiamento e la morte e sostiene di svolgere un «compito che spetta a Dio, comunque vogliamo definire questa entità», nella misura in cui cerca di «alleviare le sofferenze». E mentre sorseggia la sua pinta di Old Speckled Hen in un pub sul lungofiume mi offre un'ulteriore rivisitazione del dogma religioso. Non sarebbe cristiano, afferma, rifiutare la possibilità di una vita eterna *prima* della morte. La sua missione è sconfiggere l'invecchiamento.

Cittadino britannico residente a Cambridge, è il direttore scientifico della fondazione Sens, registrata in America. L'acronimo sta per *Strategies for Engineered Negligible Senescence* e la missione della fondazione è di «sviluppare, promuovere e diffondere l'accesso alle soluzioni offerte dalla medicina rigenerativa ai disturbi e alle infermità concomitanti all'invecchiamento». Si tratta di «una serie di tecniche mediche integrate studiate per riportare organi e tessuti senescenti a una struttura molecolare e cellulare tipica della giovinezza». La medicina rigenerativa riuscirà a mantenere giovani gli esseri umani per un tempo indefinito, sostiene de Grey:

> In termini biologici la nostra situazione è questa: il corpo umano è una macchina assurdamente complessa di cui non sappiamo quasi nulla. Non sappiamo come funzioni il metabolismo né come funzioni l'organismo in generale; è una situazione patetica. E se cerchiamo di metterci le mani, se proviamo a ottimizzare alcuni processi, distruggiamo la macchina. Si verifica tutta una serie di effetti collaterali, insomma facciamo più male che bene. Qualsiasi biologo mi darebbe ragione. Per questo i gerontologi sono giunti alla pessimistica conclusione che non possiamo fare niente per sconfiggere l'invecchiamento nel futuro immediato. ➔

Ora supponiamo di partire dalla riparazione e manutenzione e sviluppiamo un approccio che preveda più o meno questo: lasciamo che il metabolismo crei la sua serie di danni cellulari secondo il suo meccanismo naturale. Non dobbiamo interferire con quel meccanismo, dobbiamo invece occuparci dei suoi prodotti di scarto, di quelle sostanze che lentamente si accumulano nell'organismo nel corso della vita. Le ripariamo prima che si accumulino troppo intralciando il funzionamento del metabolismo. Insomma, entriamo e diciamo: bene, ci basta caratterizzare i prodotti di scarto che si accumulano e capire come ripararli. Per il resto teniamoci alla larga da tutta quella parte che invece non comprendiamo.

L'approccio "ripara e mantieni" di de Grey è alla base delle iniziative della fondazione Sens. Nel 2005 Jason Pontin, direttore responsabile della prestigiosa *Technology Review* pubblicata dal Massachusetts Institute of Technology (Mit), ha messo in palio un premio da ventimila dollari per il biologo molecolare che fosse riuscito a dimostrare che l'idea del Sens era talmente «sbagliata da essere indegna essere accolta nell'ambito del dibattito scientifico».[22]

Pontin, di origini britanniche, da ragazzo ha frequentato la stessa scuola di de Grey. «Chiunque vi dica che al mondo esistono persone capaci di vivere per mille anni non è uno scienziato, è un santone», afferma. E il suo vecchio compagno di scuola de Grey, con la sua lunga barba e il fisico smilzo, potrebbe essere scambiato per un profeta o per uno degli zz Top[23]. Il summenzionato de Grey ammette che la barba è un po' un «marchio di fabbrica che mi aiuta a sottolineare certe motivazioni di stampo spirituale».

Pontin ha radunato cinque arbitri per esaminare le proposte. Nel comitato figuravano Nathan Myhrvold, cofondatore e amministratore delegato della startup Intellectual Ventures ed ex cto di Microsoft, e Craig Venter, fondatore e presidente del Venter Institute, in prima fila nell'impresa della mappatura del genoma umano, il quale nel 2010 ha annunciato di essere riuscito a creare in laboratorio – impresa quasi divina – una forma di vita sintetica.

I concorrenti al premio sono stati cinque. In tre hanno soddisfatto i criteri d'ammissione, ma nessuno ha vinto. Riepilogando

22. *The SENS Challenge*, blog di Jason Pontin, 28 luglio 2005, www.technologyreview.com.
23. Rock band fondata nel 1969, tutt'ora sulla breccia, vanta oltre quarant'anni di attività. I due elementi stabili del gruppo sono noti per le barbe lunghissime, gli occhiali scuri e i cappelli perennemente in testa. *[n.d.r.]*

le deliberazioni degli arbitri, Myhrvold scrive:

> I procedimenti scientifici necessitano di prove ricavabili dalla sperimentazione e dall'osservazione indipendente al fine di dare credibilità a un'ipotesi. Sens consiste di una serie di ipotesi in gran parte non sottoposte a tale procedimento di sperimentazione e pertanto non in grado di accedere al livello di dati scientificamente verificati. Tuttavia le idee di Sens non sono state neppure invalidate in modo conclusivo.
> Sens occupa dunque il livello intermedio delle supposizioni non ancora provate che alcune persone considerano interessanti, ma che altre sono libere di mettere in dubbio.[24]

Molti membri della comunità scientifica e medica rimangono scettici riguardo alle possibilità di prolungare la vita in modo sostanziale e trovano frustranti affermazioni talmente ardite e complesse da essere difficilmente dimostrabili. Un numero spropositato di sostenitori dell'immortalismo ha alle spalle studi informatici (de Grey, per esempio si è laureato nel 1985 a Cambridge in informatica).[25] Il mondo digitale ci

---

24. Jason Pontin, "Is Defeating Aging Only a Dream?", *Technology Review*, 11 luglio 2006.

25. In questo libro parlo di "immortalismo" nonostante le obiezioni espresse da de Grey. Vari mesi dopo il nostro primo incontro, de Grey mi ha scritto lamentandosi del fatto che il termine "immortalismo" sembra suggerire che il suo scopo sia «azzerare il rischio di morte in senso assoluto, risultato impossibile da ottenere a livello tecnologico. Sfumando la distinzione tra un fatto controverso e un fatto impossibile, incoraggiamo le persone a supporre che il fatto controverso sia anche impossibile e che lo si discuta solo a scopo di intrattenimento». In una mail successiva ha scritto: «Le persone hanno una tale paura di invecchiare che l'unico modo che hanno per affrontare il terrore quando ci si trovano faccia a faccia è fare finta di non essere affatto terrorizzate. In tal modo non ci pensano, avvalendosi di scuse che si vergognerebbero di proporre persino a un bambino per farlo stare buono. La varietà di scuse è ampia e va da discorsi che giustificano l'invecchiamento dicendo che dopotutto è una cosa positiva, fino a ragionamenti deresponsabilizzanti del tipo "non potremo mai sconfiggere l'invecchiamento, perciò impariamo a conviverci". L'impiego di una terminologia appartenente al campo semantico dell'impossibile è un modo particolarmente insidioso per collocare nella mente dei partecipanti al dibattito l'idea – senza affermarla esplicitamente e di conseguenza doverla difendere – che non abbiamo margini di manovra quanto all'invecchiamento. Le persone VOGLIONO credere che non sia possibile agire sull'invecchiamento al fine di non doverci pensare in modo proattivo, perciò utilizzano questa terminologia e apprezzano il fatto che anche gli altri la usino nel parlato e nello scritto». Quindi a scanso di equivoci: de Grey non prevede la sconfitta della morte, bensì la possibilità di un'estensione considerevole della durata della vita.

appare lontano anni luce dalla casualità e dall'imprevedibilità che caratterizzano la sperimentazione di laboratorio.

Un altro influente immortalista, o futurologo, per utilizzare il termine che di solito ne accompagna il nome, è Ray Kurzweil (laurea in informatica e letteratura presso il Mit, 1970). Egli crede nelle nanotecnologie, ovvero nello sviluppo di macchine molecolari che potrebbero essere inserite nel nostro corpo per ovviare ai danni causati dal tempo. Crede inoltre che il progresso scientifico sia esponenziale e non lineare, per cui la scienza va avanti a grandi balzi. Se riuscissimo a vivere abbastanza da poterci avvalere delle tecnologie rigenerative che tanto stimolano de Grey, vivremmo ancora più a lungo, fino a raggiungere il momento di singolarità in cui «il passo del cambiamento tecnologico sarà talmente veloce e il suo impatto talmente profondo che la vita umana sarà trasformata in modo irreversibile».[26] Macchine ed esseri umani si fonderanno, sostiene Kurzweil, espandendo l'intelligenza umana grazie alla potenza di elaborazione dei computer.

L'elenco impressionante di invenzioni sfornate da Kurzweil – è l'ideatore del primo scanner piano, dei software per il riconoscimento ottico dei caratteri, per la sintesi vocale Tts e per il riconoscimento vocale, nonché delle tastiere elettroniche – unito alla sua irritante abitudine di emettere previsioni strampalate che in seguito si avverano, significa che sarebbe temerario liquidare le sue profezie transumaniste come eventi improbabili. Solo Gibson ha compreso prima di lui il potere che possiede internet di trasformare il mondo. Bill Gates lo ha definito «la persona che prevede meglio di chiunque altra l'evoluzione dell'intelligenza artificiale».[27] Sembrava un'esagerazione quando Kurzweil annunciò che entro la fine degli anni Novanta le auto si sarebbero guidate da sole, ma era solo in largo anticipo sui tempi. Nell'ottobre 2009 l'Ue ha lanciato il progetto Sartre (Safe Road Trains for the Environment),[28] il cui scopo è creare convogli di sei-otto auto incolonnate sull'autostrada che vengono guidate dal veicolo di testa. I dispositivi di self parking sono arrivati sul mercato nel 2003.[29]

Come de Grey, Kurzweil ha preso accordi affinché la sua testa venga criopreservata nel caso in cui muoia prima che la scienza abbia svi-

26. Ray Kurzweil, "The Six Epochs" in *The Singularity Is Near: When Humans Transcend Biology*.
27. Strillo pubblicitario sulla copertina di *The Singularity is Near...*, cit.
28. Convogli di auto sicure per l'ambiente. *[n.d.t.]*
29. La Toyota Prius con dispositivo di self-parking è stata immessa sul mercato in Giappone verso la fine del 2003.

luppato gli strumenti per tenerlo in vita. Ciò indica non solo la volontà di ignorare il fatto che la scienza reputa impossibile l'ottenimento della criopreservazione ma anche una sorprendente plasticità nel concepire l'ubicazione della sua identità. Quando esprimo il mio parere al riguardo, Kurzweil tira fuori una delle sue profezie: «Le persone includono il corpo nella loro identità: sono una ragazza magrolina, sono un omaccione obeso. Certo fa parte della loro identità, ma è solo un corpo e la nostra percezione di esso cambierà quando avremo a disposizione corpi diversi come in un videogioco, cosa che accadrà presto».

Riguardo alla criopreservazione confessa di non essere super entusiasta e che si tratta solo di un ripiego. Siede appollaiato sul divano nel suo ufficio a Wellesley, nei sobborghi ricchi di Boston, circondato dalle testimonianze stratificate di una vita di successi: premi, foto che lo mostrano in compagnia di gente ancora più famosa, manifesti di due film su di lui. Il primo, *Transcendent Man*, è un documentario, il secondo, *The Singularity is Near*,[30] è un film documentario scritto e co-diretto da lui.

È già un problema seguire tutti i miei interessi ora che sono vivo e attivo, mi rimane difficile immaginare di continuare a farlo una volta che sarò congelato, ma coloro che me lo hanno suggerito dicono che è meglio dell'alternativa. Certo, qual è la possibilità che io possa tenere in piedi dei progetti sospendendo ogni impegno per qualche decennio? È solo un ripiego. In realtà vorrei evitare di morire. Ecco l'approccio migliore al problema.

Una dieta spartana, esercizio fisico e manciate di vitamine e integratori sono parte dell'approccio. «Ho sessantadue anni, ma biologicamente ne ho quarantuno». Kurzweil teme di aver ereditato dal padre la disfunzione cardiaca che lo ha ucciso a cinquantotto anni. E il suo cognome sembra mostrare sinistre connotazioni: *kurz* in tedesco significa corto, *weile* corrisponde a momento. A trent'anni ha sviluppato il diabete di tipo 2 e oggi assume centocinquanta integratori al giorno. Qualche anno fa ne prendeva cento in più, adesso sono diminuiti solo perché le capsule offrono una migliore biodisponibilità.

Mentre si fruga nelle tasche per cercare gli integratori pomeridiani descrive una visione molto simile alla vita postuma digitale immaginata dal compositore Andy Garfield. Ha intenzione di "ripor-

30. La singolarità è vicina. *[n.d.t.]*

tare indietro" suo padre creando un avatar paterno programmato con le caratteristiche dell'identità del genitore recuperate dai documenti personali. Considerata l'avversione di Kurzweil nei confronti della morte è incredibile come gran parte della sua vita abbia a che vedere con la questione. Ma è una contraddizione apparente molto comune tra gli amortali. Sono persone energiche, proattive, produttive, senza età, aperte a tutte le idee tranne una. Spendiamo un'energia notevole e molto ingegno per cercare di cancellare ciò che ci ricorda la morte, ma sono proprio questi sforzi a evocare gli spettri che vorremmo bandire dalla nostra vita.

Nonostante lo scetticismo riguardo all'attività di de Grey, Pontin condivide lo slancio che ne è alla base. «Quando le parlo della paura della morte mia moglie pensa che sia fuori di testa», dice Pontin, direttore della *Technology Review*:

> Lei dice: «Ma tutti moriamo». Io credo che la maggior parte delle persone non veda, soffra di una forma di cecità nei confronti della morte, perché se la vedessimo saremmo paralizzati dal terrore. Riesco a vivere solo se guardo da un'altra parte. C'è una nuova teoria psicologica secondo cui parti importantissime dell'attività umana, la politica, gli affari, certe attività scientifiche come la ricerca di soluzioni contro l'invecchiamento, non siano altro che un tentativo di evitare il terrore.[31]
> Per accettare la mortalità e guardarla in faccia bisogna pensare come eroi, e io riesco a farlo solo in certi momenti. Il sole riesco a fissarlo solo durante i brevi istanti in cui capisco di essere un organismo vivente, dotato di una coscienza molto limitata, con un'eternità buia prima di me e una dopo. Di solito cerco di non pensarci e a volte mi sento come Larkin nel famoso poema *Aubade*, quando parla della mente che si annulla di fronte alla luce abbagliante. È una bella poesia, l'espressione più compiuta della paura della morte.

Il dizionario Merriam-Webster definisce la scienza come «lo stato di chi conosce; conoscenza che si oppone all'ignoranza e all'incomprensione». Dopo il crollo della fiducia nelle autorità, la fede del grande pubblico si è riversata sugli scienziati. Oggi tendiamo a supporre che le imprese scientifiche e le motivazioni alla loro base siano razionali.

E lo sono davvero. Il desiderio di risolvere problemi ed enigmi, di conoscere qualcosa di più del mondo che ci circonda è razionale. Razionale è anche voler ottenere finanziamenti per portare avanti le

---

31. Pontin fa riferimento alla Terror Management Theory di cui parlerò più avanti.

ricerche e magari guadagnare sulle scoperte effettuate. In alcuni casi la volontà razionale si applica all'invecchiamento per tentare di ritardarlo – insieme alla morte – il più possibile, in se stessi e nella propria famiglia.

Che la restrizione calorica allunghi la vita dei lieviti, delle mosche e dei topi è un fatto noto ai biologi da diversi anni. David Sinclair ha studiato al Mit e oggi insegna ad Harvard. È alla ricerca di un sistema per replicare gli effetti della restrizione calorica senza che il soggetto debba sottostare ai sacrifici che essa comporta. Il resveratrolo, una molecola estratta dall'uva rossa, sembrava fare al caso suo. Sinclair ipotizza che il resveratrolo attivi le sirtuine, enzimi che entrano in funzione quando il corpo è in deficit di calorie e sono coinvolte nella regolazione del metabolismo.[32] Quando ha scoperto che la molecola allungava la vita dei lieviti ha iniziato ad assumere egli stesso il principio attivo. «Sono uno scienziato e ogni tanto faccio esperimenti sulla mia persona. Ho iniziato a prendere il resveratrolo dopo che l'avevamo testato sui lieviti», racconta in un documentario della Bbc:

> Ripensandoci, sono stato un po' incosciente. Non sapevamo se era tossico, poteva anche causare il cancro. Per fortuna oggi sappiamo che questa molecola è relativamente sicura. Anche mia moglie e il resto della famiglia ha iniziato a prendere il resveratrolo. Tuttavia non lo raccomando, perché è ancora in fase di studio. Nel mio caso ho pensato che le prove scientifiche fossero abbastanza concludenti per assumermi il rischio. E so cosa succede se non lo prendo.[33]

Ed è lo stesso ragionamento – sappiamo cosa succederà se non ci inventiamo un modo per fermarlo – che muove la macchina dell'industria globale dell'immortalità, un colosso dalle mille facce che macina milioni mentre combatte l'invecchiamento e la morte sfruttando la nostra brama di giovinezza e di vita eterna. Le compagnie farmaceutiche che sottostanno a regole severe sono un ramo di tale industria. E gli scienziati spesso si rivolgono al settore privato per espandere le loro ricerche in direzioni non supportate dalle istituzioni accademiche. Sinclair ha trovato un socio di capitale e ha fondato la Sirtris Pharmaceuticals per sviluppare attivatori di sintesi delle sir-

32. David A. Howitz, K. T. et al., "Small molecule activators of sirtuins extend Saccharomyces cerevisiae life span", *Nature* 425, 2003, pp. 191–196.
33. Horizon, *Don't Grow Old*, Bbc 2, trasmissione del 9 febbraio 2010.

tuine più potenti. Una ricerca pubblicata su *Nature* nel 2007 avanzava l'ipotesi che tre composti non solo avrebbero potuto innescare la risposta desiderata ma in un caso avrebbero persino aumentato la sensibilità all'insulina, fornendo un possibile trattamento per il diabete mellito.[34] L'anno successivo Sinclair vendette la Sirtris a GlaxoSmithKline per settecento milioni di dollari e alcune molecole passarono al secondo stadio di sperimentazione clinica.

Poi nel gennaio 2010 uno studio sul *Journal of Biological Chemistry* ha avanzato dei dubbi sul resveratrolo e gli altri composti che dovrebbero mimarne gli effetti.[35] «Pare che l'entusiasmo generato dal resveratrolo fosse prematuro», ha affermato Richard Miller del Geriatric Center di Ann Arbor, università del Michigan, in un'intervista uscita su *Nature*.[36] Quando *Forbes*, la rivista di finanza, ha chiesto a Andrew Whitty, amministratore delegato della Glaxo, cosa ne pensasse delle riserve espresse a proposito del resveratrolo, questi ha ribattuto: «Siamo fiduciosi riguardo alla nostra posizione. Ovviamente in ambito farmaceutico esistono dei rischi, anzi devono esserci. Se si vogliono profitti del 30% bisogna accettare il rischio. Se non volessimo correre alcun rischio apriremmo un negozio di frutta e verdura accontentandoci del 6%».[37] Qualche mese più tardi la Glaxo ha abbandonato la sperimentazione di uno dei composti della Sirtris, l'Srt501, nel sospetto che aumenti l'insufficienza renale nei malati di cancro. Altri due composti sono ancora in fase di sviluppo.[38]

Il processo che porta all'immissione di un farmaco nel mercato è lungo e dispendioso, e in corso d'opera molti composti che sembravano promettenti non superano test rigorosi. L'industria dell'immortalità invece scavalca a piè pari questi contrattempi promuovendo una massa di prodotti e apparecchi medicali che non sono soggetti a controlli altrettanto stringenti.

---

34. Milne, J. C. et al. *Nature* 450, 2007, pp. 712-716.
35. Lizzie Buchen, "Health benefits of red-wine chemical unclear: Sceptics continue to ask whether resveratrol really can delay the effects of ageing", *Nature*, 19 gennaio 2010.
36. *Ibid.*
37. Matthew Herper, "Doubts Build on Glaxo's Anti-ageing Drugs", *Forbes*, 26 gennaio 2010.
38. Albertina Torsoli, "Glaxo Halts Development of Sirtris's Resveratrol", *Bloomberg News*, 2 dicembre 2010.

Su internet, nei grandi magazzini, nei supermercati, nelle cliniche private e nelle farmacie troviamo unguenti e pozioni, trattamenti e cure miracolose, apparecchiature e pseudofilosofie, diete con copyright, integratori e vitamine che promettono di renderci più magri, più sani, più giovani. Molti di questi prodotti sono assai costosi, ma vengono acquistati anche da coloro che non potrebbero permetterseli. I trattamenti di qualità apportano miglioramenti reali allo stato di salute e all'aspetto fisico, pur includendo cambiamenti nello stile di vita che in fondo sarebbero attuabili anche senza passare per costosi programmi. Gli altri trattamenti sono poco più che pozioni spacciate per farmaci miracolosi.

Ma, se le pozioni possono anche essere innocue, i discorsi usati per venderli non lo sono affatto. I venditori fanno leva sulle insicurezze, creano false speranze, e talvolta la loro merce si rivela pericolosa. Come il Pap-Ion Magnetic Inductor o Pap-Imi, distribuito in America dopo che uno studio clinico ne aveva rilevato le proprietà analgesiche grazie alle onde elettromagnetiche pulsate. L'inventore del dispositivo, un matematico greco di nome Panos Pappas, sosteneva che curasse persino l'Aids e il cancro oltre a eliminare effetti dell'invecchiamento come le rughe e i capelli grigi («Vi farà tornare indietro di vent'anni»). Si tratta di uno strano macchinario il cui pannello frontale ricorda un faccione da fumetti, bandito in America dalla Food and Drug Administration (Fda) dopo che un crescente numero di verifiche ne aveva dimostrato non solo l'inefficacia ma persino la potenziale pericolosità.[39] Pappas continua a vendere l'apparecchio in Grecia. Intervistato dal *Seattle Times* ha affermato: «Non sono sicuro che il mondo sia pronto per capire il Pap-Imi. Si tratta di qualcosa che va oltre la conoscenza umana».

Verrebbe da pensare che laddove è coinvolta la nostra salute dovremmo evitare di spingerci oltre i confini del «conosciuto che conosciamo», per dirla con Donald Rumsfeld, inoltrandoci nell'ambito di ciò che sappiamo di non sapere o peggio ancora dello «sconosciuto che neppure immaginiamo», sempre in termini rumsfeldiani. Ma la fede nella scienza e nella tecnologia è una vera e propria fede religiosa per le menti non scientifiche. Non capiamo come funzioni la scienza, ma ci crediamo. Compiuto questo salto il successivo costa ancora minor sforzo. Crediamo a chi ci dice che

39. Christine Willmsen e Michael J. Berens, "Public never warned about dangerous device", *Seattle Times*, 19 novembre 2007.

sta allargando i confini della scienza e che tutti coloro che lo criticano sono ottusi come noi. Forse non ci rendiamo conto che gli scienziati lavorano in gruppo e sottopongono i risultati delle loro ricerche alle critiche e alle verifiche di altri gruppi di scienziati loro pari. E poi abbiamo imparato a non fidarci delle istituzioni, il che ci predispone ulteriormente a concedere un'occasione a chi le istituzioni le sfida.

Robert Park, professore di fisica, ha pubblicato – dapprima sul *Chronicle of Higher Education* poi su *www.quackwatch.org*, un sito che mira a smontare le affermazioni menzognere e pericolose riguardo a medicinali e trattamenti – un'utile lista in sette punti per verificare la validità di ciò che si propone come scienza:[40]

1. Lo scopritore rivolge il discorso promozionale innanzitutto ai media.
2. Lo scopritore sostiene che le istituzioni cercano di inibire il suo lavoro.
3. L'effetto scientifico del prodotto è sempre ai limiti della rilevabilità.
4. Le prove che si tratti di una scoperta sono aneddotiche.
5. Lo scopritore afferma che una credenza è valida perché sussiste da secoli.
6. Lo scopritore ha lavorato da solo alla scoperta.
7. Lo scopritore si trova a dover supporre l'esistenza di nuove leggi della natura per spiegare un'osservazione.

Ma la pseudoscienza non è dominio esclusivo di loschi figuri che smerciano nell'ombra strani macchinari e sieri magici. Quotidianamente subiamo l'assalto della pseudoscienza che i dipartimenti marketing delle multinazionali utilizzano per imporci i loro prodotti. I superesperti spuntano un po' ovunque nel romantico mondo dell'industria cosmetica. Da Selfridges, i grandi magazzini londinesi, il bancone della Crème de la Mer è presidiato da Laura, una commessa dagli occhi di cerbiatto che mi spiega come il dottor Max Huber sia il creatore del marchio. Lo scienziato, rimasto sfigurato in un incidente di laboratorio, provò vari unguenti di sua formulazione per ridurre le cicatrici finché non ottenne il cremoso miracolo che viene oggi commercializzato. «Contiene kelp», dice la signorina, che ignora la natura dell'esperimento che sfigurò il dottore. Sul sito della compagnia apprendo che l'invenzione della crema è letteralmente un prodigio spaziale, o meglio aerospaziale.

40. Robert L. Park, "Seven Warning Signs of Bogus Science" in *The Chronicle of Higher Education*, 31 gennaio 2003, postato su www.quackwatch.org.

Quarant'anni fa il fisico aerospaziale Max Huber, rimasto sfigurato da un incidente di laboratorio, intraprese la ricerca di un principio attivo che riducesse le cicatrici sul suo viso. Pioniere dell'impiego dell'alga kelp e della biofermentazione per la cura della pelle, il dottor Huber creò il Miracle Broth™, l'elisir marino alla base dell'efficacia della leggendaria Crème de la Mer. Sono stati necessari dodici anni e migliaia di esperimenti per perfezionarla, ma la trasformazione che essa garantisce compensa l'attesa. Formulata con Miracle Broth™, una sostanza famosa per essere un concentrato di energia rinnovatrice, questa crema potente e ricca di nutrienti lenisce e nutre l'epidermide rinnovandone l'aspetto.

Laura dice che con il vasetto più piccolo, da 30 ml, spendo novantadue sterline e sono a posto per due mesi. Vasetti più grandi sembrano offrire maggiore convenienza (500 ml per novecentocinquanta sterline). E se la crema va a male? Non c'è pericolo, dice Laura, è biofermentata, perciò migliora con il tempo. Che strano incontrare questo concetto nel reparto cosmetici di Selfridges, dove è tutto un fiorire di prodotti che promettono di sconfiggere l'invecchiamento, di fermarlo, di distruggerlo.

Qualche metro più in là, sotto la rampa delle scale mobili che domina la hall, c'è un espositore con i prodotti della Ren. La commessa è in pausa pranzo anticipata e la collega del bancone accanto sente di non essere all'altezza di spiegarmi le caratteristiche scientifiche dei prodotti. Mi sono avvicinata perché mi attirava un flacone slanciato la cui etichetta recita: «Sirtuin Phytormone Replenishing Cream». Le sirtuine sono l'ambito di ricerca di David Sinclair. Si trovano in tutti gli organismi, ma gli scienziati non hanno ancora ben capito quale sia la loro azione. Sembra che siano implicate nella sopravvivenza della cellula in presenza di un ridotto apporto di nutrienti. Sul sito della Ren c'è una definizione alternativa: «La sirtuina estratta dal riso prolunga la vita delle cellule epidermiche, ne promuove la naturale riparazione e potenzia l'efficacia dei principi bio-attivi anti età».

Mentre mi dirigo verso il reparto gastronomia subisco l'assalto di un'altra commessa che aspettava il mio passaggio. C'è un'offerta speciale con sconto del 30% sulle creme Kimia, annuncia Sarah. È un affare impedibile perché «Kimia possiede poteri magici». «Ferma l'invecchiamento?», «Sì, – risponde Sarah – anzi, inverte il processo». Lo slogan è sempre lo stesso: Kimia è stata inventata da un dottore; i prodotti sono «completamente naturali» e «imbrigliano la potenza della natura». E il nome da dove viene? «Significa chimica in lingua ebraica». Il dépliant rivela che le creme vengono prodotte nella zona industriale di Warrington. Proprio magiche, non c'è che dire.

Nella parte finale del libro esaminerò in dettaglio cosa sa la scienza dell'invecchiamento, cercando di distinguere le giuste speranze dalle illusioni. Basta una breve visita al reparto cosmetici di un grande magazzino per rendersi conto di quanto sia difficile districarsi in questo labirinto.

Il punto, in termini di come tutto questo si relazioni all'amortalità, non consiste nell'individuare la crema di bellezza risolutiva – se per ogni volta che qualcuno mi ha chiesto un consiglio sulla crema da usare avessi ricevuto una sterlina, oggi potrei permettermi interi bidoni di Crème de la Mer – ma nel dove trovare le giuste informazioni. In realtà una buona fonte d'informazione sui cosmetici esiste: si tratta di un manuale, *The Anti-Ageing Beauty Bible*, scritto a quattro mani da Josephine Farley – confessione: è una mia cara amica – e Sarah Stacey, pubblicato nel 2011. Le autrici hanno chiesto a duemilaquattrocento donne di provare vagonate di sedicenti creme anti età riportando poi i risultati nel manuale. Ma per le domande più importanti non esistono quasi guide. Non possiamo più fare affidamento su famiglie e comunità affinché trasmettano conoscenze giuste e atteggiamenti corretti. Evitiamo gli insegnamenti della religione e non ascoltiamo la voce delle istituzioni. Ascoltiamo gente come Jason Pontin, Aubrey de Grey, Laura e Sarah, le commesse di Selfridges? Sì, loro li seguiamo e spesso senza riuscire a distinguerli l'uno dall'altro. Siamo anche influenzati da persone che propongono il loro esempio. E chi meglio delle celebrità con il loro seguito di fan e media può proporsi come esempio da imitare?

Jack LaLanne, nato nel 1914, era un culturista americano che seppe passare con facilità dal mezzo televisivo al marketing di prodotti con il suo nome. Il suo show televisivo esordì nel 1951 e durò ben trentaquattro anni. LaLanne partì come «il personal trainer che entra in casa vostra ogni giorno» per poi diventare venditore di centrifughe: «Vorreste tornare a sentirvi giovani? Vi piacerebbe essere fisicamente giovani? Potete farlo! Basta scatenare la forza dei succhi di frutta naturali che vi dà il Jack LaLanne Power Juicer». Continuò la sua carriera come ospite di talk show fino a pochi mesi prima della morte, avvenuta nel gennaio 2011 all'età di novantasei anni. «Non posso morire, – era solito dire – rovinerebbe la mia immagine».

Robert Atkins si sarebbe sicuramente identificato con quella convinzione. Si arricchì con l'omonima dieta a base di proteine e povera di carboidrati, ma c'è chi si chiede se la sua dieta non sia stata anche la causa della sua morte prematura. Sopravvissuto a un infarto che negò fosse collegato alla dieta che seguiva, è poi morto a settantadue anni nel 2003 per una caduta sul ghiaccio. La sua credibilità postuma ha subito un duro colpo quando si è saputo che al momento della morte pesava centodiciassette chili (i suoi difensori sostengono che fosse gonfiato in seguito a due settimane di terapia intensiva).

Il rischio che corre qualsiasi prodotto salutistico legato all'immagine di una celebrità è che il divo o la diva che lo pubblicizzano ingrassino, invecchino e muoiano. Ma sono rischi abbondantemente compensati dall'efficacia commerciale della celebrità, dal valore aggiunto che essa rappresenta e dalla pubblicità gratis che comporta l'appoggio del prodotto da parte della persona famosa. Quando ammiriamo un'attrice che ha tutta l'aria di essere in gran forma perché segue una dieta particolare, la nostra reazione è simile a quella degli avventori del ristorante che invidiano il finto orgasmo di Meg Ryan in *Harry ti presento Sally*: «Prendo anch'io lo stesso». Nel caso di Suzanne Somers si tratta di una versione particolare della terapia a base di ormoni bioidentici prescritta dal dottor Traylor presso la Cenegenics che bandisce la terapia ormonale sostitutiva rimpiazzandola con un cocktail personalizzato di sostanze che mimano gli ormoni prodotti dal corpo e ricreano un equilibrio endocrino tipico della giovinezza.

La carriera di attrice di Suzanne Somers è stata surclassata da quella di esperta di fitness. I suoi prodotti vanno dal ThighMaster, sistema per la tonificazione delle cosce, a una linea di cosmetici per la cura della pelle e dei capelli, fino a una marea di libri tra cui *The Sexy Years*[41] e *Slim and Sexy Forever*.[42] Il manuale di auto-aiuto più recente, pubblicato nel 2008, è intitolato *Breakthrough*[43]. La Somers promette di svelare ai lettori il sistema per «bilanciare gli ormoni mediante sostanze bioidentiche (non sintetiche e cancerogene), risolvere i problemi alla tiroide, dormire otto-nove ore a notte senza farmaci, migliorare la memoria, individuare tempestivamente il diabete, prevenire e gestire il cancro, riacquistare l'udito, conservare la vista e molto altro ancora!».

41. Gli anni sexy. *[n.d.t.]*
42. Snella e sexy per sempre. *[n.d.t.]*
43. Punto di svolta. *[n.d.t.]*

Non le manca neppure l'appoggio delle altre celebrità per trasmettere il messaggio ai consumatori. La Somers è stata ospite di Oprah Winfrey, il cui sito pubblicizza due suoi libri, *Breakthrough* e *Ageless*[44], un'ode agli ormoni bioidentici pubblicato nel 2006. Il film *Sex and the City 2* ha dato un'ulteriore spinta a *Breakthrough*, con Samantha che faceva tesoro di ogni suo consiglio. «Non potevo sperare in una testimonial migliore di Samantha interpretata da Kim Cattrall per rivelare alle donne che possono decidere da sole della loro salute, arrivate al momento della menopausa», osserva sul suo blog.

Si stima che almeno un milione di americane assumessero gli ormoni bioidentici prima che Samantha li raccomandasse, nonostante la Fda avesse avvisato che si tratta di preparati di certo non più sicuri dei medicinali prescrivibili, anzi, più pericolosi proprio perché non sottoposti ai rigorosi test di valutazione della Fda stessa.[45] La crescita del fatturato nel comparto degli integratori e dei prodotti salutistici è impressionante: parliamo del 40% nei dieci anni precedenti al 2008 e si prevede che questa fetta di mercato rimanga stabile anche in presenza della crisi.[46] Il consumo di integratori da parte di Ray Kurzweil influenza direttamente le sorti di una compagnia in particolare: la Ray & Terry Longevity Products, che ha fondato con il dottor Terry Grossman (insieme a lui ha anche scritto *Transcend: Nine Steps to Living Well Forever*,[47] una guida piena di consigli per aiutare i lettori a rimanere giovani «finché non possediamo conoscenze che ci permetteranno di ringiovanire ulteriormente»).

Mi creda: se potessi tornare indietro farei il dermatologo o sarei il proprietario di un negozio di integratori, afferma il dottor Harrison Bloom, geriatra e professore presso la Mount Sinai School of Medicine di New York, nonché membro anziano dell'International Longevity Center (Ilc), un'organizzazione no-profit con sede a New York fondata per promuovere la salute nella terza età. Robert Butler, il fondatore e amministratore delegato dell'Ilc, è stato più schietto, bollando gran parte degli integratori come niente altro che "sistemi per ottenere urina di lusso".

44. Sempre giovane *[n.d.t.]*
45. "Compounded hormone therapies: unproven, untested – and popular", *Endocrine Today*, 25 marzo 2008.
46. *Anti-Aging Products: A Global Strategic Business Report*, Global Industry Analysts, Inc, gennaio 2009.
47. Trascendere: nove passi per vivere bene e per sempre *[n.d.t.]*

«A rigor di termini la longevità si misura con i numeri. È la somma dei giorni, delle settimane, dei mesi e degli anni che dà come risultato la nostra vita», scriveva Butler nel suo ultimo libro *The Longevity Prescription.*[48] «Tuttavia l'invecchiamento, o più precisamente il suo opposto, rimanere giovani, è in larga misura uno stato mentale che sfida ogni quantificazione».

Questo importante psichiatra e gerontologo inventò l'espressione «discriminazione basata sull'età» nel 1968, quando aveva quarantuno anni, diventando in seguito la migliore dimostrazione di qualsiasi tesi contro tale discriminazione. È rimasto impegnato e produttivo fino a tre giorni prima della morte, avvenuta nel luglio 2010. Aveva da poco accettato una cattedra presso la Columbia University e un mese prima di morire mi aveva confessato che pensava di andare avanti a lavorare «per sempre». Era vedovo e mi raccontava la gioia di essersi innamorato di nuovo. Sprizzava *joie de vivre*. La leucemia che lo aveva colpito l'ha portato via senza preavviso, senza annunciarsi con un indebolimento fisico o mentale. Per certi versi la sua è stata un'uscita di scena perfetta, che ha dimostrato la possibilità, come lui stesso preconizzava, di vivere al massimo fino alla fine. Sembrava davvero troppo giovane per andarsene. Nel suo necrologio su *TIME* scrissi: «Robert Butler aveva solo ottantatre anni».

Si era impegnato sul fronte di numerose questioni legate all'invecchiamento riuscendo a fare della ricerca sull'Alzheimer una priorità. La sua preoccupazione principale era promuovere una vecchiaia sana. All'Ilc aveva creato un seminario annuale di una settimana, la Age Boom Academy, indirizzato a giornalisti e saggisti. Si tratta di una serie di conferenze e tavole rotonde in cui politici, ricercatori, medici, operatori sanitari e professionisti coinvolti a vario titolo nel prendere decisioni per un mondo che invecchia sempre più, discutono e si scambiano idee. Io ho preso parte alla sessione del 2010.

Ero già a un buon punto nelle ricerche necessarie alla stesura di questo libro e sapevo che l'idea butleriana di invecchiare in salute attirava varie critiche. Agli inizi dell'anno Aubrey de Grey, per esempio, si era lanciato in un'appassionata diatriba contro di essa durante la nostra conversazione nel pub.

---

48. La ricetta (medica) della longevità. *[n.d.t.]*

Si parla di «invecchiare in salute», ma in realtà si vuole solo dire «rimani in salute finché non cadi nel burrone in cui saresti comunque caduto all'età che era stata prevista». Sembra una gran cosa, roba da vincerci le elezioni, ma in realtà è spazzatura. Chi la vuole questa schifezza? Se mi dicessero che posso vivere come vivo oggi, ma ho cent'anni, ti sembra che sarei più pronto a morire di quanto non lo sia adesso?

È un tipico ragionamento plausibile alla de Grey, che tuttavia ignora la sfida immensa e urgente che i politici hanno di fronte. All'aumento dell'aspettativa di vita non corrisponde una crescita dell'aspettativa di salute, ovvero di anni vissuti in salute. In America infuria in questi mesi un dibattito assurdo sulla riforma del sistema sanitario. Tale dibattito ha come base le seguenti crude statistiche:

- Gli Stati Uniti spendono per l'assistenza sanitaria una percentuale del pil più alta di qualsiasi paese industrializzato e il 70% di tali costi copre il trattamento delle malattie croniche.[49]
- Oltre settanta milioni di americani sopra i cinquant'anni soffrono di almeno una malattia cronica associata all'invecchiamento: Alzheimer, artrite, asma, cancro, depressione, diabete, patologie cardiache e osteoporosi.[50]
- Il 4% riunisce cinque o più delle summenzionate patologie croniche.
- Circa un terzo del budget Medicare (la copertura sanitaria garantita dal governo a chi ha più di sessantacinque anni) viene speso per le cure a malati cronici che hanno davanti a sé non più di due anni di vita.

Nessuna società civile potrebbe sostenere che la soluzione sia tagliare gli aiuti ai più deboli e agli agonizzanti, eppure gli avversari politici del presidente Barack Obama hanno insinuato che le riforme da lui proposte avrebbero avuto esattamente quel risultato, con "giurie della morte" incaricate di decidere chi meritava l'assistenza e chi no. La vera priorità per l'America e per qualsiasi paese che si trovi di fronte alla minaccia di una popolazione anziana in crescita esponenziale – ovvero tutti i paesi del mondo, inclusi quelli in via di sviluppo – è trovare sistemi per mantenerci in salute il più a lungo possibile, preferibilmente fino al giorno della nostra morte.

Nella sezione finale del libro passeremo in rassegna sia le opzioni ipertecnologiche per rimanere giovani fino alla fine sia le alternative fai da te, ovvero una dieta sana e tanto esercizio fisico. Tuttavia, come diceva Butler, rimanere giovani è questione di testa.

---

49. US Department of Health & Human Services.
50. *Chronic Care: A call to action for health reform*, AARP marzo 2009.

E che questa non sia un'ovvietà lo ha dimostrato Ellen Langer, professore di psicologia ad Harvard, nel 1979. Il suo esperimento era progettato per capire quanto conta per le persone la percezione di se stessi come giovani o anziani. Fece arredare un hotel in una zona isolata del New England con oggetti e mobilia di venti anni prima. Nel frigorifero fece mettere cibi che la gente mangiava abitualmente nel 1959; i televisori in bianco e nero trasmettevano solo programmi come il Phil Silvers Show e lo Ed Sullivan Show. Poi arrivarono gli ospiti. Erano uomini tra i settanta e gli ottanta anni a cui fu ordinato di non considerare l'esperimento una esercitazione nostalgica, ma di convincersi di avere fatto un viaggio nel tempo tornando indietro di vent'anni.

Tale convinzione fu il fattore decisivo. Un gruppo di controllo appartenente alla stessa fascia di età arrivò nell'albergo dopo che l'altro se ne era andato. L'esperienza del secondo gruppo differiva solo in un punto: erano liberi di pensarlo come un esperimento e viverlo con nostalgia. In capo a una settimana entrambi i gruppi registrarono miglioramenti fisici e cognitivi, diventando più attivi e socievoli. Tutti trassero benefici dalla stimolazione mentale, ma i cambiamenti erano più pronunciati nei "viaggiatori nel tempo" i quali svilupparono destrezza e flessibilità articolare. Il loro passo si fece più sicuro, la postura diritta e il pensiero acuto; insomma, sembravano fisicamente più giovani.[51] Nel settembre 2010 la Bbc ha mandato in onda una serie intitolata *The Young Ones*[52] che riproponeva l'esperimento con personaggi famosi di mezza età come protagonisti, i quali hanno ottenuto i miglioramenti previsti. L'unica sorpresa della serie ha riguardato il fatto che ai dirigenti televisivi ci siano voluti trent'anni per vedere nella fondamentale ricerca della Langer il potenziale per un reality.

In uno studio successivo Langer scoprì che vestirsi da vecchi fa sentire e comportare le persone in modo conforme:

> L'abbigliamento può provocare stereotipi legati all'età. In genere le persone si vestono in modo appropriato alla loro fascia d'età, per cui l'abbigliamento diventa un segnale che stimola giudizi e stereotipi radicati. E se il segnale scomparisse? Abbiamo scoperto che le persone che indossano abitualmente un'uniforme come parte della loro vita lavorativa per- →

51. Ellen J. Langer, *Counter Clockwise: Mindful Health and the Power of Possibility*, Ballantine Books 2009.
52. I giovani. *[n.d.t.]*

dono meno giornate di lavoro per malattia o infortunio, hanno meno consultazioni mediche e malattie croniche rispetto a coloro che indossano abiti civili, a parità di condizioni socioeconomiche».[53]

Morale della storia: per la salute è meglio essere un vecchio vestito da ragazzo che il contrario.

Può sembrare un modo fin troppo semplice per affrontare la questione, ma ha il vantaggio di andare dritto al nucleo della controversia su cosa significhi diventare vecchi. Sono poche le persone – amortali o non – che si sentono rappresentate dalle definizioni correnti di età. C'è un'inquietudine diffusa in chi percepisce i cambiamenti in corso come collegati a un abbassamento generale del livello culturale, ovvero: se non riusciamo più a invecchiare come prima è perché non riusciamo a crescere. Ciò è in parte vero, e l'amortalità ne è la causa.

Gli amortali amano sdrammatizzare e preferiscono sfiorare la superficie delle cose per timore di scoprire cosa c'è sotto. Siamo esperti nel fare una cosa per non pensare a un'altra. Il moto perpetuo senza scopo, la contemplazione del proprio ombelico in viaggi di autorivelazione, una fissazione per l'aspetto esteriore: questi sono alcuni dei tratti meno affascinanti degli amortali. I lettori che si avvicinano con antipatia all'idea del vivere come se l'età non esistesse e la osservano come farebbero con una cavia da laboratorio sottoposta al restrizione calorica, considerano questi sintomi la prova dei pericoli che comporta la sindrome stessa.

Eppure l'amortalità non è sempre sinonimo di sviluppo interrotto. In quanto gruppo gli amortali vivono scollegati dalle aspettative espresse dalla società riguardo all'età anagrafica. Alcuni vivono come Elina Makropoulos, l'eroina tragica di un testo teatrale di Karel Capek e di un'opera lirica di Leon Janacek, la quale diventa immortale a quarantadue anni dopo aver bevuto una pozione. Il suo dramma («La sua immortalità la conduce a uno stato di noia, indifferenza e freddezza»)[54] ha ispirato a Bernard Williams, eminente filosofo britannico, una riflessione sulle implicazioni dell'immortalità:

---

53. Ellen J. Langer, "Mindful Health and the Power of Possibility", in *Longevity Rules*, a cura di Stuart Greenbaum, Eskaton.

54. Bernard Williams, "The Makropulos Case: reflections on the tedium of immortality" in *Problems of the Self: Philosophical Papers 1956-1972*, Cambridge University Press.

Se immaginiamo di vivere in eterno nel corpo che possediamo adesso e nel mondo come è, si pone la questione, e non è una domanda scontata, di quale sia la nostra "età eterna". Elina aveva trecentoquarantadue anni perché ne aveva avuti quarantadue per trecento anni. A tale scelta, se di scelta si trattava, oggi io do il mio assenso. Se si deve passare l'eternità fissi su un'età precisa, quarantadue anni mi sembra un'ottima scelta.[55]

Tutti abbiamo solidi motivi per opporci all'invecchiamento, e le donne ne hanno molti più degli uomini. Non parlo di vanità, parlo di sopravvivenza economica. Con l'invecchiamento della popolazione e la nostra percezione dell'età che cambia ancora più velocemente della realtà fisiologica, verrebbe da pensare che il pregiudizio rilevato da Butler negli anni Sessanta non abbia più validità. E invece la discriminazione in base all'età, con gli ostacoli che pone al vivere amortale, rimane più forte che mai. La nostra cultura, ovvero noi stessi, la nostra persona, glorifichiamo la giovinezza e disprezziamo la vecchiaia in eguale misura. Da un lato il sistema economico ci richiede di continuare a lavorare ben oltre i cinquanta e i sessanta, dall'altro i datori d'impiego favoriscono sistematicamente i giovani e discriminano le persone più mature. La quarantaduenne Elina si sarebbe vista sbarrare l'accesso ad alcuni tipi di carriera. E ci stupiamo se l'industria dell'amortalità sforna profitti a pieno ritmo? «Devo proiettare un'immagine dinamica e giovanile», afferma Donato Massimi, sessant'anni, romano, imprenditore nel campo degli impianti per spa e centri estetici. Un mio collega lo ha intervistato per un articolo sulla mania europea della chirurgia estetica. Massimi ha appena subito un lifting facciale e racconta dell'imbarazzo provato dal figlio adolescente: «Lui ha un'educazione tradizionale»,[56] dice.

Ma quel che succede a Las Vegas è pur sempre visto con sospetto nel resto degli Stati Uniti e in gran parte dell'Europa. Per gli intellettuali e per chi ha ricevuto un'educazione tradizionale, quelli che si sottopongono alla chirurgia estetica portano in faccia un marchio d'infamia. Eppure chi non riesce a conservare un aspetto giovanile ne subisce le conseguenze nefaste, soprattutto in un ambiente lavorativo che prevede una dimensione pubblica. Durante l'anno sabatico che ho dedicato alla stesura di questo

---

55. *Ibid.*
56. Catherine Mayer, "Europe's Extraordinary Makeover", *TIME*, 5 marzo 2006.

libro, ho avuto un colloquio di lavoro per un posto come giornalista televisiva, anche se non tenevo affatto a quella posizione. In genere vado avanti a fare la stessa cosa che ho sempre fatto, senza notare il passaggio del tempo, finché un riflesso fuggente su una vetrina non mi riporta brevemente alla realtà, distogliendomi dai miei ritmi frenetici. Ho un aspetto relativamente giovane per la mia età e finora non sono intervenuta in alcun modo, se non consideriamo l'applicazione di faccette estetiche a quattro incisivi in occasione del mio trasferimento in Gran Bretagna. Tuttavia, da quando il dottor Rizk mi ha consigliato il lifting delle sopracciglia ignorare la loro caduta verso il basso, soprattutto sul lato destro della fronte, è diventato più difficile. Se mi metto davanti allo specchio e inarco le sopracciglia, stiro le palpebre e appoggio il palmo della mano sull'attaccatura dei capelli e li tiro indietro, non va poi così male. Ma potrei mettermi davanti a una telecamera in questa posizione?

Circa quattrocento anni prima della nostra era, Ippocrate inventò alcune pozioni antirughe, ma le raffigurazioni del padre fondatore della medicina ce lo tramandano come una persona poco preoccupata di mantenere un'apparenza giovanile. Anzi, la fronte aggrottata, la calvizie e la barba cespugliosa dovevano essere efficaci segnali di autorità per una società che venerava gli anziani.

Più di duemila anni dopo la medicina deve ancora molto a Ippocrate, ma se la macchina del tempo lo trasportasse ai nostri giorni il grande medico scoprirebbe che la sua barba canuta non garantisce molta influenza in una società che censura i primi segni di cedimento cutaneo. I paesi anglosassoni permettono solo a pochi individui di rimanere esposti alla vista del pubblico dopo che hanno superato il primo turgore della giovinezza se non riescono più a mantenere un aspetto fresco con costose procedure. Tali eccezioni sono certi autorevoli conduttori-opinionisti televisivi (maschi), certe rock star decrepite (maschi), alcuni divi del cinema (maschi), i presentatori televisivi di programmi d'intrattenimento (maschi), Oprah Winfrey e Meryl Streep. L'ambiente dello spettacolo dei paesi europei non anglosassoni offre maggiore varietà anagrafica. L'attrice franco-inglese Kristin Scott Thomas, in un'intervista all'*Observer*, ha sottolineato come a cinquant'anni in Francia le offrano ruoli più interessanti e variegati che in America, dove:

> [...] dopo i trentacinque-quaranta sei finita. Non so perché sia così. È come se per gli americani il passare degli anni fosse imbarazzante. Spesso gli inglesi mi offrono ruoli di donne malinconiche piene di rimpianto per il passato, intristite dallo sfiorire della loro bellezza. A me invece piace interpretare donne piene di vita.[57]

Nel capitolo dedicato al lavoro esamineremo i processi mentali che spingono i produttori cinematografici e televisivi a trascurare i talenti stagionati e il loro pubblico. Col tempo i dirigenti si pentono delle loro decisioni, ma raramente ammettono di aver sbagliato. Nel 2002 il canale Abc ha cercato di accaparrarsi David Letterman, il cui talkshow doveva inserirsi nella fascia oraria fino ad allora riservata a *Nightline*, il programma di punta del network dedicato all'approfondimento dell'attualità. Quest'ultimo aveva più spettatori ma i produttori si aspettavano di inserire nel talkshow stacchi pubblicitari più redditizi con un guadagno di almeno diecimila dollari per ogni interruzione di trenta secondi. La ragione della manovra me l'ha spiegata James Poniewozik, mio stimato collega al TIME.[58] «Letterman ha un pubblico più giovane, per cui gli inserzionisti spendono cifre più alte, mentre i programmi di attualità sono tradizionalmente riservati alle pubblicità per lassativi». I sostenitori di *Nightline* affermavano che il loro programma era più importante di un talkshow, ma a nessuno venne in mente di mettere in discussione l'idea che un pubblico più anziano fosse interessato solo alle notizie e ai lassativi. Si tratta di convinzioni che persistono nonostante il fatto che nelle code chilometriche davanti agli Apple Store il giorno del lancio di un nuovo iPad o iPhone si contino tante teste canute quante se ne vedono negli uffici postali il giorno del ritiro della pensione.

Il pregiudizio nei confronti degli anziani diffuso nei media si concentra in modo particolarmente virulento sulle donne. La Bbc, che in teoria è un'emittente non commerciale pur essendo imprigionata in una guerra degli ascolti permanente per giustificare i soldi che riceve dai contribuenti, nel 2009 ha estromesso senza tante cerimonie la coreografa sessantaseienne Arlene Phillips dalla giuria di *Strictly Come Dancing*[59] per sostituirla con la trentenne cantante Alesha Dixon, vin-

57. Elizabeth Day, "Food mixers are not on the menu, thanks: Kristin Scott Thomas on why turning 50 has opened new doors in French cinema – where beauty doesn't fade with age", *Observer*, 4 luglio 2010.
58. James Poniewozik, "Koppel vs. Letterman: A Little Perspective Please", TIME, 4 marzo 2002.
59. Format a cui si ispira il programma *Ballando con le stelle. [n.d.t.]*

citrice di un'edizione precedente. I telespettatori sono insorti. Jay Hunt, direttrice di Bbc1 ha insistito che l'iniziativa voleva solo «portare una ventata di novità al format», aggiungendo: «È forse discriminazione? Assolutamente no. Non cerchiamo un pubblico più giovane. L'età media dello spettatore del primo canale è cinquantadue anni, perché mai dovrei mandare via le donne di mezza età?»

Ottima domanda. Peccato che finora non siano arrivate risposte soddisfacenti, anzi. La Bbc ha cacciato non solo la Phillips ma anche diverse altre presentatrici colpevoli di avere tra i quaranta e i cinquant'anni. Miriam O'Reilly, che di anni ne ha cinquantatre, è una di loro, e ha vinto la causa contro la Bbc per discriminazione sessuale e di età. Era stata estromessa da *Countryfile*, il programma da lei presentato che si occupa di questioni rurali. «Sono senza parole per la felicità. Questa è una sentenza storica che avrà ripercussioni importanti su tutti i canali televisivi», ha annunciato dopo il verdetto, nel gennaio 2011.

Un mese prima la puntata finale di *Strictly Come Dancing* era stata ugualmente storica, poiché Pamela Stephenson, sessantuno anni, in origine attrice comica diventata poi psicologa, era riuscita a ottenere punteggi perfetti per ben due volte arrivando in finale. Ma poi era stata superata da due giovani, la ventisettenne Kara Tointon, attrice, e il trentaduenne Matt Baker, uno dei nuovi presentatori che avevano preso il posto di O'Reilly a *Countryfile*.

I maschi nella giuria del programma di danze non sono certo di primo pelo. A ottantadue anni Bruce Forsyth continua a fare il conduttore insieme a Tess Daly che invece, pur avendo la metà dei suoi anni, è alla fine della propria carriera. «Non voglio invecchiare zitto zitto. Sono un osso duro, io», ha dichiarato Forsyth.[60]

Era lo stesso proposito di Selina Scott. Nella sua carriera ha lavorato su entrambe le sponde dell'Atlantico, presentando il telegiornale delle 22 per Itv, il talkshow della mattina *Breakfast Time* per la Bbc, nonché una serie di programmi importanti per Sky, Cbs e Nbc. Nel 2008, all'età di cinquantasette anni ha vinto una causa contro Channel Five per discriminazione di età. In seguito ha scritto che nei suoi trascorsi professionali a contatto con varie emittenti televisive, tra cui Channel Five e la Bbc, ha incontrato:

60. Brian Viner, "Bruce Forsyth: Hasn't he done well?", *Independent*, 11 settembre 2010.

> [...] una noncurante, sventata, quasi casuale volontà di ferire le donne che le lascia con l'autostima e la carriera a brandelli. Tutto ciò non avviene mai alla luce del sole, bensì in modo trasversale e machiavellico. Non ci viene mai detto in modo chiaro che non siamo desiderate, non c'è mai una discussione, solo voci di corridoio.[61]

Insieme a un collaboratore, Scott ha steso un rapporto sulla discriminazione sessuale e di età nella Bbc, ma la politica non sembra intenzionata a imbarcarsi nella lotta a questa piaga. La discriminazione di età non solo è tollerata, è addirittura connaturata alle istituzioni. I media continuano a corteggiare un pubblico di telespettatori, ascoltatori e lettori giovani. I pubblicitari continuano a dar loro la caccia nonostante siano in minoranza e dispongano di meno soldi rispetto al pubblico più in là con gli anni. Continua a imporsi una concezione erronea del potere dei giovani, e non trova chi la mette in discussione perché chi potrebbe farlo è stato spinto nelle retrovie. Le facce mature «scompaiono invece che aumentare come nella vita reale», rilevava dieci anni fa uno studio sull'offerta televisiva americana. I ricercatori hanno scoperto che solo il 5,4% dei personaggi televisivi della fascia oraria di prima serata e solo il 4% di quelli nelle soap avevano più di sessant'anni.[62] E gran parte di essi ricalcavano lo stereotipo stantio del vicino gentile, della vecchia pettegola di vedute ristrette, del nonno stizzoso e intrattabile.

Nei capitoli che seguono incontreremo amortali che sgonfiano questi stereotipi o li sovvertono; persone di età, origini e professioni diverse che hanno trovato il proprio modo di esprimere l'amortalità. Hanno in comune una cosa: il potere di cambiare il mondo.

Il libro che state leggendo non vuole essere una polemica, ma piuttosto una guida a un fenomeno ancora inesplorato. Un fenomeno che ha in sé un'opportunità. Qualsiasi rifondazione degli atteggiamenti e delle politiche nei confronti dell'invecchiamento richiede un catalizzatore, e l'amortalità potrebbe essere proprio il punto da cui partire per trasformare l'età della confusione tra le età della vita nell'età dei senza età.

---

61. "Selina Scott: Why I believe the Bbc is guilty of blatant ageism and sexism", *Daily Telegraph*, 14 luglio 2010.
62. George Gerbner, *Learning Productive Aging as a Social Role: the Lessons of Television*, Greenwood Publishing Group, Inc. 1994.

Il momento in cui gli anziani saranno la maggioranza dei cittadini del mondo si sta avvicinando. Così come l'arrivo di uno tsunami può essere previsto e il suo impatto calcolato, allo stesso modo è possibile prevedere le conseguenze dell'invecchiamento generale della popolazione. Il disastro non è inevitabile. Ma se manca la leadership e la visione politica, se gli interessi aziendali predominano, se la corsa ai finanziamenti per le ricerche e per le risorse da dedicare alla salute, insieme alla sventata venerazione della giovinezza che colpisce la collettività, si alleano per scoraggiare la preparazione all'impatto che avverrà comunque, allora il disastro avrà davvero luogo.

Man mano che invecchiano, gli amortali possono trasformare la percezione che il mondo ha della terza età sia dimostrando ai giovani di cosa sono capaci, sia facendo vedere ai loro coetanei che cosa è ancora possibile fare. «Gli adulti maturi subiscono i cambiamenti fisiologici correlati al passare del tempo, ma sono liberi di spezzare le catene delle costruzioni culturali riguardo al significato dell'essere anziani», osserva il sociologo George L. Maddox, della Duke University.[63] Non sempre gli amortali accettano la portata della prima parte dell'affermazione precedente, ma sono all'avanguardia nel campo della sfida alle definizioni riduttive della terza età.

La giovinezza eterna non è sempre auspicabile, e nei capitoli che seguono non mi sottrarrò dall'esplorare né i problemi insiti nella vita amortale né i problemi che essa causa intorno a sé. La tendenza all'amortalità procede a un passo sempre più veloce. Non possiamo più chiudere gli occhi e sognare di tornare all'epoca in cui tutti si conformavano di buon grado alle aspettative della società in materia di stadi della vita. Il divario tra la nostra età anagrafica e quella che ci sentiamo è sempre più ampio, e finché non accettiamo il fatto che molte costruzioni culturali riguardo all'età sono obsolete continueremo a rivolgerci a personaggi inefficaci e disonesti nel tentativo di trovare la nostra strada.

Tutti questi cambiamenti sono tanto destabilizzanti quanto affascinanti. La nostra è un'epoca elettrizzante in cui vivere; non a caso cerchiamo di correre più veloci della morte. Ogni volta che mi sforzo di trovare un'immagine che catturi questo movimento costante, questa vibrazione, ripenso a quella volta che con mio padre abbiamo

63. George L. Maddox, "Definitions and Descriptions of Age" in *The Meanings of Age, Selected Papers of Bernice L. Neugarten*, University of Chicago Press, 1996.

fatto un'immersione nel Mar Rosso. L'ecosistema delle età della vita, ovvero il modo in cui le viviamo, le valutiamo e diamo loro un valore, ma anche come organizziamo società e legislazione in base a esse, somiglia a una barriera corallina brulicante di vite interdipendenti in cui ogni alterazione nel comportamento e nell'atteggiamento di un individuo, ogni scoperta in campo medico, ogni impulso dell'economia si ripercuote su altre parti di quell'organismo vivente.

SECONDA PARTE

La famiglia amortale

Ovvero meglio tardi che mai

Eddy: Ti ho già raccontato i fatti della vita, no?
Saffy: Se ti riferisci a quella volta che ti sei seduta sul mio letto
completamente fatta e mi hai svegliato malamente alle due di notte
per biascicarmi nell'orecchio qualcosa come «a proposito ciccina,
sai che la gente va a letto insieme?» allora sì, mi hai già parlato dei fatti della vita.

Absolutely Fabulous, seconda stagione, sesto episodio

La famiglia che gioca non si separa.

Proverbio inglese

Nella stanza regna il silenzio. Le veneziane sono chiuse e tra una striscia di metallo e l'altra passa solo una sottile lama di sole invernale. L'incontro ha un che di riunione segreta, come se i partecipanti stessero architettando una rivoluzione. E in un certo senso è proprio così. Sono uomini e donne che hanno deciso di passare parte del loro fine settimana rinchiusi nella saletta privata di una clinica londinese. Questo è il primo passo del percorso che li porterà a ingrossare le file di un movimento radicale di portata globale.

Sono venuti alla London Women Clinic di Harley Street per saperne di più sulla fecondazione in vitro e le altre forme di procreazione assistita. Sui manifesti pubblicitari bianchi e rosa che la clinica ha fatto affiggere nelle stazioni della metro campeggiano dei neonati sorridenti e un neologismo di cui l'inventore deve andare assai fiero – me lo vedo che morde con soddisfazione un bel sigaro: *inseminar*. Oggi l'*inseminar* è condotto dal dottor Kamal Ahuja, il direttore scientifico e amministrativo della clinica.

Ahuja elenca le numerose tecniche che la clinica offre ai pazienti, partendo dall'inseminazione intrauterina (Iui) di base per un costo di cinquecentocinquanta sterline, a cui se ne devono aggiungere ottocentocinquanta se la coppia ha bisogno di un donatore di sperma. Il trattamento di lusso è una combinazione di fecondazione in vitro e IntraCytoplasmic Sperm Injection (Icsi), in cui lo sperma viene iniettato in ogni singolo ovulo. Un ciclo di trattamento supera le quattromila sterline. La Iui funziona nel 26% dei casi se la donna ha meno di trentacinque anni, ma si scende al 5,5% se ne ha più di quarantadue. L'Icsi invece produce una gravidanza nel 50% delle donne con meno di trentacinque anni e nel 21% delle pazienti oltre i quarantadue. «L'orologio biologico non si ferma», dice Ahuja rivolto a un pubblico attento che cerca di cogliere le sue parole nel rumore del traffico.

Se potessimo sentirlo, l'orologio biologico delle donne produrrebbe un ticchettio sgradevole. Nella donna il passare del tempo è scandito dagli ovuli. Nasciamo con milioni di ovuli, arriviamo alla pubertà con centocinquantamila e alla menopausa non ne abbiamo più, afferma Peter Bowen-Simpkins, un collega del dottor Ahuja. «Dal menarca in poi la donna perde continuamente ovuli in un processo chiamato morte cellulare programmata. Significa che ogni follicolo contiene un segnatempo che gli dice quando distruggersi. Alcuni follicoli muoiono quando hai tredici anni, altri quando ne hai cinquantatre».

La maggior parte delle donne entra in menopausa tra i cinquanta e i cinquantacinque anni. Il numero di donne che si sottopongono a trattamenti di fecondazione assistita dopo la menopausa è in costante crescita, ma ancora abbastanza scarso da attirare l'attenzione della stampa – e della censura – in quanto evento insolito. Un'indiana di nome Omkari Panwar sostiene di essere la madre più anziana del mondo, avendo dato alla luce nel 2008 due gemelli alla veneranda età di settanta anni, benché non possa esibire alcun certificato di nascita a riprova della sua affermazione. Titolari del record ufficiale sono alcune madri sessantaseienni provviste di documenti, tra cui Maria del Carmen Bousada de Lara, una commessa in pensione che abita a Cadice, nel sud della Spagna. I gemelli Pau e Cristian sono nati nel dicembre 2006 e sono rimasti orfani tre anni dopo, per colpa di un cancro diagnosticato alla madre poco dopo la loro nascita.

Il destino della signora Bousada e dei suoi figli corrobora la posizione di chi sostiene che la fecondazione assistita dovrebbe essere proibita a pazienti che abbiano superato l'età fertile. Tale punto di vista si basa sull'idea che l'età biologica sia un'entità dai confini rigidi. E invece è mutevole.

Certo, dopo i trentacinque anni le donne hanno sempre maggiore difficoltà a concepire, e alcuni studi indicano che la qualità dello sperma peggiori con il passare degli anni, per cui a un abbassamento di fertilità corrisponde anche l'aumento dei rischi di malformazione genetica della prole.[1] Tuttavia sembra che la durata del periodo fertile femminile si sia estendendo in entrambe le direzioni: il menarca è sempre più anticipato – l'inizio della pubertà è passato da quattordici anni e due mesi dei primi anni del XX secolo a tredici anni e sette mesi trent'anni dopo[2] – e la menopausa sempre più ritardata visto che il miglioramento dello stato di salute generale sembra la stia posticipando di un mese ogni anno.[3] Bowen-Simpkins, primario ginecologo e direttore sanitario della London Women's Clinic, percepisce un cambiamento ancora più marcato di quanto non suggeriscano le cifre appena citate: «La cinquantenne di oggi è la trentenne di una volta».

> Le cinquantenni di oggi sono sane e in forma, si prendono cura di se stesse e si nutrono meglio di una volta. Inoltre verso i cinquanta gran parte delle donne ha già smesso di fumare e ha accumulato un bel po' di esperienze [...].
> Qualche giorno fa viene da me una signora spagnola, elegantissima, splendida, e mi dice che vuole un figlio. Le chiedo come va il ciclo, lei risponde «Tutto regolare». Esami del sangue normali. Una donna di cinquantaquattro anni che ne dimostra al massimo quaranta. Tutti gli ormoni a posto, ovulazione perfetta [...].
> Non sarò mai d'accordo con chi dice che la fecondazione assistita per le ultracinquantenni non è naturale. Togliere l'appendice non è naturale, nemmeno i trattamenti contro il cancro sono normali, ma li facciamo perché siamo in grado di farli.

In Europa, negli Stati Uniti e in tutto il mondo industrializzato le donne diventano madri sempre più tardi. Nel 2009 circa metà delle puerpere in Inghilterra e Galles avevano superato i trent'anni (nel 1988 erano il 28%). Nello stesso periodo la percentuale di madri over 45 è passata dallo 0,07 allo 0,23%.[4] In America la percentuale di madri tra trentacinque e trentanove anni è in aumento dal 1978, mentre quella per la fascia d'età quaranta-quarantaquattro è più che raddoppiata dal 1981 ed è aumentata del 70% dal 1990.[5]

---

1. "Biological clock ticks for men too", *New Scientist*, 5 novembre 2005.
2. Kerstin Rodstrom, *Menopause*, ottobre 2003.
3. *Ibid.*
4. UK Office for National Statistics, "Births in England and Wales by Characteristics of Mother 2009", *Statistical Bulletin*.
5. *US National Vital Statistics Reports*, Volume 57, n. 7, 7 gennaio 2009.

È una tendenza le cui implicazioni danno le vertigini. Non parliamo solo del rapporto che si instaura tra una madre anziana e la sua progenie, ma dei problemi di fertilità che possono avere coppie in là con l'età, per cui daranno alla luce esclusivamente figli unici o un numero abnorme di gemelli. La fecondazione in vitro sembra inoltre distorcere l'equilibrio naturale tra maschi e femmine a favore dei primi. Uno studio australiano ha rivelato che certi trattamenti di fecondazione producevano da centocinque maschi ogni cento femmine fino a centoventotto su cento.[6]

E non dimentichiamo le conseguenze sociali. Spesso i figli di coppie anziane ci fanno compassione perché li immaginiamo orfani in tenera età, oppure costretti a fare da badanti a padri e madri che anagraficamente potrebbero essere i loro nonni. D'altro canto i genitori maturi hanno una vita più stabile e più agiata rispetto ai loro omologhi giovani e i bambini, risultato di faticosi e costosi cicli di trattamenti, avranno la certezza di essere desiderati davvero. Uno studio su vasta scala condotto negli Stati Uniti ha evidenziato che i padri di età matura sono più sensibili nei confronti dei neonati e dei bambini piccoli rispetto ai padri giovani.[7] Infine, ritardare la creazione di una famiglia dà alle donne il tempo di costruirsi una carriera professionale.

Come per il discorso sull'impatto di internet, il punto importante di uno studio sull'amortalità non è decidere se la tendenza a fare figli più tardi sia negativa o positiva, quanto prendere atto che essa esiste. Al di là dei titoli a effetto sui giornali – «Questa donna di settantadue anni ha speso trentamila sterline per sei cicli di in vitro e continua a cercare di avere un figlio» (*Daily Mail*, 26 febbraio 2010); «Donne di cinquantacinque anni fanno la coda per i trattamenti di fertilità presso le cliniche londinesi» (*London Evening Standard*, 26 febbraio 2010) – stiamo assistendo a una rivoluzione silenziosa. In questo capitolo vedremo come l'amortalità stia ridisegnando alla base la coesione e le dinamiche della famiglia. All'implosione della famiglia nucleare corrisponde l'emergere di strutture nuove e più allargate in cui pezzi di famiglia si ricombinano in seguito a divorzi e nuovi matrimoni, oppure si uniscono a piccole comunità elettive di persone senza legami di sangue.

---

6. J. Dean, M. Chapman, E. Sullivan, *The effect on human sex ratio at birth by assisted reproductive technology (Art) procedures – an assessment of babies born following single embryo transfers', Australia e Nuova Zelanda, 2002-2006*, Bjog 2010.
7. "Factors associated with fathers' caregiving activities and sensitivity with young children", *Journal of Family Psychology*, Vol. 14 (2), giugno 2000.

Maria White, la paziente della Cenegenics, ha dei figli di cui però non è la madre biologica.

> Per me la carriera è sempre stata al primo posto, fin da quando ero un'adolescente. Ho sempre voluto essere prima nel mio campo qualunque cosa facessi. L'idea di creare una famiglia non è mai stata una priorità. Per fortuna ho conosciuto un uomo meraviglioso che ha già quattro figli per cui posso realizzarmi lo stesso come madre e anche come nonna.

Un'altra donna, che chiamerò signora Givings, trentenne ancora senza figli, è sposata con un uomo che ha sedici anni più di lei. I figli del precedente matrimonio del marito sono spesso insieme alla nuova coppia. La donna non ha ancora deciso se vuole dare un fratellino ai ragazzi, poiché per rimanere incinta servirebbe un intervento chirurgico che coinvolgerebbe il marito. Infatti, prima che si incontrassero, lui si è sottoposto a una vasectomia. Anche se la signora Givings seguisse il consiglio del medico e rimanesse incinta il prima possibile, tra suo figlio e quelli del precedente matrimonio ci sarebbero oltre dieci anni di differenza. Inoltre, fisicamente sarebbe molto diverso dagli altri, perché lei è di origine ispanica mentre la prima moglie era nordeuropea.

Con la loro professione e le loro scelte di vita i divi del cinema sono all'avanguardia delle sperimentazioni familiari tipiche degli amortali. *Due cuori e una provetta* è un film del 2010 in cui Jennifer Aniston – quarantuno anni, divorziata e senza figli – interpreta una donna non sposata e senza figli che rimane incinta grazie a un donatore anonimo. Vi svelo il finale: la Aniston scopre che il suo migliore amico aveva sostituito la provetta dello sconosciuto con una in cui era contenuto il suo seme e quindi è il vero padre del bebè. Subito dopo è uscito *Piacere, sono un po' incinta*, film confezionato su misura per Jennifer Lopez – madre di due gemelli nella vita reale – in cui la cantante attrice interpreta una donna che ricorre all'inseminazione artificiale perché non può più aspettare l'uomo dei suoi sogni. Vi svelo il finale: la Lopez incontra l'uomo dei suoi sogni lo stesso giorno in cui si fa fecondare artificialmente.

«La famiglia non corrisponde sempre al classico "Lei incontra lui, si innamorano, si sposano, fanno un figlio"», ha osservato la cantante Sheryl Crow.[8] E infatti la sua storia è andata diversa-

---

8. James Kaplan, "With a baby boy and a new album, Sheryl Crow says: 'I Want To Experience Life'", *Parade*, 2 marzo 2008.

mente: ha incontrato il famoso ciclista Lance Armstrong, si sono innamorati, si sono lasciati. Poi le hanno diagnosticato un tumore al seno, è guarita, ha adottato un bimbo, ne ha adottato un altro. Nella vita reale dei divi – o quella che percepiamo come tale – le cose non sono mai semplici. A trentotto anni Madonna è diventata madre di Lourdes; a poco meno di quarantadue è nato Rocco, figlio di un altro padre; a quarantanove ha adottato David in Malawi e a cinquanta ha completato le formalità per adottare Mercy, sempre in Malawi. Nel dicembre 2010 Elton John e suo marito David Furnish sono diventati padri di un bambino partorito da una madre surrogata. Nove anni prima aveva affermato: «Venti anni fa lo avrei fatto di sicuro. Non voglio avere settant'anni quando mia figlia ne avrà sedici».[9] Il *Sunday Times* ha precisato che il cantante «avrà settantanove anni quando il figlio ne compirà sedici». Elton John ha poi motivato il dietrofront alla rivista di gossip *OK!*: «David mi ha detto: "Che ne pensi di una madre surrogata?" e io ho risposto: "Sai che ti dico? Perché no?". Ho sessantadue anni, ma me ne sento quaranta. Gli ho detto: "Potremmo dare una casa bellissima a nostro figlio"».[10]

Nel gennaio 2010 il principe Paul e la principessa Lia di Romania hanno annunciato la nascita del primo figlio. Il neo papà aveva sessantuno anni, la neo mamma sessanta. «Abbiamo avuto la fortuna di incontrare degli ottimi medici in Romania, negli Stati Uniti e a Londra, in Harley Street», ha raccontato al *Daily Mail* la principessa Lia.[11] A quarantatre anni la modella Cheryl Tiegs ha avuto un figlio, poi a cinquanta, non riuscendo a rimanere nuovamente incinta, si è rivolta a una madre surrogata (cui erano stati impiantati ovuli della Tiegs fecondati dal marito). «Una cosa è l'età anagrafica, una l'età biologica e un'altra ancora l'età psicologica», ha dichiarato in un'intervista concessa a Larry King della Cnn.[12]

---

9. John-Paul Flintoff, John Harlow e Miles Goslett, "It's a Little Bit Funny", *Sunday Times*, 2 gennaio 2011.
10. "'We want to spoil him with love': Sir Elton John and proud partner David Furnish reveal their joy following the birth of their son Zachary – and the heartbreak after trying to adopt two Ukranian orphans", intervista di Melanie Bromley, *OK!*, 25 gennaio 2011.
11. "Romania's Princess Lia becomes a mother at 60", *Daily Mail*, 25 gennaio 2010.
12. *Larry King Live*, trasmissione del 14 luglio 2000.

Tiegs: Con l'età anagrafica non puoi farci niente, e infatti ho cinquantadue anni. Ma mettiamo da parte questo dato e parliamo dell'età biologica. Ho sempre ascoltato il mio corpo, mi sono sempre presa cura di me stessa e so che dentro di me non solo i miei organi riproduttivi ma anche il cuore sono più giovani di... quello che sono. Non è una cosa... non voglio dirvi: «Imitatemi, aspettate così a lungo». Non è stato semplice, certo, però è possibile. C'è una donna che ha avuto un figlio a sessantaquattro anni.
King: Ma tu cercavi di... cercavi di concepire, no?
Tiegs: Sì, cercavo di concepire.
King: E perché a cinquantadue anni volevi rimanere incinta? È pericoloso.
Tiegs: Sì, può esserlo, ma io mi sento forte.

Qualsiasi ipotesi riguardo alla nostra capacità di procreare nel momento che scegliamo non è al passo con il prolungamento del periodo fertile determinato dalla scienza o dalla natura, ma la tecnologia sta colmando tale ritardo. Centri come la London Women's Clinic accettano con riserva le donne oltre i cinquant'anni. E benché la Human Fertilisation and Embriology Authority (Hfea) – l'organizzazione che monitora sia le cliniche della fertilità inglesi sia la ricerca che impiega embrioni umani – non preveda un limite massimo di età, potrebbe revocare la licenza a qualsiasi medico che non consideri il benessere del nascituro frutto del trattamento. Ma in altre parti del mondo, dove la regolamentazione è meno severa, ci sono cliniche che continuano a sfidare i limiti.

Già oggi una donna può conoscere l'entità della propria riserva di ovuli. Bowen-Simpkins prevede che il congelamento degli ovuli conosciuto con il nome di vetrificazione – disponibile da qualche anno per le donne sottoposte a cure mediche che mettono a rischio la loro fertilità – diventerà presto un sistema per rimandare la decisione di una gravidanza, in quanto permette alle pazienti di conservare i loro ovuli per un utilizzo successivo. Il reimpianto ovarico, invece, promette di prolungare la vita riproduttiva in modo sostanziale. Frammenti di tessuto ovarico sono stati impiantati sulla parete pelvica e sono diventati funzionali. «Sono tecniche nuove ed entusiasmanti», dice Bowen-Simpkins:

Di recente alcune donne di quarant'anni sono riuscite a concepire dopo che erano state loro reimpiantate parti delle ovaie, che hanno ripreso a funzionare. Queste pazienti producono ovuli. Per cui non vedo perché una ragazza di venticinque anni che non vuole figli al momento non possa farsi togliere un'ovaia in day hospital, farla congelare e tornare in clinica a quarant'anni per il reimpianto. Quindi a quarant'anni si ritroverebbe con le ovaie di una venticinquenne, ovaie che hanno davanti altri venticinque anni di attività e andrebbe in menopausa non prima dei sessantacinque anni.

In questo momento di transizione la società – o almeno un rumoroso gruppetto di moralisti che si ergono a guardiani e interpreti della stessa – è compatta nel denigrare la maternità egoista e "innaturale" delle madri tardive. Se gettiamo un breve sguardo al passato ci accorgeremo di quanto giri velocemente l'ago della bussola della morale.

Bowen-Simpkins lavora nel campo dell'infertilità da quasi trent'anni. I primi trattamenti consistevano nella stimolazione delle ovaie mediante il Pergonal, un farmaco ricavato dall'urina delle donne in menopausa. La materia prima veniva principalmente dalle suore, ma quando le sorelle non riuscirono più a soddisfare l'aumentata richiesta della loro "acqua santa", l'industria farmaceutica dovette trovare nuove sorgenti di ormoni follicolostimolanti. «All'epoca non c'erano i controlli di adesso, l'Hfea non esisteva, vivevamo di spontaneità», ricorda Bowen-Simpkins.

Nel 1978 nacque Louise Brown, il primo bebè in provetta, e tutto cambiò. Fu concepita in un laboratorio inglese con un ovulo preso dalla madre, fecondato, lasciato crescere in vitro per due giorni e impiantato nell'utero. Il procedimento era stato sviluppato allo scopo di aiutare le giovani donne sposate le cui tube erano danneggiate a causa di una malattia o di un intervento chirurgico.

In mancanza di cure analoghe per l'infertilità maschile si ricorreva all'inseminazione artificiale con sperma di donatori, in totale assenza di regolamentazione.

> Andavo all'università accanto all'ospedale e chiedevo: «Oggi mi serve uno biondo, occhi azzurri, alto due metri», racconta Bowen-Simpkins. E il ragazzo che si era fatto avanti mi diceva: «Dammi mezz'ora», poi tornava con un campione appena prodotto e io correvo in ospedale a sottoporre la donna al trattamento. Zero controlli. Era come un appuntamento al buio, solo che al posto del tipo ti arrivava una provetta piena di sperma. L'unica regola era la totale anonimità.

La rivoluzione successiva fu l'introduzione nel 1990 dell'iniezione intra-citoplasmica (Icsi), che permise agli uomini con una bassa conta spermatica di diventare padri. Se questa tecnica fosse stata disponibile vent'anni prima, quando la procreazione assistita era garantita solo alle coppie sposate, avrebbe potuto ostacolare la diffusione dell'inseminazione artificiale. Invece, quando l'Icsi divenne un'opzione disponibile, le autorità erano nel bel mezzo di una crescita esponenziale della richiesta non solo da parte delle coppie ma anche di una nuova clientela: quella delle donne sole. Un marasma che cercavano affannosamente di regolamentare.

Durante gli anni Ottanta gli specialisti di infertilità registrarono un aumento improvviso di aspiranti madri. Si trattava di donne preoccupate di ritrovarsi senza figli perché avevano aspettato troppo a lungo il partner giusto con cui mettere su famiglia. Nel gennaio del 1986 dedicai a questo fenomeno un articolo di due pagine nella sezione femminile del settimanale del *Guardian*. Era l'epoca della consapevolezza dei pericoli dell'Aids. Il preservativo, che l'arrivo della pillola aveva reso anacronistico agli occhi della classe media, faceva di nuovo capolino negli ambienti più rozzi delle serate da "una botta e via", per cui le possibilità di rimanere incinta per sbaglio erano scarse. Una delle donne che avevo intervistato, una giornalista finanziaria prossima al trentesimo compleanno, mi confessò di avere conosciuto un deputato importante che utilizzava come manovra d'abbordaggio la pratica di aprire la giacca per mostrare il pacchetto di preservativi che teneva nella tasca interna, come prova del fatto che era un uomo moderno. Il *Guardian* pensò bene di non includere l'aneddoto nell'articolo che uscì in edicola.

La mia intervistata, circondata da barriere fisiche e sociali che le impedivano di diventare una madre single, stava compilando una lista di amici – alcuni gay, alcuni etero, tutti rigorosamente «non materiale da marito» – che potevano desiderare di essere coinvolti nella procreazione e i cui geni le sembravano adeguati. Pensava di sbrigarsi, ma, al contrario di Jennifer Lopez in *Piacere, sono un po' incinta*, si innamorò prima di mettere in pratica il suo progetto.

Le altre aspiranti mamme dell'epoca non furono graziate dallo stesso colpo di scena. Andarono invece a ingrossare le file delle pazienti in lista d'attesa nelle cliniche per la fertilità. Bowen-Simpkins ricorda «la direttrice di una scuola che era venuta per una consultazione (era la metà degli anni Ottanta). Era una donna intelligente, classe media, buon reddito, trentasei-trentasette anni, e mi disse: "Voglio fare un figlio"».

«E suo marito che ne pensa?», replicai. – Non sono sposata, non ce l'ho un marito, – disse lei. – Ci ha pensato bene? Vuole fare un figlio da sola?». Al che mi rispose: «Senta: nella mia scuola almeno un terzo dei bambini non sa chi è il padre, e lei mi viene a dire che non posso avere un figlio? Ho un buon reddito e posso mantenere un bambino. Le mamme di quei bambini invece vanno a letto con uno e si fanno mettere incinta. Io non voglio fare come loro. Per fare un figlio non voglio una scopata e via. Preferisco fare le cose per bene e scegliere il donatore giusto per me».

> Questo discorso mi fece riflettere. La maggior parte delle banche del seme erano state costituite per aiutare le compagne degli uomini con una conta spermatica bassa. Poi era arrivata l'Icsi e aveva tagliato quella fetta di clientela. Allora perché esistevano ancora? Il motivo per cui la nostra clinica, che era la banca più grande del paese, andava avanti erano le donne single e le coppie omosessuali, in particolare le lesbiche.

Se non siete lettori di John Wyndham o appassionati di film horror, difficilmente alla vista del pancione di una donna incinta penserete alla creatura aliena che potrebbe contenere. E invece i trattamenti di fecondazione artificiale che impiegano ovuli e sperma di donatori creano proprio creature aliene che, come i bambini de *Il villaggio dei dannati*, sono sempre bellissime e di straordinaria intelligenza. Oggigiorno la donazione di sperma non comporta più il rischio che ricordava Bowen-Simpkins; e anche le donatrici di ovuli, benché scarseggino rispetto ai donatori, sono controllate con attenzione. Gli aspiranti genitori possono selezionare i donatori che hanno maggiore probabilità di produrre bambini che gli somiglino. Ma il desiderio di creare il figlio perfetto spinge i genitori a scegliere il donatore anche in base ai titoli accademici.

Poiché ogni elemento del processo riproduttivo ha un prezzo, mentre la merce più preziosa di tutte – il tempo – è anche la meno abbondante, gli specialisti tendono a utilizzare farmaci e trattamenti che producono un'incidenza abnorme di parti gemellari, con maggiori rischi sia per la madre sia per il bambino. Nel corso della fecondazione in vitro, infatti, vengono impiantati contemporaneamente diversi embrioni allo scopo di massimizzare le possibilità di riuscita. «Agli inizi di questa tecnica l'idea era che più embrioni venivano impiantati, maggiori erano le probabilità che la paziente rimanesse incinta», racconta Bowen-Simpkins.

> Poi arrivò un'ondata di parti gemellari e trigemini, che in genere sono prematuri e producono neonati con danni neurologici. La Hfea ci ordinò di limitarci a due embrioni per volta e oggi, ovvero entro il 2012, l'indicazione è di abbassare il tasso di gravidanze gemellari al 15%, comunque un tasso elevato, dato che in natura è dell'1,25%. La maggior parte delle cliniche non scende sotto il 20-25%.

Con tutta questa tecnologia al servizio della fertilità dovremmo moltiplicarci come conigli, e invece i paesi industrializzati assistono a un crollo delle nascite, con l'Europa in testa alla graduatoria. Le ondate di immigrazione che si sono succedute – e non dimentichiamo che gli immigrati in media sono più prolifici – hanno compensato la tendenza tutta europea a non fare figli. Il mantenimento dei numeri attuali richiederebbe 2,1 figli per donna mentre la media europea ristagna intorno all'1,5.

Il drastico calo della popolazione russa è un fenomeno con due facce che nasce da una serie di premesse. Da un lato l'allungamento della vita media è stato eroso dall'instabilità successiva al collasso dell'Unione Sovietica e dall'aumento dell'alcolismo. Dall'altro la mancanza di sicurezza economica ha smorzato nelle persone il desiderio di avere una famiglia numerosa. Nel suo discorso alla nazione del novembre 2010, il presidente Dmitri Medvedev ha auspicato misure come i bonus statali e l'assegnamento di terreni alle famiglie dopo la nascita del terzo figlio. Nella regione di Ulyanovsk – così chiamata in onore di un suo famoso rampollo, Vladimir Iyich Ulyanov detto Lenin – a est di Mosca, si sta già lavorando per risollevare le sorti della popolazione russa. Il 12 settembre è stato dichiarato giorno del concepimento, ed è un giorno festivo. I bambini che nascono nove mesi dopo garantiscono alla propria famiglia tutta una serie di premi, tra cui frigoriferi e automobili.

Da sempre la Francia considera la procreazione un servizio alla nazione e difatti assegna una medaglia alle coppie più feconde. Con quattro-cinque figli si ottiene la medaglia di bronzo, con sei-sette quella d'argento, mentre quella d'oro viene attribuita alle coppie che hanno garantito uno sforzo costante nel crescere almeno otto figli nelle «migliori condizioni materiali e morali», ovvero nell'ambito del matrimonio. La superfamiglia viene invitata all'Eliseo e riceve la medaglia d'oro. Ma tutto ciò non impedisce alle francesi di fare 1,98 figli pro capite, troppo pochi per arrestare il declino.[13]

Nel 2009 l'istituto di statistica tedesco ha rivelato un crollo delle nascite in quello che fino a poco tempo fa era il paese del *Kinder, Küche, Kirche* (bambini, cucina, chiesa). Si trattava di una diminuzione del 3,6% rispetto all'anno precedente, avvenuta nonostante l'attuazione di una serie di politiche a sostegno della famiglia tra cui un'indennità corrispondente al 67% del salario della madre o del padre che rimangono a casa l'anno successivo alla nascita del figlio.[14] Il ministro per le politiche familiari ha dichiarato: «Le ragioni per cui le coppie non fanno figli sono molte. Tra di esse possiamo includere

---

13. Monica Marcu, "All fertility data for 2007, Population and social conditions" in *Data in Focus*, Eurostat, 2009.
14. Tristana Moore, "Baby Gap: Germany's Birth Rate Hits a Historic Low", *Time.com*, 23 maggio 2010.

la crisi economica e la disoccupazione. Dobbiamo aiutare i cittadini a conciliare lavoro e famiglia, specialmente in un periodo difficile come questo».

Difficoltà economiche e calo delle nascite sono collegati. L'ultima volta che la Germania ha visto un calo simile è stato nel 1946, tra le macerie della sua follia espansionistica.[15] L'alto numero di aborti in Russia – nel 2009 le interruzioni di gravidanza hanno eguagliato le nascite – riflette in parte timori diffusi riguardo la tenuta della sua traballante economia. Durante la Grande depressione, gli americani si adattarono in fretta alle circostanze e le famiglie con un solo figlio aumentarono del 23%.[16] Nei paesi anglosassoni le famiglie numerose sono sempre più simbolo di grande ricchezza o di assoluta povertà. La classe media reagisce alla crisi con il taglio alle spese domestiche e la riduzione delle dimensioni della famiglia stessa. Ma di questo fenomeno Joshua Goldstein, presidente dell'Istituto Max Planck per la ricerca demografica di Rostock, offre una spiegazione alternativa. «Le donne continuano a rimandare la maternità e questa tendenza mantiene temporaneamente basso l'indice di natalità».[17]

I mammiferi di taglia maggiore vivono più a lungo rispetto ad animali più piccoli. Elefanti, balene e esseri umani sono più longevi dei chihuahua. Ma esistono interessanti eccezioni alla regola. Il biologo russo Alexander Khritankov – soprannominato Hagrid dai colleghi perché come l'amico di Harry Potter anche lui vaga per i boschi come un selvaggio – ha catturato un pipistrello identificato con una fascetta quarantuno anni prima e che dunque «sfidando le leggi della natura aveva vissuto dieci volte di più rispetto a mammiferi di taglia simile alla sua, come potrebbero essere i topi», racconta David Stipp nel suo libro *The Youth Pill*.[18] Il tratto comune tra il pipistrello di Hagrid e altri animali longevi è una bassa fertilità. Sembra infatti che il rapporto tra fertilità e longevità comporti uno scambio tra efficienza riproduttiva e vita più lunga: i pipistrelli generano solo un cucciolo

---

15. *Ibid.*
16. Lauren Sandler, "One and Done", *TIME*, 19 luglio 2010.
17. Tristana Moore, "Baby Gap: Germany's Birth Rate...", cit.
18. David Stipp, "Hagrid's bat and the sabre-toothed sausage" in *The Youth Pill: Scientists at the Brink of an Anti-Aging Revolution*, Current, 2010. La pillola della giovinezza *[n.d.t.]*

per figliata, mentre i topi si riproducono in modo massiccio e ne pagano le conseguenze con la morte precoce.

Molti amortali sembrano aver fatto propria la lezione del pipistrello, riproducendosi poco o per niente. Si tratta di una tendenza intimamente legata all'individualismo che nelle società occidentali ha soppiantato una visione più collettiva della comunità. Il sociologo James Côté ha analizzato la relazione tra l'individualismo e la riluttanza sempre crescente da parte delle donne amortali a riprodursi. Per il suo divertente nonché bilioso attacco ha preso di mira l'obiettivo più indifeso possibile, la columnist britannica altoborghese Petronella Wyatt. Nel saggio intitolato *Arrested Adulthood*[19], Côté cita un articolo della Wyatt datato 1997, in cui la giornalista parla dei «discutibili vantaggi» del matrimonio per le donne, e della «questione dei figli [...] lamentandosi del fatto che rappresentano un aspetto della "prigione" in cui rischiano di perdere la propria intelligenza e bellezza».[20] Il consiglio che Wyatt dà alle donne di concentrarsi sul successo professionale, determina in Côté la reazione seguente:

> Ecco un'istantanea del crescente numero di nuovi adulti coraggiosi che sembrano godere delle aumentate opportunità, ma che risultano refrattari alle nozioni di comunità e cooperazione. Forse Wyatt crede che solo le persone di bellezza e intelligenza inferiori alla media si prenderanno cura dei bambini.[21]

Se, come Côté e il governo francese, mettete sullo stesso piano l'avere figli con il rendere un servizio alla comunità per spirito civico, allora l'amortalità è doppiamente maledetta. Le donne amortali non solo sono meno prolifiche, ma quando scelgono di procreare lo fanno spesso con un occhio alla propria realizzazione.

Ma c'è anche un'altra ragione, sempre egoistica, che le spinge a fare figli. Per Brian Burke, professore associato di psicologia presso il Fort Lewis College in Colorado, è una questione di gestione del terrore. In un metastudio – ovvero un'analisi comparata di altri studi – pubblicato nel 2010, Burke elabora la Terror Management

---

19. Maturità interrotta. *[n.d.t.]*
20. James Côté, "Maturity transformed: the rise of psychological adulthood" in *Arrested Adulthood: the changing nature of maturity and identity*, New York University Press, 2000.
21. *Ibid.*

Theory (Tmt), la teoria della gestione del terrore, creata da Jason Pontin, il quale crede che «vaste aree dell'attività umana [...] siano motivate dalla necessità di evitare il terrore»[22]. Ecco la spiegazione che ne dà Burke:

> Uno dei problemi principali dell'esistenza umana è la consapevolezza della morte. Un cervo magari pensa: «Accidenti, quel lupo mi sta inseguendo, meglio che me la dia a gambe», ma è improbabile che sia capace di considerazioni del tipo: «Hmm, quest'inverno potrei morire, forse il lupo potrebbe uccidermi». Non pensa all'evento futuro della propria morte come possiamo pensarlo noi, che abbiamo sviluppato un meccanismo per gestire quel terrore, l'ansia profonda che ci procura il pensiero della nostra morte.
> La gestione del terrore si articola in due parti. Prima ci diamo da fare per investire in una visione del mondo che abbia un significato, che ci protegga agendo come una pozione di immortalità; poi, se questa costruzione funziona bene nel contesto culturale in cui l'abbiamo situata, ne raccogliamo i benefici. Uomini e donne tendono a costruire difese dal terrore di natura diversa, ma concordano nell'utilizzare la procreazione come scudo. I figli sono un talismano simbolico, oltre che pratico. Tuttavia in una cultura come quella dei Paesi Bassi, per esempio, le donne dedicano le loro energie alla carriera lavorativa piuttosto che alla procreazione perché la prima ha più valore.

Il giocatore di basket Michael Jordan «ha un valore solo in una cultura che riconosce prestigio al fatto di far passare una palla arancione attraverso un cerchio rosso», sostiene Burke. L'America venera i giocatori di basket, ma Jordan vedrebbe molto sminuita la sua importanza in Europa, dove va per la maggiore la cultura della palla calciata dentro un rettangolo foderato di rete. «Se la tua cultura è fuori contesto, il tuo successo perde ogni rilevanza. Se il basket diventasse ridicolo non espleterebbe più la funzione di tamponare la tua ansia. Passiamo tutta la vita a cercare di gestire questa ansia, a investire nei valori della nostra cultura e a costruire la nostra fortezza con i mattoni che essa ci offre».

La pillola anticoncezionale non ha generato il femminismo, ma quest'ultimo sarebbe stato molto diverso se la pillola non avesse portato la sua rivoluzione, liberando le donne sia dal peso delle gravidanze indesiderate sia da un ciclo di ventotto giorni, che in realtà era

---

22. Brian Burke et al, "Two Decades of Terror Management Theory: A Meta-Analysis of Mortality Salience Research", *Personality and Social Psychology Review*, maggio 2010.

inaffidabile e irregolare. «I datori di lavoro non poterono più ricorrere alla scusa classica con cui sbarravano alle donne l'accesso all'impiego», scrive Nancy Gibbs nel suo bilancio dei primi cinquant'anni della pillola.[23] Femminismo e postfemminismo hanno valorizzato una serie di attività che hanno allontanato le donne dal focolare domestico e dalla cura della prole, togliendo prestigio a tali compiti. La maternità non è più efficace come meccanismo di controllo del terrore riservato alla donna. Siccome la paternità non ha subito un declassamento equivalente, gli uomini si fanno ancora scudo del terrore della morte mettendo al mondo figli.

Se la Tmt vi sembra una spiegazione plausibile – e nelle interviste che compongono questo libro gli amortali mostrano in continuazione l'impulso a tenere a bada la morte – troverete che giustifichi molti stili di vita senza età, a partire da quello che caratterizza la storia del cantante Julio Iglesias e di suo padre Julio (stesso nome: che sia una manifestazione dell'aspirazione all'immortalità simbolica?). Anzi, troverete che dal punto di vista della Tmt sono entrambi allievi molto diligenti.

Julio senior era un ginecologo specializzato in problemi della fertilità. Il suo primo matrimonio generò due figli, Julio e Carlos, ma finì con un divorzio. A coronamento di una vita ricca di eventi, tra cui la militanza durante la Guerra civile spagnola nella fazione meno *à la page* ma vittoriosa, e una detenzione di due settimane nel 1982 come ostaggio dell'Eta, Julio senior ha incontrato un'americana di nome Ronna Keitt e si sono sposati. Nel 2004, a ottantanove anni – Ronna ne aveva quaranta – è diventato padre per la terza volta, quando il primo figlio aveva sessantuno anni. Nel 2006, sette mesi dopo la sua morte "inattesa" a novant'anni, è nata Ruth, secondogenita della nuova coppia.

All'epoca, Julio junior era ormai famoso in tutto il mondo. Secondo il sito a lui dedicato, la sua carriera di cantante è nata letteralmente grazie a un «incidente di percorso», ovvero un incidente automobilistico che a vent'anni lo aveva lasciato semi paralizzato.

> Julio passava ore e ore ad ascoltare la radio e a scrivere poesie tristi e romantiche, componimenti che ponevano domande sul significato della vita. Certo non immaginava che tutto questo lo avrebbe portato a diventare un cantante. →

23. Nancy Gibbs, "The Pill at 50: Sex, Freedom and Paradox", *TIME*, 22 aprile 2010.

> Iniziò a cantare per consolarsi del fatto che non poteva più praticare l'atletica, immobilizzato com'era su un letto. Imparò a suonare la chitarra per accompagnare le poesie che scriveva con qualche accordo molto semplice. La sua forza d'animo, la sua volontà di vivere e il sostegno della famiglia, in particolare del padre che abbandonò la propria professione per più di un anno per aiutare il figlio nel recupero motorio, operarono il miracolo e Julio tornò a camminare.

Il resto, come si suol dire, è cronaca. Secondo la biografia ufficiale appena citata «Julio Iglesias è il cantautore più famoso del mondo. Ha venduto più di trecento milioni di dischi e nel corso della sua carriera ha ricevuto più di duemilaseicento dischi di platino e d'oro. Un record che nessun altro cantante è mai riuscito a eguagliare».

Considerato che, perlomeno secondo la Tmt, ogni attività umana ha come scopo un incremento del prestigio e della propria eredità ai posteri, le conquiste di Julio junior possono considerarsi adeguate. Ma lui si è affidato alla procreazione come protezione dal terrore con entusiasmo persino maggiore del padre. Il suo primo matrimonio ha prodotto tre figli. La maggiore, soprannominata Chabeli, è nata nel 1971. L'anno dopo è arrivato il maschio che, guarda caso, si è visto affibbiare un nome già sentito: Julio. Enrique, che ha poi intrapreso una sua carriera canora, è nato nel 1975, tre anni prima che i genitori si separassero.

Tale padre tale figlio: dopo un lungo periodo di stasi procreativa, Julio junior si è trovato una compagna molto più giovane e ha dato nuovamente sfogo al desiderio di paternità. Nel 1997 è nato Miguel, due anni dopo è stata la volta di Rodrigo, seguito a ruota nel 2001 dalle gemelline Victoria e Cristina, seguite a loro volta nel 2007 da Guillermo, il quinto – ma forse non ultimo – bebè della coppia.

Confrontiamo la potenza di questi istinti paterni con l'ondivaga esitazione che caratterizza sempre più di frequente l'atteggiamento delle donne nei confronti della maternità. Un botta e risposta su Facebook tra la signora Givings, la trentenne con il marito più anziano, e alcune coetanee fa emergere una serie di preoccupazioni classiche. La conversazione prende avvio da un messaggio sullo stato della signora in questione:

> Il dottore dice che se voglio un bambino devo come dire... darmi da fare, ma senza fretta. Come se non avessi altro a cui pensare.

Le amiche rispondono:

Amica A: Oh, accidenti! Mi sa che siamo sulla stessa barca! Almeno tu hai un marito che ti aiuta!
Amica B: Accidenti!!! Anch'io! Che merda invecchiare!
Signora G. (all'amica A): Certo, ma la fatica tocca alla mamma.
(all'amica B): A chi lo dici! Com'è che siamo arrivate a quest'età in cui l'orologio comincia a ticchettare? Non avevo ventidue anni la settimana scorsa?
Amica B: Molte donne della nostra età non hanno ancora deciso. Il fatto è che presto sarà il nostro corpo a farlo per noi. Ho fatto una stronzata ad aspettare così tanto e mi sa che non ho più scelta.
Signora G.: Non è giusto. Non mi sento ancora matura per dei figli con tutte le responsabilità che comporta diventare mamma. E poi non ho voglia di rinunciare alla mia vita per qualcuno che nemmeno conosco.
Amica C: D'accordo su tutto, ragazze.
Amica A: Sono d'accordo, però io mi sento pronta. Sto pensando seriamente all'inseminazione. Andrà come deve andare! Non sarà facile, però praticamente ho rinunciato alla speranza di trovare qualcuno che riesco a sopportare abbastanza da sposarlo (ora che l'ho detto, quanto ci scommetti che me ne arriva uno tra capo e collo). L'unica è partire in quarta e vedere cosa succede.
Amica D: A chi aspetta dico: non è mai il momento giusto.

Gli amortali intraprendono la creazione di una famiglia con la stessa indifferenza nei confronti del dato anagrafico che dimostrano negli altri campi dell'esistenza. Non hanno il senso dell'«Adesso è il momento giusto per mettere su famiglia», perché dal loro punto di vista ogni momento si equivale. Ci sono sempre così tante cose da fare e da provare. Per gli uomini amortali, diventare genitore è un'attività potenzialmente appagante che si può infilare nella programmazione a qualsiasi età e senza particolari disagi. Per le donne, invece, i figli sono ostacoli che precludono l'accesso ad attività più soddisfacenti.

Dieci anni fa nella piscina di una villa di lusso c'erano tre donne che parlavano di maternità. L'acqua, si sa, distorce le prospettive e le forme, per cui dalla terrazza che dominava la piscina non ci si accorgeva che la più anziana del terzetto, sulla quarantina, era incinta di sette mesi. La seconda bagnante, di pochi anni più giovane, stava per sottoporsi a un trattamento contro l'infertilità simile a quello che aveva permesso alla sua amica di concepire. Di lì a breve anche lei sarebbe rimasta incinta. Entrambe poi ebbero un maschietto, ma ulteriori tentativi di fecondazione in vitro non funzionarono. La terza, guardandosi le mani raggrinzite da un'ora di immersione, si chiese ad alta voce se non avrebbe rimpianto il fatto di avere aspettato troppo ad avere figli. In effetti, negli ultimi anni ho visto le mie amiche cedere una dopo l'altra alla sindrome che in tedesco è definita *Torschlußpanik*, ovvero "panico da porta che si chiude". A trentanove anni avevo paura della paura stessa, dell'idea che all'improvviso sarei stata preda della stessa ansia che aveva creato un tale scompiglio nella vita delle mie amiche. Mai mi era passata per la mente l'idea che potessi già avere superato il momento in cui la famigerata porta si chiude.

Le donne amortali, incuranti del ticchettio del loro orologio biologico, rimandano allegramente il metter su famiglia a età che fanno impallidire gli specialisti di fertilità. E gli va bene se anche un solo bimbo riesce a infilarsi nello spiraglio della porta che si chiude. Ma al dissiparsi delle nebbie della noncuranza, la dura realtà si manifesta causando incredulità, rabbia e disperazione, in un susseguirsi altrettanto rigoroso delle fasi dell'ovulazione. Le coppie amortali subiscono la tensione del cambiamento di priorità per cui il desiderio di un figlio ha la precedenza sul resto delle aspirazioni, e spesso solo uno dei partner prova questo desiderio. Il matrimonio non regge e la coppia si separa. Le coppie che hanno la fortuna di portare a termine la prima gravidanza falliscono il tentativo successivo, contribuendo all'impennata delle famiglie con figli unici. Negli Stati Uniti questo tipo di famiglia è raddoppiato dagli anni Sessanta, e oggi rappresenta un quinto nei nuclei familiari totali. In Gran Bretagna costituisce oltre un quarto del totale.[24]

Secondo Granville Stanley Hall, una tale abbondanza di figli unici dovrebbe rendere l'America e il Regno Unito due società malate. Hall, uno psicologo che ebbe il suo momento di celebrità verso la fine del diciannovesimo secolo, dichiarò che «essere figlio unico è una malattia di per sé». Non era uomo da sopportare le messe in discussione. «Le scienze esatte sono composte da una massa di verità accettate dalla comunità alle quali ogni specialista nel proprio campo si sforza di contribuire», annunciò a un congresso degli psicanalisti americani che si tenne nel 1915 a New York.[25] Le sue convinzioni in materia di figli unici difficilmente possono essere considerate scienza; resta il fatto che un secolo dopo la sua nozione di figlio unico come disadattato sociale viziato ed egocentrico continua a fare presa.

---

24. Lauren Sandler, "One and Done", *TIME*, 19 luglio 2010.
25. *The American Journal of Psychology*, 1915, copyright University of Illinois Press.

Eppure prove sempre più numerose che Hall avesse sbagliato completamente mira sono arrivate da due accademici, Denise Polit e Tony Falbo, che dei figli unici hanno fatto il centro delle loro ricerche per decenni. Nel 1987 pubblicarono un'analisi quantitativa su centoquarantuno studi riguardanti la personalità dei figli unici, per concludere che questi riportavano risultati migliori nel rendimento scolastico e nell'adattamento alla società rispetto ai bambini provenienti da famiglie più numerose.[26] Sotto molti altri aspetti non si rilevavano differenze sostanziali, in parte perché per i bambini la famiglia tradizionale non è il solo percorso formativo alle relazioni con altri adulti e coetanei. «I genitori e il contatto con i coetanei compensano l'assenza di fratelli o sorelle»,[27] sostiene Falbo.

Nicola Jennings fu adottata da una famiglia londinese quando era ancora in fasce, dopo che la coppia, di religione ebraica, era riuscita a opporsi a un tentativo di proibire l'affidamento di un bambino non ebreo a una famiglia ebrea. La famiglia viaggiava molto – il padre di Nicky era un diplomatico statunitense – e la figlia rimase senza fratelli e amicizie stabili fino agli anni dell'università, quando mi "adottò" come amica, portandomi insieme ad altri amici nella sua famiglia, divenendo lei stessa parte integrante della mia. Con il matrimonio – guarda caso il marito era il primogenito di una famiglia molto numerosa – mise su una famiglia tutta sua. Ebbe tre figli e anche in questo caso mi chiamò a fare parte del suo mondo scegliendomi come madrina del primogenito.

All'epoca dell'adozione di Nicky gli aspiranti genitori venivano incoraggiati ad adottare bambini del loro stesso gruppo etnico e religioso. La vicenda di Nicky creò un precedente che contribuì a scalzare tali pregiudizi in Gran Bretagna. Ancora oggi c'è chi guarda con disapprovazione alle variazioni rispetto al modello di quarant'anni fa, e ritiene che un bambino nero affidato a una famiglia bianca possa subire delle discriminazioni. In realtà le famiglie miste non sono più l'eccezione: il censimento del 2000 in America ha rivelato che ventidue milioni di cittadini su un totale di duecentottantuno si descrivono di razza mista, mentre sia in Gran Bretagna sia negli Stati Uniti i matrimoni misti sono molto frequenti. Nei paesi occidentali, inoltre, alle coppie che desiderano adottare non si richiede più di essere spo-

---

26. Denise F. Polit e Toni Falbo, "Only Children and Personality Development: A Quantitative Review", *Journal of Marriage and Family*, Vol. 49, n. 2, maggio 1987.
27. Catherine Mayer, "Nuclear Implosion", *TIME*, 26 settembre 2006.

sate o eterosessuali; oggi viene data precedenza a concetti più vaghi come la garanzia del benessere del bambino.

Ma i divieti che riguardano l'età sono ancora in vigore. Le autorità pongono differenziali massimi di età tra bambino adottabile e aspiranti genitori. Nel 2009 a Elton John è stato impedito di adottare un bebè ucraino e il suo fratellino di tre anni. L'Ucraina, infatti, non solo non riconosce le unioni civili, ma le leggi che regolano l'adozione prevedono che l'età dei genitori non debba superare quella del bambino di più di quarantacinque anni.

John e il partner allora hanno cercato una madre surrogata americana il cui ovulo è stato fecondato con il seme di John e di David (il quale ha raccontato alla rivista *OK!*: «Abbiamo contribuito entrambi. Per ora non abbiamo idea su chi di noi due sia il padre biologico!»).[28] Un percorso alternativo per gli aspiranti genitori in là con l'età è espletare le pratiche per l'adozione in uno dei paesi, ormai in numero sempre minore, in cui le regole riguardo l'età e lo stato civile sono meno severe. Madonna, con due divorzi alle spalle, single e cinquantenne, è andata a prendere sua figlia Mercy in Malawi.

Per ora Madonna ha quattro figli, poca cosa se facciamo un confronto con gli standard degli amortali famosi. Julio Iglesias, come abbiamo visto, è padre di otto; Angelina Jolie e Brad Pitt ne hanno tre biologici e tre adottati in Cambogia, Etiopia e Vietnam. Durante il suo breve matrimonio con Frank Sinatra, Mia Farrow ha fatto da matrigna a due figli più grandi di lei. Poi ha messo su la sua nidiata personale, composta da quindici figli: tre avuti dal secondo marito André Previn e tre adottati durante il matrimonio, tra cui Soon-Yi, che a ventisette anni ha sposato Woody Allen sessantaduenne, già compagno della Farrow. Allen e Farrow hanno un figlio biologico. Durante la loro relazione ne hanno adottati due; altri sei dopo che si sono lasciati.

Granville Stanley Hall avrebbe considerato queste famiglie amortali più sane rispetto alla famiglia con un figlio unico, che è in realtà la forma più diffusa tra gli amortali. Nicola Jennings non rispecchia in alcun modo il preconcetto halliano sul figlio unico, anzi, trascura se stessa per gli altri. Tuttavia intuisce che l'assenza di fratelli l'ha resa ipersensibile ai rapporti tempestosi ma affettuosi che caratterizzano le famiglie numerose.

In quanto figlia unica, si è ritrovata, trentenne, a prendersi cura dei genitori da sola quando si sono ammalati e sono morti. E ha assi-

28. Intervista citata.

stito anche uno zio anziano. La famiglia elettiva tende a sottrarsi a questo tipo di doveri, come sta scoprendo il numero sempre maggiore di figli unici di genitori amortali anziani. E potrebbe rivelarsi una scoperta sgradevole anche per gli amortali senza figli.

Sono passati dieci anni da quella chiacchierata in piscina, ma per me le cose non sono cambiate più di tanto. Siccome ho scelto di non avere figli devo trovare altri modi per lasciare il segno in questo mondo, per gestire il terrore della morte, per avere assistenza e compagnia quando sarò vecchia o malata o entrambe le cose. Il panico da porta che si chiude non mi ha mai colpito. Ma in fondo chi può dire se la porta è veramente chiusa, con specialisti come Bowen-Simpkins che continuano a infilare il piede nello spiraglio? Alcuni conoscenti credevano che l'anno sabbatico che mi ero presa per scrivere questo libro fosse in realtà un'aspettativa di maternità.

La medicina invece mi considera ancora secondo parametri tradizionali. Da anni frequento lo stesso consultorio, ma durante l'ultima visita l'infermiera mi ha annunciato che non potevano rinnovarmi la ricetta per la pillola anticoncezionale per raggiunti limiti d'età.

Una gravidanza imprevista metterebbe alla prova la mia risoluzione. Anche se a volte mio marito guarda con malinconia alla ricca vita familiare degli amici, resta il fatto che sopporta poco i bambini e noi due, in quanto coppia senza figli, godiamo della flessibilità che ci garantisce tale condizione. Conosciamo molti amortali senza figli che, crescendo, ricordino loro il passare del tempo o che circoscrivano i loro spostamenti a quelli consentiti dal calendario scolastico. E le coppie amortali oltre la nostra cerchia sono ovviamente molte di più. Le coppie etero e omosessuali che vivono senza figli sono il 49% dei nuclei familiari dell'Unione Europea.[29]

Alcuni di questi nuclei sono senza figli, altri hanno visto i figli allontanarsi per fondare a loro volta una famiglia. Resta il fatto che i genitori amortali trovano sempre più difficile convincere i figli a volare via dal nido.

Ho conosciuto Nicky il primo anno di università, quando avevo diciassette anni. Avevamo lasciato le rispettive famiglie alla prima opportunità che si era presentata. Io non volevo assistere all'ultimo atto della tragedia matrimoniale dei miei; Nicky cercava di sottrarsi alla stretta affettuosa ma soffocante dei suoi. Tanto per fare un esem-

29. *Social Trends*, Office for National Statistics, luglio 2010.

pio, ricordo quella volta in cui mi trovavo a Londra e incontrai per caso suo padre. «Catherine! – esclamò – Che ci fai in giro da sola e senza soprabito!».

Una volta fuori dall'orbita familiare, mantenere i contatti con i genitori comportava scrivere lettere e risparmiare monetine per andare alla cabina telefonica a chiamarli con la speranza di trovarli in casa, ma non succedeva spesso e neppure loro si aspettavano assiduità da parte mia. Tornare a casa era un po' più complicato. Servivano soldi veri, non monetine, ma non ne avevamo, come del resto ci mancava la pazienza di aspettare un passaggio all'imbocco della tangenziale reggendo un cartello con su scritta la destinazione (in cui qualcuno avrebbe anche potuto leggere: «Accettiamo un passaggio dagli sporcaccioni»). All'epoca l'università era gratuita e le spese quotidiane si coprivano con le borse di studio, i lavoretti nei pub oppure, come nel mio caso, nelle lavanderie di un hotel di Brighton dove sgobbavo per eliminare dalla biancheria ogni prova della permanenza degli ospiti del fine settimana, anch'essi sporcaccioni. I legami con i genitori – legami economici, emotivi, abitudinari – non erano tagliati del tutto, solo allentati.

La tecnologia che abbiamo sviluppato per permettere alle persone di rimanere in contatto nonostante la distanza, ci ha resi timorosi della lontananza. I diciassettenni di oggi mandano messaggini ai genitori – da cellulari e computer pagati dagli stessi genitori – per aggiornarli sui propri spostamenti, che avvengono su automobili pagate sempre dai soliti mamma e papà, con cui continuano anche ad andare in vacanza.

I figli crescono, ma gli incentivi ad allontanarsi da una famiglia che fornisce un generoso sostegno materiale, e in cambio quasi non impone regole, sono ben pochi. Più di un terzo dei maschi italiani tra trenta e trentaquattro anni vive ancora con i genitori.[30] A questi mammoni è permesso rimanere adolescenti coccolati senza data di scadenza, ma non sono i soli: tendenze simili stanno emergendo in altre culture con strutture familiari diverse. Alla radice del fenomeno c'è la disoccupazione in aumento e la carenza di alloggi a un prezzo accessibile. E non dimentichiamo l'amortalità.

Mio padre David aveva un rapporto difficile con suo padre da cui, come il nostro amico Julio, aveva ricevuto tra le altre cose anche il nome (mio nonno però era soprannominato Red[31] in onore di una chioma che aveva perso molto prima di qualunque sua foto che sia

30. "Italians 'slow to leave the nest'", *Bbc*, 1 febbraio 2005.
31. Rosso. *[n.d.t.]*

arrivata fino a noi). L'abisso tra i due era generazionale ed emotivo al tempo stesso. Mio padre racconta:

> Con lui non abbiamo mai parlato delle sue conquiste, delle cose importanti che lui o le persone che lo circondavano pensavano di aver fatto. Ripensandoci adesso, lo definirei un uomo sradicato, senza appartenenze, uno che viveva solo nel proprio lavoro. Non aveva molti amici, non aveva una bussola morale, politicamente e socialmente non era leale a nessuno. Non so neppure se la famiglia gli desse qualche soddisfazione. Non so niente di lui.
>
> Il copione della mia vita me lo sono dovuto scrivere da solo, creando un modello di cui speravo lui prendesse atto, per accettarlo e magari apprezzarlo. Voi figli non avete mai dovuto affrontare niente di tutto ciò. Non avete mai avuto la sensazione che quello che facevate non importasse a nessuno.
>
> Dai genitori avete avuto reazioni che vi hanno fatto capire la correttezza di ciò che facevate, il vostro essere brave persone. Credo sia importante questo riconoscimento delle vostre conquiste morali, personali e culturali da parte dei genitori.

A quanti si preoccupano del fatto che i genitori amortali sono troppo presi da se stessi per accorgersi dei bisogni dei figli, vorrei ricordare la rigidità vittoriana di nonno Red e il modello genitoriale che egli rappresentava. D'altro canto certi modelli tradizionali di genitorialità offrono maggiore sostegno emotivo ai figli rispetto all'approccio amortale, e penso ai genitori di Nicky e a Nicky stessa.

Il genitore amortale, però, non è tutto da buttare. Basta confrontarlo con la fredda formalità che caratterizzava le interazioni tra mio padre e mio nonno per riconoscere che ama i figli. Forse non ha ben chiaro come educarli ma li ama e, paradosso moderno, l'insicurezza sull'educazione fa sì che i figli rimangano più a lungo sotto lo stesso tetto con mamma e papà. Me ne andai di casa nel periodo in cui i miei si stavano separando, non perché mi mancasse la libertà. Ecco, forse la debolezza del modello amortale risiede proprio nel fatto che i genitori amortali sono troppo amici dei figli.

Le insidie dell'essere genitori amortali hanno ispirato una delle sitcom di maggiore successo della Bbc. Messa in onda per la prima volta nel 1992, *Absolutely Fabulous* segue le vicende della famiglia Monsoon, composta dalla maga delle pubbliche relazioni Edina detta Eddy (interpretata da Jennifer Saunders), dalla figlia adolescente Saffron detta Saffy (Julia Sawalha) e dalla madre di Eddy (June Whitfield). Il trio subisce regolarmente l'invasione della fashion editor Patsy Stone (Joanna Lumley), una pazza furiosa tossicodipendente.

Si capisce subito che Saffy è l'unico membro della famiglia che svolga le funzioni tradizionalmente riservate al genitore: è la voce della ragione e della responsabilità, colei che cerca di far rispettare le regole e che stabilisce i confini da non superare, l'unica pronta a prendere decisioni impopolari per il bene della famiglia. Ha dovuto assumere questo ruolo perché quell'eterna adolescente della madre non ne ha nessuna intenzione, e la nonna, perennemente e felicemente svaporata, non ne sarebbe capace. Saffy è anche l'unico personaggio che da una stagione all'altra compia una maturazione che la porta dalla condizione di liceale inetta a quella di donna adulta pienamente consapevole. Eddy e Patsy invece non cambiano mai; contano gli anni che passano con le bottiglie vuote che si lasciano alle spalle. Sceneggiatrice della serie è Jennifer Saunders che per il proprio personaggio si è basata, almeno in parte, su un'amica, la pr Lynne Franks.

AbFab[32] ha funzionato perché rispecchiava situazioni reali. Spesso gli adolescenti si sforzano di essere diversi dai genitori. Ma come si fa a ribellarsi a un ribelle? La reazione di Saffy è una delle risposte possibili. La psicologa e psicoterapeuta Pauline Rennie Peyton cita l'esempio di due sorelle oggi quasi cinquantenni che «sono cresciute in una comune hippy dove tutti si sballavano. La loro madre era amortale, era convinta di essere immortale, a volte gli offriva un tiro di canna e loro rispondevano: "No grazie, stiamo ricamando il centrino". Per cui si ribellavano alla madre nel modo più oltraggioso possibile, ossia comportandosi da vere bacchettone».

Josh Howie, il figlio della vera Lynne Franks, non si è buttato sul ricamo ma sul giudaismo. Sua madre è passata per una fase buddista, ha poi portato la famiglia a vivere con gli indiani d'America e ha sottoposto Josh a un rito di *rebirthing* in cui – perlomeno nel ricordo del figlio adolescente – lei, lui e un'amica giovane e attraente facevano il bagno in una vasca d'acqua calda mentre il ragazzo cercava di nascondere un'erezione involontaria. La scelta di dedicarsi agli studi rabbinici aveva la duplice funzione di approvare proprio la religione che sua madre, ebrea, aveva rifiutato, e di intraprendere la carriera più conservatrice che si potesse immaginare.

Dedurre da questo esempio che i figli degli amortali non hanno altra scelta che definirsi in contrasto con i genitori significherebbe

32. Abbreviazione di *Absolutely Fabulous*. *[n.d.r.]*

sottovalutare la complessità di tali relazioni e del fenomeno stesso dell'amortalità. La sorella di Josh, Jess, «è diventata una hippy e oggi gestisce un centro yoga dove insegna i cinque ritmi. Insomma in un certo senso ha seguito il mio stile di vita», dice la madre. Howie voleva essere un rabbino ribelle, ma non è riuscito a fare nessuna delle due cose e oggi madre e figlio frequentano ambiti professionali sovrapposti in cui la diversa espressività che li caratterizza fa di loro dei personaggi pubblici di successo. La Franks, vulcano di idee amortali, ha fondato una catena di imprese sulla scia dell'agenzia di pr che l'ha resa famosa. Mi racconta che sta per lanciare B.Hive[33] una rete a livello nazionale di imprese femminili in collaborazione con Regus[34], nonché «un concetto di canale televisivo dedicato al benessere in collaborazione con un colosso dei media» e un evento fashion-musicale che precederà le olimpiadi di Londra del 2012. È un'habitué della TV e nel 2007 ha partecipato al reality *I'm a Celebrity... Get Me Out Of Here*.[35] Il figlio aspira a diventare "il Woody Allen degli ebrei" e sta trasformando il suo vissuto familiare in materiale da commedia. Nel 2010 ha scritto e interpretato uno spettacolo di cabaret intitolato *Gran Slam* in cui raccontava l'esperienza di coabitazione con la nonna ottantasettenne («come *Cocoon*, ma al contrario») dopo che la madre lo aveva sbattuto fuori di casa a ventotto anni. Chiunque abbia visto il suo show del 2008 intitolato *Chosen* [scelto], si sarà chiesto se davvero aveva bisogno di essere buttato fuori. Osservarlo interagire con la madre amortale era comico ma allo stesso tempo metteva a disagio.

Insomma, Howie, come la madre, vive come se il tempo non esistesse:

> Qualcosa si è bloccato. Anzi, mi sento come se infine sia arrivato a conoscermi. Siamo esseri umani, cambiamo di continuo, e finché siamo giovani tutto ciò avviene velocemente. In ogni caso per la mia generazione è stato così. Solo verso i trent'anni ho cominciato a rallentare e oggi questa è la mia sensazione. In alcune interviste ho dichiarato che non mi sposerò mai e che le persone che vivono rapporti stabili sono cretine. Ora ci ripenso e mi dico: «Ma che scemo sono stato». Però quel che ho detto negli ultimi cinque anni mi sembra di poterlo ancora sottoscrivere. Sono sempre la persona che ero a ventinove anni o giù di lì... →

33. Dalla parola *beehive* che significa "alveare", ma che suona anche simile a *behave*, ovvero "comportati bene". *[n.d.t.]*
34. Fornitore di uffici virtuali. *[n.d.t.]*
35. Sono famoso, fatemi uscire di qui. *[n.d.t.]*

> Voglio essere uno che compra i fumetti a ottant'anni e che ascolta la musica che gli piace. C'è quel detto che recita: «Più uno invecchia più sa di non sapere». Spero di avere sempre passioni e interessi nuovi, ma allo stesso tempo non voglio che i miei interessi siano limitati a un'età precisa.

A trentaquattro anni Howie se ne sente ventinove e vuole rimanere un ventinovenne per un bel po'. La madre, come Mia Farrow e i suoi figliastri, è più giovane del figlio, se non altro in termini di età psicologica:

> Mi fa un'impressione stranissima quando dico la mia età. Non la nascondo certo, ma mi sembra strana. Quanti anni ho? Sessantadue. Quanti me ne sento? Ventisette al massimo. Anzi, ventidue. Io e quelli della mia generazione andiamo ancora ai concerti, ai festival, balliamo, facciamo la vita che abbiamo sempre fatto.

Che la generazione del *baby boom* vada ancora ai concerti non è una novità. La signora Franks, spumeggiante nel suo abito di seta e nel suo appartamento di Notting Hill, il quartiere degli ex hippy come lei, incarna molti valori e aspirazioni della prima ondata di figli del boom economico. *Absolutely Fabulous* ha riscritto il rapporto tra Franks e Howie trasponendolo in quello tra Eddy e Saffy e facendosi portavoce di un luogo comune sui rapporti tra amortali. Nella vita reale infatti il figlio non assume il ruolo dell'adulto rifiutando il "fare come se il tempo non esistesse" che caratterizza il genitore. Gli amortali non scelgono spesso di trasmettere i loro geni, ma quando lo fanno passano ai figli, non di rado inconsapevolmente, proprio l'amortalità.

Per esempio abbandonando il modello di famiglia gerarchica: «A volte vorrei rimproverare i miei figliastri, ma non voglio oltrepassare quella linea per cui loro poi pensano di me che sono una stronza. Non voglio diventare la classica matrigna. Come donna più giovane è difficile essere in un rapporto di parità con loro. Quello che voglio è essere un'amica», confessa Danielle Lineker, la nuova giovane moglie del tuttologo ex calciatore Gary Lineker, spiegando la sua strategia di rinuncia preventiva a ogni autorità sui figli del marito.[36]

Tradizionalmente fare i genitori comporta stabilire dei limiti, cosa non facile quando sono i genitori stessi i primi a non riconosce-

36. Jane Gordon, "I just want to be their friend", *Sunday Telegraph*, 18 luglio 2010

re alcun limite. Muniti degli stessi poteri, genitori e figli finiscono per entrare in competizione. «Questo è un dato interessante e rappresenta la mia generazione», dice Howie.

> Ho letto quel romanzo di Michel Houellebecq, *Le particelle elementari*, in cui il protagonista essenzialmente è uno come me, forse un po' più grande, con i genitori figli dei fiori.
> Quella generazione lì, quella degli anni Sessanta, secondo l'autore ha creato la cultura giovanile come la conosciamo oggi, che fa leva sull'essere giovani come cosa principale. Il problema è che i figli dei fiori non vogliono cedere il passo ai propri figli.
> E infatti ora sono vecchi, hanno liquidato i loro padri, o perlomeno sembra che ci siano riusciti, ma non riescono a gestire il fatto che c'è una nuova generazione che vuole spazio. Io questa tensione con i miei la sento; insomma, non vogliono farsi da parte, andare in pensione, uscire di scena.

Aspettare che i genitori amortali si facciano da parte, o che inizino a passare in tempo utile ai figli la ricchezza che hanno avuto la fortuna di accumulare (ovvero prima che la loro morte faccia scattare le tasse di successione) è una causa persa. L'erario incassa parecchio dagli amortali che non riescono a riconciliarsi con la propria caducità quando si va a toccare la gestione patrimoniale. In *Gran Slam*, Howie racconta di essere riuscito a convincere la nonna a mollargli il capitale che poi gli ha permesso di comprarsi casa solo promettendo di impegnarsi a mantenerla in vita per almeno sette anni dopo la cessione di denaro, altrimenti avrebbe dovuto pagarci le tasse.

Il fatto che gli amortali non riescano a pianificare la propria uscita di scena finisce per gravare sulle spalle dei figli. Non sperate che un genitore amortale vada di propria iniziativa in una casa di riposo o che abbia messo da parte denaro per pagarsi l'assistenza sanitaria privata. Ma in fondo quel desiderio di mantenersi in attività che dà ai figli l'impressione di essere trascurati li rende anche genitori poco esigenti, se non altro finché rimangono in salute. I miei genitori li vedo solo perché sono io a volerlo; a volte devo persino convincerli a trovare il tempo per stare con me. La Franks ha appena avviato una delle sue iniziative e non conta certo sui figli per fare vita sociale. «Mi sento come Dr Who – afferma. – Mi sento rinascere perché in questo momento faccio una serie di cose che mi piacciono molto».

Quando inizierà a sentire il peso degli anni – cosa che proprio non riesce a immaginare – dubita che i figli le faranno da badanti. Pensa piuttosto a una struttura che le fornisca il sostegno di cui ha bisogno:

> I miei figli e quelli della loro generazione sanno badare a se stessi e alla propria famiglia. Non dico altro. Spero solo che avrò abbastanza soldi per permettermi un hotel cinque stelle, sennò prendo la strada della Svizzera.
> Sai quel film, *Cocoon*? Lo adoro, rappresenta i miei sogni, solo che per arrivare a quel punto non ci serve l'aiuto degli alieni.
> Ho un amico che vorrebbe comprare un hotel. Tutti quelli come noi prenderebbero una camera. Non dovremmo più pensare a mangiare, per esempio, ci sarebbero le infermierine che ci portano le medicine su vassoi d'argento, dico medicine nel senso di droghe; scelgo quella che mi va quel giorno, metto su James Brown a palla e vai con le danze!

Ecco la visione amortale della vita: una gran festa movimentata e divertente. E nulla più dell'amore amortale garantisce movimento e distrazione.

Amore amortale

Baby, sono ancora pazzo di te

«But at my back I always hear
Time's winged chariot hurrying near
And yonder all before us lie
Deserts of vast eternity
Thy beauty shall no more be found
Nor, in thy marble vault, shall sound
My echoing song; then worms shall try
That long preserv'd virginity
And your quaint honour turn to dust
And into ashes all my lust
The grâve's a fine and private place
But none I think do there embrace».

Andrew Marvell, *To His Coy Mistress*

«In the meantime we try
try to forget that nothing lasts forever
no big deal, so give us all a feel.
Funny how it all falls away».

Pulp, *Help the aged*

Il suo primo amore è stato una ragazza francese. David Battiscombe aveva quindici anni e viveva ancora in un mondo fatto di graffi sulle ginocchia, di fionde e di alberi su cui arrampicarsi. Cécile aveva un anno più di lui, ma una sicurezza di sé che la faceva sembrare una donna di venticinque. Quando si incontrarono a scuola, in un paesino a nord di Parigi, lei gli sembrò totalmente e irrimediabilmente irraggiungibile. Ma chi la dura la vince, e quando la classe di Cécile ricambiò la visita scolastica andando a Southampton, l'amore sbocciò come l'acne giovanile.

In una giornata di sole splendente scendemmo al fiume e lei mi baciò, – ricorda David. – Rimasi scioccato, ma fu un'esperienza straordinaria, che ricordo ancora. Poi nacque una relazione appassionata, ma incredibilmente casta e intensa, che culminò nella mia proposta di matrimonio, da celebrare quando fossi diventato un uomo adulto, che le feci in cima a una collina del Dorset, inginocchiato davanti a lei.

Crescendo non tenne fede alla promessa. Cécile tornò in Francia e gli inviò lettere appassionate inzuppate di profumo.

I miei genitori erano sconcertati e io ero talmente imbarazzato che mi inventai che le lettere le scriveva la sorella di un mio amico di penna che si era rotto il polso e non era in grado di scriverle da solo. Secondo me non ci credevano, anche perché scappavo subito in camera mia a leggere la lettera.

Alla fine la relazione, pur annaffiata con litri di inchiostro e profumo, non resse alla distanza e pian piano morì. Battiscombe conserva ancora una foto sbiadita di Cécile in un album che mostra con quale rapidità il ragazzo sia passato ad altre fidanzatine, poi alla prima affascinante moglie, e alla seconda, ancora più bella, che gli ha dato due figli.

Muoversi senza sosta è una delle caratteristiche principali di Battiscombe (ricordate? «Lo squalo che si ferma muore»). Nei quarant'anni intercorsi tra l'addio a Cécile e il momento in cui nella sua casella arrivò un'email della sua vecchia fiamma, il nostro non si era mai fermato, scivolando da un'esperienza all'altra e schivando gli ostacoli con un guizzo di pinna caudale. Giovane radicale, si era visto bloccare l'accesso all'educazione superiore – pare che ai responsabili delle ammissioni alla facoltà non fosse piaciuto il calcio che aveva dato all'auto su cui viaggiava il ministro dell'Istruzione Margaret Thatcher – ma era riuscito a laurearsi a distanza all'università di Londra. Contemporaneamente ebbe un certo successo come cantautore:

Scrivevo canzoni incredibilmente pretenziose, nello stile dell'epoca. Andava di moda il rock progressive, i testi che parlavano di demoni e facevano riferimenti a Tolkien, i capelli lunghi e i pantaloni a zampa d'elefante, gli assoli di chitarra masturbatori; insomma eravamo bravi, avevamo un certo seguito. Siamo andati in qualche tour, roba da fuori di testa, come supporter dei Bay City Rollers e dei Thin Lizzy. Siamo partiti come Solstice, poi siamo diventati i Witches Brew e infine i The Entire Population of China.

La band collaborò in seguito con Sandie Shaw, la cantante che aveva vinto il festival europeo della canzone con *Puppet on a String* ed era famosa per le sue esibizioni a piedi nudi. Battiscombe, invece era munito di scarpe, eccome. Portava «stivali dorati che arrivavano a metà coscia, con tacchi altissimi» indossati con pantaloni aderenti neri ricamati con simboli astrali e una maglietta a rete nera che rivelava pettorali perfetti per una pubblicità della Cenegenics. Avrebbe potuto benissimo passare il resto della sua vita a guizzare nelle acque tranquille e poco profonde dell'industria musicale, ma intorno ai trent'anni sentì la necessità di navigare in mari più impegnativi:

Decisi di vendere tutte le mie chitarre e mi misi a studiare legge. Volevo un'occupazione intellettuale che mi desse soddisfazione, per guardarmi allo specchio e sentire che stavo facendo qualcosa di retto, di onesto. Ero davvero ingenuo a pensare che la legge avesse a che vedere con la giustizia. Molti aspiranti avvocati la pensano così, ma poi scoprono sempre che si tratta solo di affari [...].
Sono entrato nell'ordine degli avvocati a trentadue anni. Oggi ne ho cinquantanove, quindi sono ventisette anni che faccio questo mestiere. Spesso la gente rimane sbalordita quando viene a sapere la mia età. Pensano che sia più giovane, forse perché ho meno chilometri alle spalle, avendo lavorato in questo campo per meno tempo a parità di età.

Oggi Battiscombe è socio di un grande studio di avvocati ed è facilmente rintracciabile su Google. Dopo uno scambio di e-mail Cécile propose un incontro e lui, con ciò che definisce un eccesso di cavalleria – ma sua moglie lo definisce diversamente: ingenuità – acconsentì a un tête à tête. Cécile scelse il luogo dell'appuntamento con grande attenzione: un ristorante in un edificio del XVI secolo in un quartiere storico di Parigi.

Disse: «Sapevo che ti sarebbe piaciuto», e io replicai che sì, mi piaceva e lei: «Sì, ma in modo particolare». «In che senso?». Tutto era nato da una lettera che le avevo scritto a quindici anni in cui confessavo che mi piaceva moltissimo studiare storia. Interessante, no, da parte sua ragionare su dati di quarant'anni prima... pensava che mi piacesse ancora la storia.

Agli amortali interessa un tipo particolare di storia: la loro. Non possedendo una consapevolezza del tempo particolarmente forte per loro il passato è un luogo distante ed esotico in cui non riescono a immaginare di aver veramente vissuto. Eventuali ambasciatori di quelle terre distanti sono sempre i benvenuti se portano messaggi gratificanti, del tipo quanto fosse importante la nostra presenza o quanto poco siano cambiate le cose (soprattutto quanto poco siamo cambiati *noi*). Battiscombe era lusingato e affascinato dall'interesse di Cécile. «Era l'unica persona che conoscessi da quando ero adolescente», spiega. «Il tempo l'ha trattata bene. Ha sempre avuto un'ossatura perfetta. Quel giorno era bellissima, era come me l'aspettavo, considerando il tempo trascorso».

Durante il pranzo lei gli mostrò le lettere che aveva ricevuto e le foto che testimoniavano dei loro incontri da adolescenti. Rimase stupita del fatto che lui avesse raccontato alla moglie del loro appuntamento galante, perché lei non ne aveva parlato con il marito. «Ognuno dovrebbe avere il proprio giardino segreto», disse.

Il pranzo si concluse castamente come la loro relazione di quarant'anni prima, ma in genere questo tipo di rimpatriata ha conseguenze assai più turbolente. Grazie a Google e Facebook è sempre più facile ritrovare una vecchia fiamma. Un avvocato intervistato dal *Daily Telegraph* sostiene che il 20% delle cause di divorzio patrocinate dal suo studio citano Facebook come motivo della rottura.[1] Gli studi legali tradizionali ne contano sicuramente un numero inferiore; l'avvocato contattato dal quotidiano dirige uno studio attivo su internet, per cui è ipotizzabile che una percentuale maggiore di persone che si sono messe nei pasticci utilizzando internet vi rimangano per trovare la soluzione. Le storie di tradimenti nati e perpetrati in rete non mancano certo.

Gli amortali non hanno l'esclusiva di questo tipo di avventura, ma ne subiscono sicuramente il fascino in misura maggiore della media. Se vogliamo capire perché gli amortali si comportano come dei pazzi per amore è necessario che ci poniamo domande sulla natura dell'amore e del sesso nelle società industrializzate. Perché continuiamo a sposarci se le istituzioni e le convenzioni sociali che incoraggiano il matrimonio si indeboliscono sempre più? È realistico promettere di rinunciare ad altri amori finché morte non ci separi, quando la durata media della vita è più che raddoppiata da quando la Chiesa cristiana ha proclamato l'indissolubilità del matrimonio? E poi: ora che procreare non è più la nostra preoccupazione principale (e considerato che i bambini si fanno anche senza la presenza contestuale del maschio e della femmina all'atto del concepimento), cosa vogliamo dal sesso, oltre al sesso stesso?

1. "Facebook Fuelling Divorce, Research Claims", *Daily Telegraph*, 21 dicembre 2009.

Amore e matrimonio vanno appaiati come l'asino col carretto, specialmente quando a sposarsi sono le celebrità. Katie Price, per esempio, il giorno del suo matrimonio con Peter Andre è uscita da una zucca fiabesca, mentre a Trudie Styler per farsi impalmare da Sting è bastato il cavallo bianco.

Styler e Sting hanno sfidato una regola non scritta dei matrimoni tra divi per la quale più la cerimonia è appariscente prima avviene la separazione. Nel caso di Price e Andre la separazione è stata spettacolare e pubblicizzata tanto quanto l'unione. Ad ogni modo la carrozza a forma di zucca è richiestissima dalle spose ansiose di emulare lo stile della Price – se non le sue vicissitudini matrimoniali – e di aggiudicarsi, per la modica cifra di ventimila sterline, un giretto di andata e ritorno dalla chiesa. Per inciso, questo è il costo medio di un matrimonio britannico, visto che in proporzione al reddito gli inglesi spendono più degli americani che, con una media di ventitremila dollari, fanno fuori più di cinque mesi di stipendio.[2]

Le celebrità sono il motore di vendita più efficace della nostra epoca e fanno affidamento sul matrimonio come non mai. È il matrimonio come istituzione ad avere perso vigore, non la cerimonia in sé, come dimostrano gli stucchevoli reality diffusi in Europa e America che hanno come tema la celebrazione nuziale. Tuttavia i dati reali raccontano una storia diversa. Oggi negli Stati Uniti si sposa la metà degli adulti, con un calo del 10% dagli anni Settanta, e la metà dei matrimoni finisce con un divorzio entro quindici anni.[3] La situazione europea è simile.[4] Dati pubblicati nel 2010 mostravano una diminuzione dei divorzi in Gran Bretagna per il quinto anno consecutivo, dati che i sostenitori del matrimonio hanno celebrato come un trionfo di questa istituzione. L'avvocato divorzista Ayesha Vardag, in un'intervista alla Bbc, ha però offerto un'interpretazione diversa: «Nella mia esperienza il minor numero di divorzi deriva dal fatto che la gente si sposa di meno».[5]

---

2. Rebecca Mead, "Princess for a Day", *Guardian*, 7 agosto 2010.
3. *Generation Gap in Values, Behaviors: As Marriage and Parenthood Drift Apart, Public Is Concerned about Social Impact*, Pew Research Center, luglio 2007; Rose McDermott, James H. Fowler w Nicholas A. Christakis, *Breaking Up is Hard to Do, Unless Everyone Else is Doing it Too: Social Network Effects on Divorce in a Longitudinal Sample Followed for 32 Years*, Social Science Research Network, 18 ottobre 2009.
4. Monica Marcu, "Population and social conditions" in *Data in Focus*, Eurostat 2009.
5. "Divorce Rate Lowest for 29 Years", *Bbc*, 28 gennaio 2010.

Gli autori del sondaggio del 2010 notavano anche come i tentativi da parte delle istituzioni religiose di promuovere il matrimonio si scontrino con il fatto che le coppie conviventi e i loro figli naturali sono visti dalla società (su cui la Chiesa non ha più l'influenza di una volta) come qualcosa di normale. Per gli americani giovani sposarsi non è più il prerequisito fondamentale ai rapporti sessuali e al metter su famiglia. Un sondaggio analogo effettuato nel 2007 in America evidenziava come «rispetto alla generazione precedente i giovani adulti trovino assai meno riprovevole fare figli e convivere al di fuori del matrimonio. Mai come oggi sono tanto diffusi tra i giovani comportamenti come questi».[6]

In effetti il fenomeno delle madri single è talmente comune – il sondaggio riporta che il 36,8% delle madri non ha un partner al momento della nascita del figlio – che non fa nemmeno notizia. A meno che non si tratti della figlia adolescente di una bacchettona irascibile e dal grilletto facile. Nel 2008, al culmine della campagna presidenziale, Sarah Palin e il marito rivelarono che Bristol, la loro figlia diciassettenne, gli aveva annunciato «una cosa che, come genitori, sapevamo l'avrebbe fatta crescere più in fretta di quanto avremmo mai potuto prevedere». Ma gli americani trovarono più degno d'interesse il nome del bebè – Tripp Easton Mitchell Palin – che non il fatto che la cicogna avesse lasciato un pupo in fasce proprio davanti alla porta di una famiglia di repubblicani, a dimostrazione del mutamento dei costumi.

Ancora nel 1990 gli americani consideravano la cura della prole il fulcro del matrimonio. Nel 2007 le priorità erano cambiate e il matrimonio era diventato «un percorso condiviso fatto di felicità e realizzazione». La maggior parte dei partecipanti al sondaggio era inoltre convinta che «il divorzio è doloroso ma preferibile al mantenere in piedi un matrimonio infelice».[7]

E infatti mai come oggi abbiamo creduto nell'amore e nell'essere innamorati. «Qualsiasi cosa voglia dire essere innamorati», ribatté il principe Carlo a un giornalista che aveva usato quell'espressione, sottoscritta da Diana. Viviamo in un'epoca di romanticismo smielato, non alla maniera di una Signora delle camelie o di una Diana, ma nello stile moderno degli innamorati pronti a comprarsi una relazione mercificata a rate sempre più costose, dal-

6. *Generation Gap...*, cit.
7. *Ibid.*

l'anello di fidanzamento come quello delle star, al matrimonio, alla luna di miele alla maniera delle celebrità. E quando il romanticismo si esaurisce i partner continuano ognuno per la propria strada, fermandosi solo il tempo necessario a farsi ridare l'anello e a dividere le spoglie di guerra.

Vivere più a lungo significa anche avere una vita sessuale più lunga, più tempo per cercare l'anima gemella o per folleggiare di fiore in fiore. Poco meno della metà dei liceali americani tra i quattordici e i diciotto anni confessa di avere avuto un'esperienza sessuale.[8] In Gran Bretagna circa il 40% dei quindicenni è sessualmente attivo, seguendo l'esempio non solo dei coetanei ma anche dei divi preferiti.[9] Se Drew Pinsky, conosciuto ai telespettatori americani come Dr Drew, conduttore di programmi come *Loveline*, *Celebrity Rehab with Dr Drew* e *Sex Rehab with Dr Drew*, si mette a criticare la nostra passione per lo star system, l'impressione è che si dia la zappa sui piedi. Eppure ha scritto un libro, *The Mirror Effect*[10] in cui dimostra come le varie Britney, Paris, Lindsay e Miley con il loro esempio stiano sessualizzando l'infanzia.

L'ipersessualizzazione è un fenomeno in crescita tra i preadolescenti e persino tra i bambini sotto i dieci anni, i quali imitano diligentemente le loro star adolescenti preferite. Spesso le celebrità non ancora ventenni smorzano la loro sessualità per mantenere un'immagine più castigata di fronte a un pubblico molto giovane. Tuttavia, nella loro vita privata (e più sono famosi meno la loro vita si svolge lontano dai riflettori) tali personaggi mostrano comportamenti adulti non consoni alla loro età.
Quando tali comportamenti (bere, assumere droghe, vestirsi in modo provocante, avere brevi flirt) vengono rilanciati dai mezzi di comunicazione, i giovanissimi fan li fanno propri e li rispecchiano nel loro modo di vivere.[11]

I bambini crescono circondati da una cultura dominata dal sesso e dall'immaginario sessuale e vengono anche rimpinzati di romanticismo consumistico. E poi ci stupiamo se sono confusi come e quanto i loro

---

8. "Youth Risk Behavior Survey", The Centers for Disease Control and Prevention, 2003.
9. *Child Poverty in Perspective: An Overview of Child Wellbeing in Rich Countries*, Unicef, Innocenti Research Centre, 2007.
10. Effetto specchio *[n.d.t.]*.
11. Drew Pinsky e S. Mark Young, "The Most Vulnerable Audience: Teens and Young Adults" in *The Mirror Effect: How Celebrity Narcissism is Endangering Our Families – and How to Save Them*, Harper Collins, 2009.

genitori? Su una cosa, comunque, gli under 50 sono tutti d'accordo: la passione è riservata ai giovani.

E invece no. Oggi meno che mai. Nel 1996 in Svezia è stata condotta una ricerca su un soggetto fino ad allora ignorato o incompreso dai medici: la sessualità degli anziani. I ricercatori giunsero alla conclusione che anche a ottant'anni gli uomini ritenevano il sesso un fattore importante.

> Lo studio non lascia dubbi sul fatto che le funzioni sessuali degli uomini anziani si conservino inalterate anche a settanta-ottanta anni. Solo il 17% degli uomini considera il sesso una parte trascurabile della propria vita. Tra coloro che conservano intatte le loro funzioni, una parte sostanziale ritiene vitale tale mantenimento. Dallo studio risulta evidente che il calo delle prestazioni sessuali è causa di preoccupazione per la stragrande maggioranza dei soggetti.[12]

I ricercatori svedesi e i loro ansiosi soggetti di studio non sapevano che solo pochi anni prima altri ricercatori che lavoravano per la compagnia farmaceutica Pfizer avevano scoperto un composto, il sildenafil, che intendevano utilizzare per curare l'angina pectoris, ma che aveva mostrato effetti collaterali inaspettati. La molecola venne immessa sul mercato nel 1998 sotto forma di compressa azzurra dalla caratteristica forma a losanga e con il nome di Viagra.

Quando il Viagra e i suoi compagni Levitra (vardenafil) e Cialis (tadalafil) arrivarono nelle farmacie, l'amortalità era già un fenomeno in crescita – anche grazie al femminismo e alla pillola anticoncezionale – ma il loro influsso ne accelerò ulteriormente la diffusione e ne modificò il percorso. Fino ad allora gli uomini con tendenze amortali venivano bruscamente riportati alla dura realtà della loro condizione fisiologica ogni volta che varcavano la porta della camera da letto. Il Viagra – l'unica droga ricreativa legalmente prescrivibile – ha fatto piazza pulita di questi sgraditi richiami alla transitorietà della nostra condizione.

Forti di questa nuova certezza di invulnerabilità agli effetti del tempo, gli uomini che prima si sarebbero considerati fuori dal gioco, adesso rilanciavano la posta. Poco tempo dopo la messa in commer-

12. Asgeir R. Helgason et al, "Sexual Desire, Erection, Orgasm and Ejaculatory Functions and Their Importance to Elderly Swedish Men: A Population-based Study", *Age and Ageing*, 1996.

cio del Viagra, in particolare quando fu possibile acquistarlo su internet senza ricetta (senza la certezza della sua provenienza e senza l'obbligo di un esame medico per verificarne la prescrivibilità), le donne iniziarono a denunciare una nuova serie di problemi relazionali. Invece dei rapporti poco frequenti a cui erano abituate con il loro partner di lungo corso, si ritrovavano ad affrontare satiri affamati e insaziabili. Aumentò anche l'infedeltà da parte di uomini che non temevano più di essere umiliati. Ma l'infedeltà è stata anche femminile, come ho scoperto in una delle interviste anonime su cui si basa questo capitolo. L'intervistata raccontava infatti di aver tradito il marito perché stanca delle prodezze sessuali atletico-meccaniche generate dal Viagra. Nel 2009 la comica Wanda Sykes nel suo show *I'ma Be Me*[13] trasmesso dalla Hbo diceva: «Sapete per chi mi dispiace? Per queste signore anziane che sono sposate da cinquanta, sessant'anni e negli ultimi due o tre non hanno fatto altro che aspettare che l'uccello del marito si rompesse, che schiattasse... e invece lui che fa? Va e prende quella pasticca».

Uno degli intervistati, uomo, quarantenne, ha preso la pasticca e per lui il Viagra ha significato liberarsi da «un problema di impotenza molto grave» che lo affliggeva da tutta la vita. Sua moglie era orgogliosa di riuscire a stimolarlo «abbastanza da darmi una vita sessuale normale», e inizialmente era contraria al fatto che lui si facesse aiutare dalla chimica. Ma adesso sono entrambi convinti che la chimica abbia trasformato la loro vita sessuale «da soddisfacente a stratosferica». Ed è anche riuscito a mettere in pratica una convinzione che nutriva da sempre riguardo alla monogamia:

> La monogamia è qualcosa di innaturale... secondo me il sesso è una delle tante attività che possiamo fare insieme da amici. Se cerco nuovi amici non significa che mia moglie non mi dà qualcosa di cui ho bisogno, che non mi basta. Gli amici che ho mi bastano, però mi piace anche farmene di nuovi. La vedo così... Ho iniziato da poco, da meno di due anni, a esplorare il sesso con altre donne, a esplorare questa sostanza e devo dire che mi trovo molto bene.

Il Viagra funziona molto bene per gli uomini, ma non altrettanto – anzi, per niente – per le donne. Ciò è in armonia con i luoghi comuni sulle differenze tra la sessualità maschile e quella femminile.

13. Voglio essere me stessa *[n.d.t.]*

Di recente ho letto un articolo su come le case farmaceutiche siano alla ricerca di un Viagra per le donne. Se lo trovassero sarebbe come vincere alla lotteria, – dice Justine Roddick. Mi viene da ridere, perché per gli uomini l'erezione è un fatto fisico, mentre per la donna deve accendersi qualcosa nella testa. È un meccanismo talmente cerebrale che molte donne non si rendono conto di desiderare il sesso finché non sono lì che lo fanno. Ci mettiamo di più a venire perché è la mente che deve eccitarsi, mentre gli uomini, con la testa, sono praticamente sempre lì.

Roddick è la proprietaria di Coco de Mer, una erotic boutique a Los Angeles. Il suo reddito dipende da quanto è capace di comprendere e anticipare le esigenze della sessualità umana. Compito sempre più arduo oggi che l'amortalità restringe il divario tra la sessualità maschile e quella femminile. L'aspetto cerebrale del sesso è altrettanto importante per gli uomini che per le donne e queste ultime stanno assumendo atteggiamenti tradizionalmente maschili.

Per comprendere queste tendenze dobbiamo tornare alla domanda su cosa ci aspettiamo dal sesso. La risposta da manuale è sempre la stessa: riproduzione, se non altro per i non-umani. «Il sesso è la piazza del mercato dove avviene la selezione naturale», sostiene il genetista Steven Jones in *Almost Like a Whale*[14], un brillante aggiornamento della teoria sull'origine delle specie di Darwin. Nel mercato esistono ragioni ben radicate per le differenze di genere. Nella lotta per trasmettere i propri geni e fare in modo che la prole raggiunga l'età adulta ci sono due modelli di comportamento completamente diversi che si affrontano. «Al maschio conviene essere pigro, egoista e promiscuo, mentre alla femmina serve un partner attivo, servizievole e fedele».[15]

Nella sfera postriproduttiva della sessualità umana conviene a tutti essere pigri, egoisti e promiscui, soprattutto se riusciamo a trovare un partner attivo, servizievole e fedele che si prenda cura di noi. E le ragioni che ci spingono a cercare opportunità sessuali, sia che siamo maschi o femmine, vanno dall'ovvio all'astruso, dall'istintivo all'incredibile. Facciamo sesso per esprimere e ricevere amore; per il puro piacere o, come le mogli degli uomini imbottiti di Viagra, per senso del dovere. Una delle mie intervistate mi ha detto

---

14. Quasi come una balena *[n.d.t.]*
15. Steve Jones, "Natural Selection" in *Almost Like a Whale: The Origin of Species Updated*, Doubleday, 1999.

che l'aveva fatto «perché tutti continuavano a ripetermi che lui era un buon partito».

Un altro sosteneva che «il sesso fa bene... è un buon esercizio fisico e mentale, ha mille funzioni in una». Wilhelm Reich, un allievo di Freud, era dello stesso avviso. Era convinto che l'orgasmo rilasciasse un'energia cosmica detta orgone che se si accumulava nell'organismo si trasformava in ansia distruttiva. Definiva la capacità di provare tale rilascio di energia potenza orgastica.

Un rapido giro su Amazon alla ricerca di libri sul sesso rivela l'esistenza di un ampio mercato per i manuali che promettono di incrementare la potenza orgastica. *Il Secondo sesso* di Simone de Beauvoir si ritrova fianco a fianco con strani compagni di letto come: *Sesso peccaminoso: guida senza inibizioni al piacere erotico*, *Sesso bollente: i 250 consigli hot del sessuologo*, *Trucchi e tecniche per 365 giorni di sesso: una posizione al giorno*, *Il fai da te dei giocattoli erotici: 50 progetti facili e veloci*, e molti altri titoli utili, tutti lì che gemono per un po' di attenzione. *Perdi peso con il sesso: il modo più divertente per dimagrire*, di una tale Imah Goer[16] unisce due ossessioni dei nostri tempi. Il sottinteso di questi libri e di gran parte della nostra cultura imbevuta di pornografia e pettegolezzo porno (l'esibizione senza filtri della intricata vita delle celebrità) è che gli altri lo stanno facendo di più e meglio di quanto e come lo facciamo noi.

Chissà, forse è vero. Ma per coloro che sono stati educati a pensare che il sesso è sporco, aberrante o imbarazzante – idee tuttora diffuse, nonostante il potere delle istituzioni che le hanno imposte sia sempre meno efficace – la questione rimane anche confusa. Siamo peccatori se lo facciamo, ma anche se non ci diamo dentro. Non è affatto strano che le persone abbiano nei confronti del sesso un atteggiamento ambivalente o semplicemente ne siano sconcertate. I sostenitori della teoria della gestione del terrore suggeriscono un ulteriore motivo, più profondo, dietro questi atteggiamenti conflittuali. In fondo l'atto che culmina nella *piccola morte* ci ricorda che in quanto animali siamo mortali.

Gli autori di *Understanding Human Ambivalence about Sex*[17] sostengono che:

16. Gioco di parole su "*I'm a goer*", ovvero "Sono una aperta alle esperienze". *[n.d.t.]*
17. Comprendere l'ambivalenza umana riguardo al sesso. *[n.d.t.]*

> Se gli esseri umani gestiscono il terrore associato al pensiero della morte aggrappandosi a una visione culturale simbolica del reale, allora qualsiasi elemento ricordi la natura animale del corpo mette a rischio l'efficacia del meccanismo di tamponamento dell'ansia. Dal punto di vista della Tmt, il disagio che circonda il sesso è il risultato di una serie di costruzioni mentali effettuate da persone che fanno fronte alla minaccia della morte vivendo la vita su un piano simbolico e astratto.[18]

La castità sembrerebbe una soluzione ovvia, in quanto ci permette di evitare l'atto che richiama la morte, ma lo studio suggerisce che abbiamo sviluppato strategie alternative:

> Il sesso, a causa del forte richiamo positivo che esercita quando è assunto come parte di un'esperienza emotiva profonda e squisitamente umana come l'amore romantico, si trasforma e cambia natura. L'amore infatti trasforma il sesso dall'atto animale in esperienza umana simbolica, rendendolo perciò parte significativa della visione del mondo della persona, e oscurando allo stesso tempo la sua connessione con l'animalità e la morte. È dimostrato che sesso e amore vanno spesso insieme [e che] relazioni di intimità hanno la funzione di tamponare l'ansia di morte.
> Oltre all'amore romantico esistono altri modi in cui il sesso può assurgere a livelli astratti di significato che vanno oltre la sua realtà fisiologica. Per esempio le prodezze sessuali possono fungere da serbatoio di autostima, mentre il piacere può servire da percorso verso l'illuminazione spirituale, e alcune cosiddette deviazioni sessuali potrebbero essere considerate strategie per de-animalizzare l'atto trasformandolo in rito oppure spostando la stimolazione dal corpo su un oggetto inanimato come una scarpa con il tacco alto.[19]

Lasciando da parte il fatto che sia servita una ricerca per dimostrare che «sesso e amore vanno spesso insieme», la Tmt sembra ancora una volta plausibile e fornisce spiegazioni possibili per certi comportamenti amortali, non ultimo la facilità con cui gli amortali intrecciano drammi emotivi e intrighi sessuali. Non fa per loro il compagno di scopate senza lacci e lacciuoli emotivi, preferiscono il sesso pieno di lacci, meglio se sono di seta. Maschi e femmine amortali non solo si ingegnano a caricare il sesso di significati stratificati che lo allontanino dalla sfera animale, lo usano, insieme all'amore, anche per distogliere lo sguardo dalla morte.

---

18. Jamie L. Goldenberg, Cathy R. Cox, Tom Pyszczynski, Jeff Greenberg, Sheldon Solomon, "Understanding human ambivalence about sex: the effects of stripping sex of meaning", *Journal of Sex Research*, novembre 2002.
19. *Ibid.*

Purtroppo, per i loro pazienti partner di lungo corso tutto ciò significa che gli amortali sono portati alle avventure galanti. Alcuni di loro credono in Dio, ma la stragrande maggioranza non esita a inginocchiarsi davanti all'altare dell'amore, adducendo scuse del tipo: «Era più forte di me» o «Bisogna seguire il proprio cuore». Il filosofo John Gray sostiene che l'idea del peccato aggiunga intensità al sesso persino per i non credenti: «I postcristiani si negano il piacere della colpa. Si vergognano di condire i loro piaceri stantii con il peperoncino di una coscienza tormentata. Il risultato è che sono privi di *joie de vivre*. Tra coloro che una volta erano cristiani il piacere può essere intenso solo se mescolato alla sensazione di agire in modo immorale».[20]

E la sensazione di agire in modo immorale è più intensa se associata a un gioco di scoperta. Una delle ragioni per cui il giardino segreto degli amortali non rimane sempre tale sta nel piacere e nella distrazione – da questioni di vecchiaia e di morte – che procura il ritrovarsi al centro di un vortice di lussuria e gelosia. Ecco un'inesauribile sorgente di crisi di mezza età (espressione fuorviante in quanto tali crisi avvengono molto prima della mezza età se calcoliamo la stessa sulla base delle migliorate aspettative di vita). Un non-amortale che attraversa una crisi butta giù il castello di carte e poi ricomincia a costruire partendo da quello che è rimasto in piedi, ma per gli amortali la vita è un continuo lancio di dadi.

Uno dei miei intervistati, ultrasessantenne al terzo matrimonio, si è da poco innamorato per l'ennesima volta e sta valutando le sue opzioni. Gli chiedo se, dati i precedenti, pensa che anche questo nuovo amore finirà per deluderlo. No, insiste lui, questa è davvero l'anima gemella. Ma anche tutte le altre volte gli era sembrata la volta buona, no? Si incupisce. Può essere, «ma bisogna provare e riprovare finché non s'imbrocca la strada giusta. Questa è la donna con cui voglio costruire il mio futuro».

«Non c'è molto da dire riguardo alla monogamia seriale in un mondo senza più divisioni in base all'età, perché è un fenomeno in atto», afferma Aubrey de Grey, e anche coloro che prendono le sue teorie cum grano salis, non possono che essere d'accordo con lui su questo punto. Una volta, arrivati a quarant'anni di matrimonio si guar-

---

20. John Gray, "The Vices of Morality: A Weakness for Prudence" in *Straw Dogs: Thoughts on Humans and Other Animals*, Granta Books, 2002.

dava con piacere alla strada percorsa insieme, oggi un anniversario simile provoca solo irrequietezza al pensiero di quello che ci aspetta. Nel giugno 2010, poche settimane prima di festeggiare il quarantesimo anniversario di matrimonio Al e Tipper Gore hanno annunciato che si sarebbero separati, una decisione presa «di comune accordo e con il sostegno reciproco, in seguito a lunghe e attente valutazioni».

I Gore sono democratici, ma per gli americani rappresentavano un ideale di famiglia conservatrice. Tipper ha recitato il ruolo della moglie sollecita del politico ambizioso e si è battuta con successo per la segnalazione dei testi troppo espliciti sulle copertine dei cd di musica rock e pop. Nel 2003 hanno pubblicato *Joined at the Heart: The Transformation of the American Family.*[21] «Per noi, come per molti americani, – dichiaravano i Gore – la famiglia è il fondamento della vita, e crediamo che la forza della famiglia americana sia anche il fondamento della nazione». Il fondamento però non è più tanto solido e la separazione di Al e Tipper, entrambi sessantaduenni al momento dell'annuncio, rappresenta una tendenza in atto. Ovunque si registra una crescita dei divorzi tra gli ultracinquantenni, anche in paesi che hanno visto una diminuzione dei divorzi in altre fasce d'età. Nel novembre 2009 una coppia inglese di novantottenni, Bertie e Jessie Woods, ha stabilito il record dei divorziati più anziani separandosi dopo trentasei anni di matrimonio.

L'aumento dei divorzi da parte delle coppie anziane si accompagna a un aumento dell'attività sessuale nella corrispondente fascia d'età. A fronte della crescita delle malattie a trasmissione sessuale le autorità sanitarie inglesi hanno lanciato una campagna per incoraggiare l'utilizzo dei preservativi tra i vecchietti.

E tutti quegli uomini che in gioventù non hanno riscosso grande successo tra le signore, se sopravvivono ai rivali possono reinventarsi come maturi casanova per pensionate. Nella comunità per anziani di Sun City in California, la signora Simha Skinner, sessantasei anni, scherza con l'amica Mary O'Brien, che di anni ne ha settanta. Entrambe sono vedove e sono iscritte al Solo Club, l'agenzia di incontri della comunità in cui le donne sono la stragrande maggioranza. «Nel club abbiamo degli uomini, – dice la Skinner. – Lo chiamiamo il buffet dei maschi. Loro vanno in giro tra i tavoli e scelgono, e le donne sono contente perché prima o poi tocca a tutte».

21. Uniti per il cuore: la trasformazione della famiglia americana *[n.d.t.]*

A volte le coppie anziane preferiscono non ufficializzare la loro relazione per non compromettere il passaggio dell'eredità ai figli (una delicatezza da non-amortali), altre volte si buttano a capofitto nella teatralità di un matrimonio arrivato fuori tempo massimo. Lo sposo più vecchio mai registrato è stato Harry Stevens che nel 1984 a centotre anni sposò l'ottantaquattrenne Thelma Lucas in Wisconsin. In Australia abitava invece la sposa più vecchia, tale Minnie Munro che a centodue anni prese come suo legittimo sposo l'ottantatreenne Dudley Reid.

La coppia più vecchia della Gran Bretagna ha celebrato il matrimonio nel luglio 2010. Il novantasettenne Henry Kerr e l'ottantasettenne Valerie Berkowitz si sono sposati nella casa di riposo di Londra dove si erano conosciuti. «Intorno ai novantacinque mi sono accorto che più guardavo questa signorina meno riuscivo a togliermela dalla testa. Ma pensavo di essere ridicolo. Come avrebbe reagito lei alla dichiarazione di un vecchio rincitrullito come me?», ricorda lo sposo.

Valerie si mise a ridere fino alle lacrime e poi accettò, sedotta dalla corte serrata a base di poesie che Henry le aveva dedicato. «Oggi la nostra vita è una luna di miele infinita», disse Henry alla troupe televisiva che riprendeva il matrimonio. Aggiunse che era contento che gli altri residenti della casa di riposo non avrebbero più potuto spettegolare sul fatto che loro due dormivano nella stessa camera da letto.

L'idea che gli anziani non siano interessati al sesso è in larga parte prodotto di una cultura ossessionata dalla giovinezza. Facciamo coincidere desiderabilità e giovinezza, perciò l'idea del sesso tra non più giovani ci fa ridere oppure la troviamo perversa. E può essere entrambe le cose. Durante l'edizione 2009 di Erotica, la fiera dell'industria del sesso che si tiene a Londra – credetemi, è l'esperienza meno erotica che possiate fare – ho visto un uomo passeggiare per la Exhibition hall (mai appellativo fu più appropriato) vestito soltanto di un perizoma, calzini e sandali. C'era da ridere a vedere la sua pancia a cocomero, la sua nudità e soprattutto le calzature. Ma in una sala affollata di stravaganze quello che faceva notizia era la sua età avanzata: a occhio e croce doveva essere sulla novantina.

La cosa non dovrebbe sorprenderci, se ricordiamo i risultati della ricerca svedese. La libido maschile, o meglio l'attenzione con cui l'uomo la mantiene in funzione e la alimenta, resiste fino a un'età avanzata. Ciò che è cambiato è la varietà di modi che hanno gli amortali di attizzarla e il fatto che vi si dedichino sotto lo sguardo di tutti.

Justine Roddick ha notato un aumento della clientela anziana. C'è un cliente ottantenne che frequenta regolarmente i seminari sul sesso organizzati da Coco de Mer. «È come la cucina, – dice Roddick dei seminari. – Non nasciamo grandi cuochi, ma abbiamo la potenzialità per poterlo diventare e ci servono indicazioni, consigli, trucchi e idee».

> La prima volta che ho visto il cliente ho pensato che avesse sbagliato posto. Lo guardavo e pensavo: «Hmm... Non so mica, e lui mi guardava con l'aria di uno che ha le carte in regola. Allora ho pensato, sai che c'è... stiamo a vedere. Speriamo solo che non gli venga un infarto. Perché di solito diamo delle dimostrazioni dal vivo e formiamo delle coppie per fare pratica di bondage eccetera. Adesso il cliente ha una bella esperienza in materia di sculacciate, bondage, e giochi di ruolo.

Tutti hanno bisogno di un hobby e più s'invecchia più è importante mantenersi attivi. Stimoli mentali ed esercizio fisico sono fondamentali per invecchiare in salute. I clienti della Roddick e i membri dei siti per incontri e delle agenzie matrimoniali su internet non fanno niente di strano, praticano solamente attività che anche i loro geriatri raccomanderebbero.

Alcuni di questi siti non sono roba per mammole. Per muovermi in un sito riservato agli scambisti over 50 mi sono inventata il nick Craig65 e nel giro di poche ore la mia casella si è riempita di inviti sgrammaticati a fare sesso di gruppo. Mi sono anche iscritta a un servizio di incontri tra *cougar*, ovvero donne mature che cercano uomini più giovani o "cuccioli". Tutti gli username che mi venivano in mente erano già in uso, allora in preda alla disperazione ho inserito il nome Angela Merkel e caricato una foto della cancelliera tedesca aggiungendovi la frase a effetto: «Non sembra, ma mi piace giocare». Sono stata contattata in neanche un minuto.

Nel 2009 uno studio sui siti internet che offrivano incontri condotto dall'università del Galles mise in dubbio il fenomeno delle donne-*cougar* chiedendosi se non fosse tutta una costruzione dei media. L'anno successivo organizzò una convention delle *cougar* di tutto il mondo in un nightclub di Londra, ma l'evento fu cancellato perché non furono venduti abbastanza biglietti.[22] Forse le donne mature non vogliono rientrare nello stereotipo della predatrice, oppure le amor-

22. *Modern dating myths dispelled as study reveals cougar women do not exist... but aging men still hopeful of young, attractive partner*, University of Wales Institute, Cardiff 16 dicembre 2009.

tali non amano pensare a se stesse in termini di età, neppure nel campo della seduzione di uomini più giovani.

Le amortali si iscrivono a siti di incontri che non selezionano in base all'età. Dato che sono maestre dell'approccio obliquo e della distrazione, spesso ricavano lo stesso piacere tanto dagli incontri virtuali quanto da quelli reali. Un'amortale che ha trovato in rete le sue due ultime storie la vede così:

Il mio ex – siamo stati insieme per due anni – prima di incontrare me ha avuto quattordici storie. Poi ci siamo lasciati e si è messo con una per un anno, si sono lasciati e ora lui è di nuovo in cerca...
Dice che sul sito ci sono alcune donne che c'erano già sette anni fa quando lui si è iscritto. Molte di loro non hanno il tempo di farsi una storia, hanno mille impegni, gestiscono un'impresa, hanno una famiglia, dei figli... Non hanno proprio il tempo materiale. Per trovare un giorno libero devono spulciare l'agenda.
Anch'io sono così, ho l'agenda zeppa di cose da fare, per cui vado in rete per farmi le storie, diventa un hobby che dà dipendenza. È un po' un gioco. È come mettere il naso fuori e vedere se c'è qualcuno di carino. È divertente.

I due siti a cui è iscritta sono aperti a persone di tutte le età. Se cercate un amore amortale difficilmente lo troverete tra gli scambisti over 50 o tra le braccia di una *cougar*. Gli amortali, non identificandosi con nessun segmento di età, non si identificano neppure con etichette e movimenti che operano distinzioni su base anagrafica. L'amore è cieco; l'amore amortale è cieco anche nei confronti dell'età.

«Ho un sacco di fantasie e in tutte mi vedo giovane. Ho anche fantasie erotiche, tantissime», racconta una signora di settant'anni con alle spalle parecchie storie e due matrimoni. È una donna civettuola ed estroversa. Il marito, più giovane di lei, le dice mentre scherza a fare il geloso, che il vicino – vent'anni di meno – le fa il filo. Lei sospetta che sia proprio cotto.

Non scioglierà mai questo dubbio. Benché sia un'amortale piena di fantasie, con uno stile di vita che non tiene conto delle barriere anagrafiche, è consapevole del fatto che la società la percepisce come anziana. Ma esistono mondi virtuali in cui non si viene giudicati in base all'età perché è materialmente impossibile.

Nel 2005 mi sono immersa per circa sei settimane, la mattina prima di andare al lavoro e la sera prima di andare a letto, nel mondo virtuale di Second Life, nella convinzione che noi giornalisti dobbiamo capire questo tipo di fenomeno culturale. Per esplorare i territori di Second Life in tutta la loro strana bellezza è necessario crearsi un avatar, ovvero un duplicato digitale del proprio corpo reale. Il risultato dei miei sforzi era abbastanza banale, una specie di fotocopia fumetto di me stessa, ma Second Life è piena di proiezioni fantasiose, mezze umane o mezze bestiali. Tutti gli avatar sono autorappresentazioni senza età, ma le relazioni che intrecciano e le esperienze che vivono sembrano inquietantemente reali. «Alcuni studi hanno scoperto che le persone si identificano con l'avatar e provano le sue sensazioni», sostiene il futurologo Ray Kurzweil, il quale prevede che presto saranno possibili esperienze ancora più coinvolgenti.

In una conferenza tenuta nel 2001 Kurzweil ha capovolto l'andamento di queste tecnologie portando l'avatar fuori dal mondo virtuale, davanti agli spettatori. Si trattava del suo alter ego femminile, Ramona:

> C'erano dei sensori magnetici posizionati su di me che rilevavano ogni mio movimento in tempo reale e creavano un'immagine pseudo reale di Ramona che si muoveva e parlava con la mia voce trasformata in voce femminile. Guardavo il cyber specchio e la vedevo muoversi replicando ogni mio movimento. Era realistico al punto da darmi la sensazione che il mio corpo non sia l'unico modo che ho di essere, che non sia veramente me.
> Mi ritrovo in un corpo, ma posso sceglierne un altro. Fu un'esperienza liberatoria.

Se ti senti vecchio sei vecchio, come si suol dire. E finché la coinvolgente visione tecnologica di Kurzweil non sarà divenuta realtà, l'unico modo per sentirsi giovani rimane trovarsi un partner più giovane. Creare un profilo, su un sito per incontri o su Facebook, produce nell'utente un senso di liberazione paragonabile a quello provato dal futurologo-Ramona. Possiamo controllare la nostra immagine o rappresentazione e, in teoria, gestire liberamente le reazioni suscitate dalla nostra presenza.

La mia esperienza su un sito per incontri mi ha dimostrato quanto sia facile giudicare male le reazioni degli altri. Un'amica intenzionata ad annusare l'aria che tira in questi siti riservati agli iscritti mi chiese di aiutarla a scegliere dei partner compatibili. Mi invitò a crearmi un profilo e io, attenta a non attrarre l'interesse degli altri membri che frequentavano il sito per motivi più seri dei miei, inventai un avatar maschile particolarmente odioso, un ubriacone con tendenze violente che si riassumeva nello slogan «Io sono le tenebre. Salvami dalle tenebre». Incredibile ma vero la frase attirò una serie di donne per altri versi intelligenti e sane di mente, che cercavano un'anima nera da redimere. In questo secolo laico raramente ci rivolgiamo a Dio, preferendo riporre ogni fiducia nella nostra capacità semidivina di cambiare la realtà.

Fede nel futuro

Scusi, dov'è Dio?

There will be always be suffering
It flows through life like water.

Nick Cave, *Lime Tree Arbour*

Quello che ho imparato è che mi piacciono tutte le religioni,
ma solo alcune parti di ognuna.

Uma Thurman

Ho bisogno di più chiesa nella mia vita.

Kanye West su Twitter

Richard Flint non si è mai rivolto a Dio per essere salvato, ma ha sempre riposto la sua fede nella scienza. Fino all'età di trent'anni, quando una malattia genetica ha iniziato a privarlo delle capacità motorie, ha sperato che qualche scoperta scientifica potesse riscrivere il suo codice difettoso. Quando la sua goffaggine non poté più giustificare il fatto che i piatti gli scivolavano di mano o che inciampava sempre più spesso, quando il suo corpo smise di funzionare e lui non riuscì più a parlare senza biascicare le parole, le sue preghiere per un miracolo scientifico passarono ai nipoti. La loro madre, sorella di Richard, era morta in condizioni di indebolimento organico causato dall'atassia cerebellare ed era bastato un semplice raffreddore a ucciderla. La madre e la zia di Richard erano morte della stessa malattia. Ogni membro della famiglia era stato colpito in modo diverso perché l'atassia è crudele e capricciosa, va veloce e rallenta come un'automobile con il pedale dell'acceleratore difettoso e infligge sintomi sempre diversi a ogni paziente. Richard aveva quarantasette anni quando giunse alla fine della sua battaglia ed era smagrito, senza forze, praticamente incapace di parlare. L'ultima volta che lo vidi, nella primavera del 2007, era appoggiato ai cuscini come un Cristo riverso tra le braccia di Maria. L'unico segno che il suo corpo stesse resistendo al buio che presto l'avrebbe inghiottito era il lieve pulsare di un vaso sanguigno sopra la clavicola.

La malattia aveva incontrato non poche resistenze in una persona dotata dell'energia straripante di Richard. All'epoca dell'università, quell'energia ci spingeva a fare gite complicate a bordo di vetture prese in prestito, con luoghi improbabili come meta. Negli ultimi mesi del 1979 (o erano i primi del 1980) mi convinse a fare un giro a Londra. Doveva esserci una festa da qualche parte – c'era sempre una festa da qualche parte – ma quella sera la nostra meta era la Friends House vicino Euston Station, la sede centrale dei quaccheri in Gran Bretagna che ospitava il fondatore di un altro credo organizzato: il movimento raeliano. Richard era allergico a gran parte delle religioni e non si aspettava certo di essere convinto da questo movimento ancora in fasce (era stato fondato appena cinque anni prima), al quale in seguito non si convertì mai, sebbene si dichiarasse raeliano sui documenti ufficiali dove gli veniva richiesto di specificare la sua appartenenza religiosa. Tuttavia concordava con il dogma centrale del movimento, ovvero che non esiste il divino, ma solo la scienza.

Il leader del movimento, tale Claude Vorilhon, ribattezzatosi Rael, sosteneva di aver incontrato gli alieni. Il primo contatto era avvenuto nel dicembre 1973, allorché era sceso da un disco volante un piccolo extraterrestre che raccontò di essere un messaggero degli Elohim. «Aveva la pelle bianca con una sfumatura verdastra, come se avesse problemi di fegato», racconta Vorilhon nel libro *The Message Given by Extraterrestrials*[1].

> «Perché sei venuto sulla terra?», chiede il futuro Rael al visitatore.
> «Questa volta per parlare con te».
> «Con me?»
> «Sì, con te, Claude Vorilhon, redattore di una rivista di auto sportive, sposato e padre di due figli».

Forse l'aspetto meno plausibile della vicenda è che gli alieni abbiano detto a Vorilhon che l'avevano scelto perché era francese,

1. Il messaggio degli extraterrestri *[n.d.t.]*

e la Francia è «un paese dove le idee nuove sono ben accolte ed è possibile parlarne apertamente». Se io e Richard potevamo nutrire dubbi sulle intenzioni del profeta appena consacrato – e di dubbi ne avevamo sicuramente, poiché il suicidio di massa di Jonestown era avvenuto l'anno prima – il seminario che tenne alla Friends House non fece nulla per toglierceli. I soldi entrarono subito in scena: Rael spiegò che aveva bisogno di denaro per costruire un'ambasciata al fine di ricevere adeguatamente gli Elohim, i quali temevano di violare gli spazi aerei terrestri e necessitavano di un luogo neutrale su cui atterrare. Ma altri aspetti del discorso da imbonitore di Rael attiravano Richard, in particolare il messaggio libertario e la sfida alle religioni tradizionali. Gli Elohim avevano inventato l'umanità nei loro laboratori, e le storie e i miti delle religioni altro non erano che imperfette teorie umane per spiegare il contatto con quella razza di esseri superintelligenti i cui leader, grazie alla scienza, riuscivano a vivere fino a venticinquemila anni e conoscevano la clonazione e altre tecnologie che sulla Terra erano ancora o agli stadi iniziali o ignote, per sconfiggere le malattie e l'invecchiamento.

Anche se troppo giovane per essere toccato dal problema della vecchiaia, a diciannove anni Richard aveva già provato cosa fosse la malattia. L'aspettativa di vita degli atassici è variabile, ma nella sua famiglia la sindrome si era rivelata particolarmente aggressiva. Sua madre aveva reagito con rabbia alla propria disabilità e si era sfogata sui figli. Richard aveva già deciso che se la mutazione genetica aveva colpito anche lui, qualora la scienza lo avesse piantato in asso, sarebbe comunque riuscito a vivere e morire con dignità.

Qualunque cosa pensiate delle religioni più importanti – e cercare di fornire un bilancio dei loro contributi positivi e negativi anche solo nelle ultime ventiquattro ore occuperebbe il resto del libro – esse forniscono una struttura e una narrazione che avrebbero aiutato Richard, e chi gli stava accanto, a realizzare la sua ambizione di vivere e morire con dignità. Ma se Richard Dawkins, il gran sacerdote dell'ateismo, ci sentisse parlare di religione e conforto si arrabbierebbe non poco. «Molti tra quanti ammettono che probabilmente Dio non esiste e che non costituisce necessariamente il fondamento della morale, provano comunque a giocare la carta del bisogno psicologico ed emotivo di una figura divina», scrive Dawkins ne *L'illusione di Dio*. «Se eliminiamo la religione cosa mettiamo al suo posto? Cosa diamo alle persone malate e agonizzanti, a chi vive un lutto, alle povere Eleanor Rigby che hanno solo Dio per amico?».[2]

Per Dawkins la risposta consiste in due modi di consolarsi: quello fisico – un brandy, un abbraccio – oppure con la «scoperta di un fatto che finora non era stato apprezzato, o un modo nuovo di guardare ai fatti». Propone anche un cambio di paradigma:

> Secondo un filosofo il momento in cui un vecchio muore non ha nulla di speciale. Il bambino che è stato una volta è "morto" tanti anni prima, non smettendo di vivere, ma crescendo. Ciascuna delle sette età dell'uomo di Shakespeare "muore" trasformandosi nella successiva. Da questo punto di vista la morte del vecchio non è niente di diverso dal lento morire che è stato ogni passaggio della sua vita.[3]

Richard Flint è stato coraggioso e armonioso tanto in vita quanto in morte, ma nessuna delle consolazioni di cui parla Dawkins avrebbe funzionato di fronte a una malattia come la sua. Un sorso di brandy non l'avrebbe certo aiutato, anzi. L'alcol esacerbava i sintomi dell'atassia e verso la fine il suo sistema nervoso era talmente danneggiato che persino una carezza gli causava un dolore insopportabile e intensificava la sensazione – sfortunatamente reale, non immaginaria – di soffocamento.

Era un amortale. Il nucleo originario dei suoi principi e della sua personalità rimase immutato, i cambiamenti nel fisico non lo scalfirono. Ciò che accadeva al suo corpo era una sorta di invecchiamento accelerato che riuniva in sé gli aspetti peggiori del decadimento fisico. Nei trent'anni durante i quali ho avuto il privilegio di conoscerlo, Richard cambiò molto, nel senso che la sua comprensione del mondo e dei sentimenti aumentò, ma il ragazzo che era a diciannove anni non morì mai nel senso che intende Dawkins.

La sua morte effettiva non fu una tranquilla transizione da una fase della vita a un'altra. Sapeva che stava arrivando, ma non la accettò mai e fece del suo meglio per ignorarne l'ombra che si allungava. Finché stava bene e anche quando cominciò a doversi reggere alle stampelle e poi poté muoversi solo su sedie a rotelle elettriche poco più affidabili del suo corpo, si mantenne occupato battendosi per la sua visione di giustizia sociale in seno alla Inter-

---

2. Richard Dawkins, *L'illusione di Dio: le ragioni per non credere*, Trad. L. Serra, Mondadori, 2008.
3. *Ibid.*

national Transport Workers Federation per cui lavorava e per i diritti dei disabili.

Era stato uno dei primi entusiasti sostenitori delle nuove tecnologie. Ricordo che nel 1986 connesse l'Apple Macintosh Plus – che mi aveva convinto a comprare – a quel poco di internet che esisteva all'epoca. Se ne dimenticò e il computer rimase connesso a un numero di telefono americano per tutta la giornata. Con il peggioramento dell'atassia si affidò alla tecnologia per compiere funzioni che stavano diventando troppo difficili. Per un po' il software di ricognizione vocale di Kurzweil funzionò permettendogli di dettare mail al computer, ma poi non riuscì più a parlare se non emettendo suoni strozzati che il software non poteva decifrare.

«Come i cristiani dei secoli passati, gli adepti della scienza odierna vivono nella speranza del miracolo», dice John Gray. Ma la scienza deluse Richard fino alla fine.[4] Vedendosi rifiutare la salvezza, privo di consolazioni spirituali o terrene, il mio amico si rivolse alla morte assistita. Poter scegliere il tempo e il modo della propria morte l'avrebbe resa meno una sconfitta.

Gli amortali tentano di sconfiggere la morte ignorandola o tentando di vincerla. Quando nessuno dei due atteggiamenti è più proponibile l'unica opzione che rimane è controllarla. L'ontologia amortale contempla spesso la morte assistita. È consolante sapere che è possibile decidere di morire e farlo senza provare dolore, ma metterlo in atto è un altro paio di maniche. Richard mi parlava spesso dell'eventualità che lo aiutassi a morire, ma non mi chiese mai di farlo.

Forse era per riguardo nei miei confronti. L'avevo visto soffrire in silenzio per un amore non corrisposto che lui non avrebbe nemmeno potuto dichiarare per non correre il rischio che l'amata lo contraccambiasse condannandosi a vivere accanto a lui. Forse aveva riflettuto sulle conseguenze legali ed emotive che avrebbe avuto aiutarlo a morire. E comunque non fu mai pronto a morire, neppure quando il concetto di qualità della vita non aveva più nessun significato e ormai il disagio fisico era intenso. L'orrore che provava all'idea della propria scomparsa era più forte.

L'amortalità è puntellata da questo orrore, che le religioni sembrano attenuare con la loro stretta prescrittiva e proibitiva. Parliamo

4. John Gray, "The Unsaved: The Grand Inquisitor and the Flying Fish" in *Straw Dogs: Thoughts on Humans and Other Animals*, Granta Books, 2002.

delle religioni vere, non di espressioni del fai da te New age. La comunità dei fedeli si sta restringendo persino nell'America del Midwest. Nel 1990 si considerava cristiano l'86% degli americani; nel 2008 erano scesi al 76%.[5] È un numero ancora molto alto, ma lo stesso studio evidenziava anche un altro fenomeno: meno del 70% crede nel concetto teologico tradizionale di un Dio individuale.[6] La religione cristiana è un concetto sempre più vago in cui al bonus della vita nell'aldilà si sono aggiunti miti rassicuranti mutuati tanto dall'astrologia (il nostro destino è scritto nelle stelle) quanto da altre discipline esoteriche.

L'indebolirsi della presa delle grandi religioni ha visto il moltiplicarsi degli amortali. E molti di loro si sentono spinti ad affrontare proprio l'assenza di fede – o, piuttosto, le conseguenze di tale assenza – che li ha generati. Come vedremo, gli amortali sono dei turisti dello spirito in cerca di un passaggio che li porti da un casello all'altro della grande autostrada delle religioni. Siamo attratti da sistemi che, come una sorta di resveratrolo spirituale, ci permettano di continuare ad abbandonarci agli stravizi evitandone le conseguenze. Sfortunatamente tali sistemi possiedono una capacità limitata di liberarci dalla paura della morte.

Per il credente tiepido e per il non credente il fenomeno della fede totalizzante è qualcosa di misterioso che osservano ma non potranno mai capire in modo istintivo. A volte possiamo convincerci che stiamo provando una parvenza di fede, ciò che deve aver provato Kurzweil "trasformandosi" in Ramona, ma non saremo mai privi di quel nucleo di dubbio e di consapevolezza che attenua l'impatto di un'esperienza religiosa. Diversamente da Dawkins io non sono affatto orgogliosa né traggo piacere dall'essere atea. Una volta pensavo a quanto mi sarebbe piaciuto ricevere un'educazione religiosa, anche solo per mettere alla prova ciò che mi fosse stato insegnato e poi rifiutarlo. L'attore Richard Wilson descrive un processo simile:

> Mio padre era un anziano della chiesa scozzese, mia mamma non era praticante. Da bambini non potevamo chiedere perché lei non la frequentasse. Accompagnavo mio padre principalmente per tenerlo sveglio perché durante la messa si addormentava. Era un gran dormiglione in chiesa. →

5. Barry A. Kosmin e Ariela Keysar (a cura di), *American Religious Identification Survey 2008*.
6. *Ibid.*

Durante l'adolescenza, insieme a due compagni della scuola d'arte ci mettemmo seriamente a studiare cosa fosse la religione perché stavamo perdendo la fede. Incontrammo varie volte un sacerdote cattolico, poi un presbiteriano e infine un pastore della Free Church. Non era il metodo che ci mancava.
Ho perso quel poco di fede che avevo prima dei vent'anni.

Non aver ricevuto un'educazione religiosa è ancora per me fonte di grande dispiacere. Quando ero alle superiori ho seguito alcune lezioni di Sacre scritture che consistevano nel tentativo inefficace da parte di un'insegnante dall'aspetto verginale di preparare delle ragazze nel pieno della pubertà ai rapporti matrimoniali con frasi del tipo: «Scoprirete di usare muscoli di cui non sospettavate l'esistenza. Come una camminata impegnativa nel Peak District». Nel tentativo di colmare questa lacuna nella mia istruzione (non in materia sessuale, bensì religiosa) e per capire come una disaffezione nei confronti delle religioni abbia preparato il terreno per l'invasione dell'amortalità, mi sono rivolta a degli esperti: l'arcivescovo di Canterbury, Rosa Sayer, cristiana di lungo corso, Josh Howie, il comico ex studente della scuola rabbinica e il rabbino Thomas Salamon suo maestro.

Non ho fatto ricerche sull'Islam, anche se forse avrei dovuto. L'Islam, in controtendenza rispetto alle altre religioni, si sta espandendo in Europa e negli Stati Uniti. Tuttavia viene praticata da un numero esiguo di persone che immunizza molto efficacemente contro il virus dell'amortalità, offrendo loro le seguenti difese: una narrazione e un senso della comunità molto forte; ruoli ben definiti all'interno della famiglia e nella società; la promessa della vita eterna. Amortalità e Islam, da un punto di vista interno alla prima ed esterno al secondo, non sembrano avere punti di contatto.

Lambeth House è la casa dell'arcivescovo di Canterbury fin dal XIII secolo. L'attuale occupante, Rowan Williams, ha gentilmente ospitato una discussione sull'amortalità che ha visto tra i partecipanti Tim Livesey, il suo consigliere speciale, lo psicologo Oliver James, il sacerdote cattolico e frate domenicano Timothy Radcliffe (autore di *What Is the Point of Being Christian?*[7] e George Pitcher, prete anglicano autore di *A Time To Live: The Case Against Assisted Suicide and Eutanasia*.[8]

7. Che senso ha essere cristiani? *[n.d.t.]*
8. Tempo di vivere: tutte le ragioni contro il suicidio assistito e l'eutanasia *[n.d.t.]*

Mentre parlavamo, fuori dalla finestra il vento alzava in aria i fiori caduti dai rami degli alberi. Oltre il Tamigi, a Westminster, era in corso uno scontro che portava allo scoperto i limiti del potere temporale e la perdita di fede nelle istituzioni da parte dei cittadini. Cinque giorni prima, il 6 maggio 2010, le elezioni parlamentari avevano dato come risultato il primo "parlamento appeso" in trentasei anni. Sembrava che gli elettori avessero perso ogni fiducia nei partiti e nei politici, e questi provavano una certa difficoltà ad accettare tale risultato. Il partito laburista era agonizzante e la riluttanza a cedere del primo ministro mi ricordava l'analogo comportamento di mia nonna Jane sul letto di morte.

Anche a Lambeth Palace il discorso aveva per soggetto la morte, ovvero il ruolo della Chiesa nel preparare i fedeli alla fine della vita, il terrore amortale dell'annientamento, il desiderio di controllare la morte che nasce dal terrore di essa. «I nostri antenati non controllavano la propria morte, la stringevano in pugno», diceva Radcliffe. «La morte era un'azione, non qualcosa che accadeva. Ci si preparava, era un atto ritualizzato, parte di un dramma in cui l'agonizzante aveva il ruolo principale».

Williams annuiva, rifletteva e replicava. È un uomo longilineo che parla con voce bassa e calma, tanto che dovevamo sporgerci verso di lui per sentire cosa diceva. «La morte assistita ha un rapporto ben chiaro con la paura che hanno le persone di dipendere da qualcosa o qualcuno».

> La vecchiaia porta a essere dipendenti, è sempre stato così, solo che oggi la nostra cultura ci incoraggia a credere che dipendere dagli altri non sia uno stato ideale. Perciò, che si tratti di controllare o di prolungare il più a lungo possibile le attività che abbiamo sempre svolto, è comunque questione di eludere la consapevolezza che a un certo punto si dovrà dipendere dalle cure di qualcuno.
> Ricordo uno dei miei insegnanti. Era un uomo molto complesso, difficile. Mi raccontava che da giovane si era sottoposto a un'operazione chirurgica, rimanendo molto male quando si era reso conto che non voleva ritrovarsi totalmente nelle mani di un'altra persona.
> Mi viene anche da collegare tutto ciò alla suscettibilità, alla litigiosità che circonda certe questioni mediche, come se il rischio di affidarsi a qualcuno debba essere per forza circondato da misure precauzionali, perché non si riesce a sopportare l'idea che esistano circostanze al di fuori del nostro controllo.

Istintivamente gli amortali eludono proprio questa consapevolezza. Sempre più persone rifiutano o rimuovono l'idea che prima o poi dovranno dipendere dagli altri. Indietreggiamo davanti alla possibilità che a un certo punto potremmo non essere più capaci sia fisicamente che mentalmente di fare le cose che abbiamo sempre fatto. Ci raccontiamo storie, a cui in fondo non crediamo completamente, che ci vedono soli a morire su banchi di ghiaccio alla deriva o in cliniche svizzere. Speravo che i partecipanti alla discussione – quattro rappresentanti di istituzioni religiose e uno psicologo – potessero identificare i punti di rottura tra il mondo che si riconosceva nel sistema religioso e la società secolare in cui viviamo oggi, per descrivere come tali fratture influenzino la nostra percezione dell'età e dell'invecchiamento.

Il fatto interessante è stato che nessuno dei partecipanti abbia contestato la premessa della discussione, ovvero che la Chiesa ha perso il suo ascendente, sia in termini di numeri di praticanti sia in termini di intensità della fede provata dai praticanti stessi. Il declino ha prodotto a sua volta un cambiamento sociale che un tempo la Chiesa avrebbe frenato, non solo dal pulpito ma anche attraverso i costumi della comunità che circondava la Chiesa stessa. Il punto di vista dei partecipanti riguardo questo cambiamento e ciò che lo determina non si discosta di molto dalle analisi laiche. «Cosa accade – rifletteva Williams – quando si arriva a un punto nella cultura in cui non c'è più molto che ci permetta di trasmettere il linguaggio delle generazioni precedenti e presenti a quelle future?».

Livesey era della stessa opinione. Le sue parole rispecchiavano quello che il sociologo James Côté ha definito «discostarsi dalla rotta stabilita», l'indebolirsi della trasmissione culturale da una generazione all'altra.

> I giovani oggi si trovano a dover capire un mondo che è incredibilmente diverso da quello in cui sono cresciuto io, che ho solo cinquant'anni. Nelle culture, religioni e società tradizionali la posta in gioco era assumere il proprio posto, che era già determinato dalla società e dalla religione, per cui la cosa da fare era imparare a essere il tipo di persona che corrispondeva a tale fascia di età. Oggi invece viviamo in una società individualistica in cui dobbiamo trovare il nostro posto. Non ci viene assegnato. E per molti di noi è un compito difficilissimo.

Pitcher, dal canto suo, si lamentava delle conseguenze «dell'individualismo in aumento, del consumismo, degli anni Ottanta con il loro boom e della generazione egoista che hanno prodotto».

La differenza fondamentale tra le osservazioni precedenti e le mie convinzioni personali sta nell'interpretazione. Circondati dall'austera bellezza di Lambeth Palace, dai simboli e dagli oggetti che testimoniano secoli di tradizione, quegli uomini sembravano aver perso qualcosa, erano ansiosi – nel caso di James anche arrabbiati – di fronte ai cambiamenti di cui parlavano, come se fenomeni dell'ultim'ora quali l'amortalità potessero spazzare via la bellezza invece che aumentarla, come invece pensavo io. Su un fatto eravamo d'accordo: la cultura che ha generato l'amortalità sottovaluta l'età e rifugge la morte. Aumenta la paura di dipendere dal prossimo, non in ultimo perché la famiglia e le strutture sociali che rendevano meno scomodo questo tipo di dipendenza si stanno sgretolando. Accettiamo sempre meno lezioni dalla famiglia, dalla Chiesa e dallo Stato. Tuttavia, per me, quest'ultimo aspetto oltre a incertezze torturanti offre anche opportunità, tra cui nuovi modi di invecchiare e la possibilità di sbarazzarci di pregiudizi ormai sorpassati sull'età.

Williams collegava la crescente «ansia da dipendenza» proprio a una visione riduttiva degli anziani che ignora «la reciprocità. La persona anziana ha raggiunto quel momento della vita in cui ha qualcosa da dare oltre che da prendere sotto forma di dipendenza. Più cancelliamo la consapevolezza che in ogni vita umana c'è una narrazione, una storia, ci sono età diverse, più l'esperienza si omogeneizza».

L'idea di omogeneità amortale – lo squalo che si muove immutabile tra ambienti diversi piuttosto che l'aragosta che muta il guscio più volte durante il suo ciclo di crescita – sembrava addensare tutte le preoccupazioni di Williams e dei suoi ospiti. James suggeriva che gli amortali rischiano di non passare per «certe fasi di sviluppo e maturazione psicologica» necessarie per sentirsi bene con se stessi. Questa osservazione riportò Radcliffe a una riflessione sul ruolo della religione nel preparare i fedeli ad affrontare la debolezza fisica e la morte:

> Stamani ho trovato un confratello ottantaseienne che cercava di entrare nel frigorifero. È cieco dalla nascita e man mano che invecchia perde sempre più il senso dell'orientamento. Succede spesso che dobbiamo andarlo a cercare, lo troviamo nel refettorio e gli diciamo: «Guarda che nel refettorio ci sei già, quello è il frigo». È una persona piena di felicità e parte della sua gioia viene dal sapere che è sulla via per la felicità infinita. Per lui è fondamentale. Le sue infermità aumentano, è vicino alla morte, e crede di essere sulla via per la felicità infinita.
> Nei secoli la narrazione sull'aldilà e sulla vita eterna è cambiata. Nel Cristianesimo degli inizi la storia era che Dio si era fatto uomo affinché noi potessimo diventare divini. Per cui le persone vivevano la vita come un cammino verso una trasformazione radicale, ovvero diventare divini. Questa narrazione è andata persa in parte tra il sedicesimo e il diciassettesimo secolo. Ne è rimasta la promessa di una gioia ordinaria, che dura per sempre, certo, ma a cui manca la parte avventurosa della trasformazione. E comunque se tutto quello che rimane è un prolungarsi infinito della stessa storia, la sofferenza, la dipendenza e l'affrontare la morte iniziano a perdere senso, scopo.

«Quindi l'omogeneizzazione si estende oltre la tomba?», domandai.

«Proprio così, omogeneizzazione oltre la morte», rispose Pitcher.

«A meno che uno non dica: – intervenne Oliver James, – Non voglio la stessa storia per sempre, quale che sia la ragione, e se ne vada in Svizzera».

La nozione di morte assistita come atto egoista dominava il dibattito, rinforzando ciò che i partecipanti già pensavano dell'amortalità, ovvero che l'elisione delle fasi della vita implichi che tutti gli amortali siano sospesi come insetti nell'ambra della propria immaturità egoista. Spero che la mia descrizione della diversità e delle conquiste degli amortali serva a smontare questo mito. E a chi mi dice che amortalità è sinonimo di egocentrismo, io rispondo con due sole parole: Richard Flint.

A Richard sarebbe piaciuto discutere con Williams e i suoi ospiti. L'attore Richard Wilson invece avrebbe contestato la necessità di un tale dibattito. «Non capisco perché ci siano così tante persone di cultura come l'arcivescovo di Canterbury che passano la vita a discutere di un libro privo di fondamento», ha detto. Capisco cosa vuol dire. Ma mentre mi trovo in quel luogo storico, mentre ascolto l'umanità e la saggezza delle parole di Williams e degli altri partecipanti, mi rendo conto che il mio fraintendimento della dottrina cristiana equivale al loro nei confronti dell'amortalità. Inoltre, sia che siamo amortali o meno, che crediamo o siamo atei, la battaglia è la stessa per tutti: sfruttare al massimo la vita e avere a che fare con la morte il meno possibile.

Herbert Grönemeyer, rock star e attore tedesco, ricorda suo padre come «la persona più felice sulla terra». Di certo questa non è la descrizione che ci si aspetterebbe né di un calvinista né di un uomo la cui vita è stata plasmata dal lutto. A quattro anni, infatti, Grönemeyer senior perse il padre in un incidente in miniera. Giovane soldato, perse un braccio nella battaglia di Stalingrado, ma nonostante queste esperienze e la disabilità, rimase un baluardo di forza per il figlio. Nulla sembrava fargli paura, neppure la morte.

> Una volta mi disse una cosa bella, ricorda Grönemeyer. Mi disse: «Io sono come un albero che cresce forte e tu puoi crescere al riparo della mia ombra. Quando sarai cresciuto io cadrò e sarà giusto così». Due o tre anni prima che morisse eravamo in Svizzera, in piscina e all'improvviso disse: «Quando muoio vedrò mia madre e mio padre?». Così, di punto in bianco. Non avevo mai parlato di morte con lui in quel senso e rimasi sorpreso nel vedere quell'uomo forte, di ottantacinque anni, che all'improvviso tornava bambino.

Anche i vecchi soldati hanno paura del buio. Più ci avviciniamo alla morte più viene messo alla prova il nostro sangue freddo e anche la nostra fede, se siamo abbastanza fortunati da averla. Rosa Sayer, novantaquattrenne, non prova alcuna inquietudine riguardo alla morte, anzi, ha pianificato ogni dettaglio del proprio funerale. Suo figlio Richard, invece, cerca di evitare l'argomento. «Mia madre è molto credente, per questo non ha paura della morte. Io invece faccio finta che certe cose non succedano». Da poco in pensione dopo una lunga carriera di chirurgo cardiotoracico, Richard Sayer ha visto la morte più di me e di voi, ma sempre come protagonista di una narrazione in cui essa doveva essere combattuta, come un nemico che il chirurgo doveva sconfiggere pena il fallimento professionale: «Il paziente non ha lottato abbastanza», «Richard e la sua équipe non sono riusciti a mantenere in vita il paziente». La narrazione di sua madre è più allegra: «Sì, io nella vita eterna ci credo eccome. Credo che nell'aldilà ritroverò i miei genitori e mio marito Charlie».

A ottantotto anni ha dovuto sottoporsi a un intervento che ha fatto nascere in lei qualche dubbio. Ha chiesto al pastore della sua chiesa se poteva parlargli:

> «Ma certo che puoi», mi ha risposto il pastore. «Ti vengo a prendere e pranziamo insieme». E sono andata con lui.
> Poi gli ho chiesto: «E se non mi risveglio dopo l'intervento?»
> «Be' – fa lui – mettiamola così. Hai due possibilità: o ritrovi il tuo Charlie o rimani con noi. Sta a te scegliere».
> Quel discorso mi piacque moltissimo. E sono ancora qui.

L'anno dopo il nostro primo incontro Rosa mi ha invitato ad andarla a trovare nel suo cottage vicino Cambridge, a due passi dalla chiesa che frequenta regolarmente da quando si è trasferita nel villaggio sessant'anni fa. A novantacinque anni era una bella donna, non un capello fuori posto, impeccabile come il soggiorno di casa sua. In quell'occasione indossava uno sgargiante maglione di cashmere color ruggine: «Ho sempre adorato vestirmi bene. E spesso la gente mi fa i complimenti». Mentre andavamo a piedi al pub per pranzare, Rosa, camminando spedita, mi raccontava dei pastori che si erano succeduti alla guida della chiesa: «Una persona squisita», «Era un uomo di Dio», «Gli volevo un gran bene».

Gettando un'occhiata oltre il muretto di pietra che cinge la chiesa, mi parlò anche del pastore attuale, ma in toni assai più freddi. «È arrivato e ha cambiato tutto già la prima domenica. Ha stravolto tutto senza parlarne con nessuno, senza nemmeno tenere un incontro con il comitato, e quando siamo arrivati alla messa abbiamo trovato già tutto cambiato».

Pian piano il pastore ha iniziato ad ascoltare i fedeli e Rosa ha capito il suo modo di gestire le cose sacre. Oggi ha parole di apprezzamento per la sua gentilezza. Però ammette che la Chiesa – insieme alla famiglia da sempre al centro della sua vita – ha perso parte del suo fascino: «Mi piaceva andare in chiesa la domenica, era bellissimo, ci andavo con la gioia nel cuore, ma da quando è arrivato il nuovo pastore mi è diventato indifferente e non è cosa da me».

Ma il cambiamento di gestione non è stata l'unica causa del suo allontanamento. La Chiesa, che nelle fasi precedenti della sua vita l'ha aiutata a definire tanto la fase stessa quanto il suo posto nella comunità, ora le dà l'impressione di essere una presenza superflua. «Immagino che alcuni mi considerino una vecchia retrograda, ma non è vero, io sono al passo con i tempi, lo sento», mi ha confidato.

A volte mi fa male, mi fa parecchio male, la Chiesa in particolare... Mi sento lasciata indietro. Ero molto attiva prima, facevo di tutto. E posso ancora, ecco il punto.
Per esempio cucinare. In qualsiasi evento o celebrazione io ero sempre in prima fila. La cena della Festa del raccolto era un pasto molto semplice e finiva sempre con la torta di mele e panna. Ne facevo quindici di torte, e oggi non me le fanno più fare.
Quante cose non mi chiedono più di fare. Non me lo chiedono, ma io vorrei tanto essere utile. Ce la farei anche, me lo sento.

La discriminazione in base all'età emerge anche in istituzioni che affermano di dare valore agli anziani. Rosa è intelligente, ha senso dell'umorismo, è in forma e crede nei valori che il cristianesimo dovrebbe rappresentare: il senso del bene comune, la reciprocità, gli stessi impulsi che guidavano l'ateo-raeliano Richard Flint e che si distinguono facilmente anche nel figlio di Rosa. Passare del tempo con lei significa anche intravedere scorci di un mondo che sta scomparendo: la sua fanciullezza nel Norfolk, l'entrata a bottega da una modista a diciassette anni, il matrimonio con Charles alla venerabile (per l'epoca) età di ventiquattro anni, la prima volta che ha visto un'automobile e, meraviglia delle meraviglie, un aeroplano. Ricorda come sua madre si lamentasse del rumore che faceva la loro prima radio, la musica dell'epoca. I figli insistono affinché compri un computer ma lei dice: «Su internet non ci vado. Potrei andarci, ma non voglio».

Tornando indietro nel passato la parola che unifica le sue esperienze è chiesa, una presenza benevola, la sua seconda casa. Durante l'anno la figlia la porta diverse volte nel Norfolk a vedere il paese natio:

> [...] è un villaggio molto piccolo, ci vuole poco a fare il giro. Concludiamo sempre con la visita alla chiesa per vedere come vanno le cose. Rimane aperta tutto il giorno, anche se è lontana dal centro cittadino, ogni mattina alle nove qualcuno va ad aprirla e la chiude al tramonto. Chiunque può entrare, lo trovo molto bello.

La Chiesa, che sia nel Norfolk o nel Cambridgeshire, ha sempre dato a Rosa risorse che la vita moderna non riesce a offrire. Beni di prima necessità come: una ragione di vita, il senso della propria storia, pietre miliari per segnare il proprio percorso, la propria evoluzione e, non ultimo, una comunità d'appartenenza. La chiesa l'ha anche assistita anche quando è morto suo marito a sessantadue anni, improvvisamente, offrendole una struttura di sostegno e un centro d'interesse.

E se escludiamo un breve periodo di smarrimento quando doveva affrontare l'intervento chirurgico, la Chiesa le ha dato anche uno dei suoi doni più importanti: l'immunità al terrore della morte che affligge i non credenti. Solo quando Rosa è arrivata a un'età venerabile e la Chiesa ha smesso di considerarla importante, quell'immunità si è indebolita.

> Poco prima di Natale sono andata a un funerale, – mi ha raccontato. Non ho mai provato nulla di simile. Sono dovuta uscire. Era come se la bara fosse stata la mia. È indescrivibile. Ero lì, al mio funerale, e ogni volta che guardavo la bara mi ci vedevo dentro. Ho chiesto scusa a diverse persone e sono uscita. Non potevo fare altrimenti, ho preso e sono tornata a casa.

Per la Teoria della gestione del terrore (Tmt), la religione è una difesa dalla visione che ha avuto Rosa. Oggi Rosa ha dei dubbi, ma ha passato circa novant'anni in uno stato di tranquillità invidiabile. «Le religioni sono un modo per controllare il terrore, anzi come sistema funzionano molto bene perché sono forti, hanno milioni di seguaci e creano consenso. Inoltre possiedono una ricetta per l'immortalità che a volte non è solo simbolica, è proprio la promessa dell'immortalità del corpo», sostiene il professor Burke. Il fondamentalismo religioso prospera in comunità che vivono a contatto con la morte a causa della povertà o perché in guerra, dice Burke facendosi portavoce della domanda angosciata di Michel de Montaigne: «Con la grande quantità di esempi frequenti e ordinari che ci passano davanti, come facciamo a liberarci del pensiero della morte e dell'idea che a ogni istante essa ci artigli la gola?».[9]

Considerata la sua sanguinosa storia di persecuzioni e conflitti, ci aspetteremmo che il Giudaismo abbia sviluppato una pozione concentrata d'immortalità che protegga i propri fedeli dall'amortalità. E invece gli ebrei, perlomeno quelli che appartengono alla mia famiglia, al mio ambiente sociale, professionale e urbano, sono più attirati dall'amortalità di altri gruppi.

C'è un motivo ovvio: l'ebraicità rappresenta per molti ebrei un'identità culturale e un'eredità genetica nonché un sistema di credenze. E a volte l'aspetto culturale e genetico rimpiazza quello religioso. Adriane Berg è l'amministratrice delegata di Generation Bold, una società di consulenza marketing e vendite il cui motto è «La giovinezza ti colpisce a ogni età». «Sono una persona spirituale, – racconta. – Pratico il Giudaismo, ma mi capita spesso di meditare, e quando mi sono trovata in Vaticano e nei templi indù mi sono commossa». Berg, sessantuno anni, nata a Brooklyn, tiene anche conferenze e seminari. Segue una manciata di siti web e ha scritto tredici libri di finanza personale, tra cui *How Not to Go Broke at 102.*[10] Le chiedo se amortalità le dice qualcosa. «Io sono un'amortale. Raramente rinuncio ai vecchi sogni, piuttosto li rimetto in scena, continuo a provarci».

Charlie Ferber, dentista specializzato in estetica facciale non chirurgica, con uno studio in Harley Street e un carnet di pazienti che farebbe invidia a qualsiasi addetto alle pubbliche relazioni, è credente, ma non troppo praticante. L'atteggiamento rilassato nei confronti della religione gli viene dal padre.

> Era lo Yom Kippur, una festività che prevede il digiuno. Io e mio padre andiamo in sinagoga, diciamo le preghiere, poi torniamo a casa e lui fa: «È ora di pranzo, ma non mangiare troppo perché stiamo digiunando». Io sono ancora così, ci rido su perché non sono mai severo. Non ragiono per "o tutto o niente", piuttosto dico: bene, vediamo cosa c'è da mangiare.

Qualunque cibo mangi il dottor Ferber, di sicuro non lo fa ingrassare. Dimostra dieci anni in meno della sua età anagrafica.

---

9. Sarah Bakewell, "Come vivere? Non preoccupandosi della morte" in *Montaigne, l'arte di vivere*, trad. T. Fazi, Fazi 2011
10. Come non ritrovarsi squattrinati a 102 anni. *[n.d.t.]*.

Oggi peso 63 chili, non uno di più rispetto a quando ero adolescente. E mangio anche parecchio. Però non fumo, bevo normalmente, un bicchiere ogni tanto, e non assumo droghe. Cammino molto, chilometri e chilometri alla settimana insieme al mio cane. Mi tengo in forma, faccio moltissimo esercizio. Credo di essere fortunato rispetto a tanti che ingrassano comunque. Faccio una vita troppo attiva per mettere su peso. Anche da ragazzino ero magro. A cinquantotto anni sono sempre Charlie Boy, sessantatre chili.

Spesso Ferber parla di sé alla terza persona ed è facile vedere in lui il ragazzo che è stato. Meno facile è immaginare come abbia potuto attraversare la vita senza rimanere segnato da esperienze pesanti. Nato a Cracovia nel 1952, ovvero pochi anni dopo la tragedia che aveva decimato la sua famiglia (ottantotto parenti avevano trovato la morte ad Auschwitz), ha avuto un'infanzia nomade che lo ha portato da Israele a Brooklyn e, dopo la morte della madre per cancro, in Gran Bretagna, dove è arrivato nel febbraio 1970.

In Inghilterra è stata dura, – racconta. Parlavo inglese solo da cinque o sei anni e avevo un forte accento di Brooklyn. Venivo dal quartiere di Barbra Streisand e Woody Allen. Frequentavano la mia stessa scuola superiore e avevano tutti un accento molto riconoscibile, l'accento del quartiere. Per cui quando ho iniziato a frequentare medicina qui in Inghilterra il mio accento si sentiva subito in mezzo a quei rampolli ricchi. Parlavo a voce più alta, ero esuberante, ero un newyorchese. Non piacevo a nessuno. È stato uno shock culturale totale. Non fosse stato per il fatto che ero piuttosto bravo, che sapevo usare le mani e il cervello, sarebbe stata ancora più dura. Ma io sono combattivo e cercavo di fare sempre meglio e lavorare più sodo degli altri.

Lavorare sodo e divertirsi anche: Ferber, alla maniera dei vampiri – ma con una dentatura migliore della loro – viveva di notte. Si descrive come «un playboy, un edonista festaiolo». La sua etica del divertimento è ancora molto forte: i pazienti non devono cercarlo il mercoledì, che lui si tiene libero per «recuperare un pochino» e per frequentare il tipo di circolo che gli piace adesso, ovvero un tennis club vicino a casa sua nella zona nord di Londra. Al club gioca partite intensamente agonistiche contro un semiprofessionista ottantenne:

Due anni fa non riuscivo ad avere un vantaggio di un set contro di lui. Ecco come voglio essere a ottant'anni. Credo sia una buona età per dire: «Charlie mi ha strappato un set», no? Quando avrò quell'età e uno più giovane mi batte voglio dirgli: «Bravo, buon per te», ma a settantacinque anni voglio dare del filo da torcere a chiunque.

Sarebbe rimasto nel fluttuante mondo dei piaceri passeggeri se non fosse arrivata a salvarlo Mandy, la futura moglie. Era pronto per una compagna dotata di «saldi principi familiari» dice.

> Le ragazze che incontravo nei locali notturni erano ottime per divertirsi, ma mi davano l'impressione che non avrebbero mai messo la testa a posto, non sarebbero mai diventate serie. Era solo divertimento, divertimento e basta... le ragazze scatenate sono uno spasso unico, ma a volte rompono. Mandy era posata, normale, saggia, sensibile, una gran ragazza.

Poi Mandy pensò di convertirsi all'Ebraismo.

> All'epoca uscivo con poche ragazze ebree. Noi uomini guardiamo solo al presente, ma Mandy è stata lungimirante. Lei desiderava un'identità culturale per i figli che avremmo avuto (hanno poi avuto una figlia, Imogen). E poi era affascinata dalla nostra storia. O meglio, dell'Ebraismo e dell'olocausto non sapeva quasi niente, era la tipica ragazza di provincia inglese; non considerava l'aspetto religioso della questione.

Gli ebrei spesso uniscono una forte identità culturale a un'apparente flessibilità riguardo le condizioni di appartenenza a tale identità. La realtà è diversa. Anche Monique Duffy prima di sposarsi con il comico Josh Howie si è convertita all'Ebraismo. La trafila è durata due anni e si è conclusa con una cerimonia presso la sinagoga di Westminster presieduta dal rabbino Thomas Salamon, al termine della quale mi è stato chiesto di firmare un documento che certificava l'avvenuta conversione di Monica (compito che sarebbe toccato alla madre di Josh, Lynne Franks, che però in quel momento era in Australia come partecipante al reality *I'm a Celebrity...Get Me Out Of Here*).

Il certificato, che portava anche la firma di Monique, dichiarava che, nonostante la conversione, i figli di Monique non sarebbero stati considerati ebrei dalle frange più ortodosse dell'Ebraismo. Ciononostante il bambino – che durante l'incontro con Howie e Salamon (nell'appartamento londinese che il comico deve al denaro prestatogli dalla nonna) ha contribuito rumorosamente alla nostra conversazione – viene cresciuto secondo i dettami della cultura e della religione ebraica, e gli ebrei riformati accettano tranquillamente sia lui sia la madre.

Le contraddizioni insite nella cultura ebraica nascono, almeno in parte, da un imperativo storico che ha visto gli ebrei cercare di respingere immagini – spesso negative – della loro cultura provenienti dall'esterno, per sostituirle con alternative messe su in fretta e furia. Una comunità abituata a darsi le proprie definizioni difficilmente si fa intimidire da obblighi e divieti sociali riguardo all'età e all'invecchiare. E c'è un altro aspetto che fa degli ebrei i candidati ideali all'amortalità: la loro religione non fa promesse specifiche riguardo all'aldilà. «La Bibbia ebraica non menziona cosa accade dopo la morte», dice Salamon.

Anzi, Giobbe dice: «Signore, perché vuoi uccidermi? Se mi uccidi chi canterà le tue lodi?». La Bibbia parla di Satana, di Dio, degli angeli, ma si tratta di un altro mondo, non quello dove andremo una volta morti.
E il concetto di vita futura è molto vago. Probabilmente è entrato nell'ebraismo nel II o III secolo dalla cultura greca. Nella letteratura rabbinica si accenna all'idea che ogni ebreo ha il proprio posto nel mondo che verrà, ma non si dice come sarà questo mondo.
Esiste tuttavia l'idea – forse anch'essa di provenienza greca – che dopo la morte l'anima fluttui alla ricerca di una dimora per un anno. Poi però non si capisce bene quale sia la sua destinazione. Ecco perché recitiamo il Kaddish, una preghiera per i morti che non parla affatto di morte, anzi esalta Dio e invoca la pace. La si recita per undici mesi, benché all'anima ce ne vogliano dodici per trovare la sua dimora, perché solo l'anima di una persona molto cattiva ha bisogno di tutte quelle preghiere e siccome nessuno è così malvagio, ne bastano undici.

Questa visione sfocata dell'aldilà non è altrettanto rassicurante della prospettiva – apparentemente condivisa da moltissimi cristiani – di un paradiso come banchetto celeste che riunisce parenti e amici. L'insegnamento ebraico si concentra più sulla vita che sulla morte, sostiene Salamon, il quale racconta la vicenda di un membro della sinagoga che nei suoi ultimi momenti chiamò a sé la figlia. Era in ospedale e soffriva molto, ma non chiese un intervento medico che lo facesse spegnere in pace. Invece chiese alla figlia di implorare i medici di fare tutto il possibile per tenerlo in vita. Aveva centocinque anni. «Nel libro delle preghiere funebri abbiamo una meditazione secondo cui quando una persona muore non si deve dire che è stata buona, ma che è stata buona con la vita», spiega il rabbino.

L'Ebraismo crede profondamente nella conservazione della vita, ecco perché il vecchio vi si aggrappava. Disse: «Se Dio mi vuole, può prendermi, ma io sono ancora qui». In effetti per l'Ebraismo la cosa più importante è conservare la vita. Dobbiamo essere buoni con la vita, non aspettarci che lei sia buona con noi.
Il concetto di «Ama il prossimo tuo come te stesso» non significa che devo abbandonare tutto per amare il prossimo e fare tutto per lui. Nel pensiero ebraico significa che devi prima di tutto essere buono con te stesso, poi con chi ti è vicino e ami di più, e infine con gli altri. C'è il detto «Non fare agli altri ciò che non vorresti fosse fatto a te»; bene, se si riesce a seguirlo è una cosa meravigliosa.

La religione tende a dare sostegno agli istinti comunitari, ma questa lettura dell'Ebraismo mette l'individuo saldamente al centro del proprio mondo. L'idea che si debba essere buoni con se stessi per poterlo essere con gli altri non è poi così distante dalle considerazioni di Maria White (la paziente della Cenegenics), quando dice: «Se non siamo al top della forma come possiamo dare il meglio in ogni campo della vita, che sia il matrimonio, la famiglia o la professione?». La ricerca del nirvana, se non altro nelle sue interpretazioni occidentalizzate, mostra implicazioni simili, così come molte terapie laiche per l'anima che gli amortali prediligono e di cui parleremo nel prossimo capitolo.

Lynne Franks ha sperimentato varie religioni e filosofie. Ma, per quante possa provare non potrà mai essere "non ebrea".

L'idillio più lungo Lynne l'ha avuto con il Buddismo, un credo che sembrerebbe contraddire i suoi istinti amortali. Gli amortali sembrano impermeabili al cambiamento, mentre il Buddismo insiste sul concetto di impermanenza, o *anicca*. Tuttavia l'ingiunzione a «essere qui e ora» proposta nella sua efficace brevità da Richard Alpert, ebreo, psicologo di Harvard diventato guru con il nome di Ram Dass, si fonde perfettamente con gli istinti amortali. Vivere come se l'età non esistesse è vivere il momento, ecco perché la nostra età anagrafica ci coglie di sorpresa («Cosa? Ho tutti questi anni? E quando è successo?»).

L'interpretazione occidentale (e amortale) del Buddismo tende inoltre a insistere sull'idea di reincarnazione e a semplificarla fino a farne qualcosa di simile a una vita dopo la morte o a una serie di vite nell'aldilà. Inoltre il Buddismo piace perché conferisce ai praticanti il potere di cambiare la propria realtà in modo più o meno profondo. «Credo nella reincarnazione», confessa il dottor Robert Willix, primario della Cenegenics. «Credo di essere già stato in questo mondo. Ma anche se la reincarnazione non esistesse esisterebbe comunque il Dna che porta a me, ovvero un collage di tutti i Dna che mi hanno preceduto. Nel mio Dna c'è il collegamento a qualcun altro, è qualcosa di inevitabile perché siamo tutti connessi, collegati a una lunga discendenza. Qualunque sia la mia linea di discendenza so di possederne la memoria dentro di me e credo che esista la possibilità di recuperare tale memoria».

Gli amortali sono molto bravi nello sfrondare o rimodellare la religione che più si adatta alle loro esigenze per definire se stessi e non per essere definiti, per attraversare la vita a passo di carica e non a passo d'uomo come in una processione. Willix dice di avere «poco meno di cento anni» (in realtà all'epoca dell'intervista ne aveva sessantanove).

Teologia era la mia materia complementare all'università. Ho letto la Bibbia quotidianamente tra i diciotto e i quarant'anni. Ho studiato con uno sciamano in Perù e ho studiato la Kabbalah, per cui la mia spiritualità non si limita alla religione. Credo che ognuno di noi trovi la strada per raggiungere l'essere sommo, che io chiamo Dio, ma che voi potete chiamare come volete, non m'importa. Credo in una forza creativa, che sia il big bang o quant'altro, il fatto è che questa forza esiste. E che qualcosa ha fatto scoccare la scintilla.

Tale fede spesso è parziale e condizionale, il che permette agli amortali di scegliere tra le religioni o, all'interno di una in particolare, la parte che più entra in risonanza con loro. Ma in questo modo diventano più vulnerabili all'attacco della mortalità. Nell'esperienza di Lynne Franks:

Il 75% di me, se non addirittura l'85%, crede nella reincarnazione e nella sopravvivenza dell'anima che ritorna nel corpo. Il restante 15-20% dice: «Non raccontarti balle». Il 100% di me crede nell'energia cosmica, che sia interna o esterna è comunque una forza assai potente, anzi, ci crede il 99%, mentre l'1% dice: «Non raccontarti balle».
Ho questa scissione perché sono una persona estremamente pragmatica e logica, e mi piace toccare con mano le cose in cui credo. L'altra parte invece è intuitiva, spirituale e creativa. Sai, la storia della parte destra e sinistra del cervello; quindi la mia parte destra dice sì a tutto, al Buddismo, all'Induismo. C'è qualcosa di meraviglioso in ogni religione.
Non so dirti in che consista veramente la mia religione, se non che è basata sui valori e sulle persone che vivono al massimo del loro potenziale. Siamo tutti esseri umani che sbagliano e siamo il risultato di influenze e ambienti che fanno parte della nostra personalità, psiche e comportamento. Dentro di me è un dialogo continuo tra scienza e Dio e credo in ogni parte di esso.

Il reality a cui ha partecipato le ha dato la possibilità di affrontare le sue paure più profonde che, come nel caso di Rosa Sayer, sono dominate dal terrore di rimanere chiusa in una bara. I produttori di *I'm A Celebrity... Get Me Out Of Here*, programma televisivo in cui un pubblico votante infligge umiliazioni a un gruppo di personalità più o meno famose, hanno tormentato la Franks finché non ha rivelato le sue fobie:

Se penso di rimanere chiusa in una bara divento claustrofobica e ciò mi dà problemi di respirazione. Quelli del programma mi hanno calato in una fossa, lanciandomi addosso topi, anguille e chissà cos'altro, ma sono sopravvissuta. Sì ce l'ho fatta ed è stata un'esperienza interessante. Ero nel buio e mi lanciavano roba. Ero terrorizzata perché faceva tutto parte della mia paura della morte, ma sono sopravvissuta. Quindi facilmente posso sconfiggere anche la morte.

Ray Kurzweil rassicurerebbe la signora Franks dicendole che presto sarà disponibile la tecnologia che ci permetterà di sopravvivere. Ma numerose branche della scienza gettano acqua su quella timida fiammella di speranza ricordandoci brutalmente della nostra insignificanza. Jean-Claude Carrière esprime efficacemente tale realtà quando racconta la reazione del filosofo Emile Cioran all'ipotesi dell'esistenza di universi multipli:

> «Stamattina ero in bagno e mi facevo la barba, – dice più o meno Cioran, – e ho sentito un astronomo alla radio che parlava di centinaia di milioni di soli. Ho smesso subito di radermi. A che pro lavarsi e vestirsi dopo una notizia così?». Cioran non è solo: l'infinito può dare un profondo senso di scoraggiamento.[11]

Ma la scienza può anche dissipare quel senso di infinito e promettere di liberarci dall'infinito supremo che è la morte. Come direbbe il dottor Spock: «Questa è scienza Jim, ma non come la conosciamo noi». Alcune religioni New age limano le unghie alla scienza e la domano assorbendola nel proprio sistema. In tal modo interrompono il dialogo «Scienza-Dio» di cui parla Lynne Franks per forzare la scienza a promettere l'immortalità. Scientology, per esempio, respinge la teoria dell'evoluzione di Darwin con la sua crudele casualità per sostenere la teoria degli alieni superavanzati tuttofare che hanno portato la civiltà sul nostro pianeta.

Nella sua prima versione, Scientology, frutto dell'ingegno di L. Ron Hubbard, era una forma di psicoterapia chiamata Dianetics. Oggi è propagandata da personalità come Tom Cruise, Kirstie Alley, Juliette Lewis, John Travolta e sua moglie Kelly Preston. Quest'ultima ha recentemente dichiarato, sul sito di Scientology dedicato alle celebrità, tutto il proprio (esagerato) apprezzamento per la Chiesa hubbardiana:

> Se volete una vita più ricca e più piena, se volete essere felici, ecco la soluzione. Vi serve Scientology. Io sento di offrire maggiore attenzione, amore e responsabilità alle persone e all'umanità tutta. Prima ero esclusivamente attenta a me stessa, ai miei familiari e agli amici, ma oggi sento un grande senso di responsabilità nei confronti dell'umanità. I miei interessi sono molto più elevati.[12]

---

11. Umberto Eco, Stephen Jay Gould, Jean-Claude Carrière, Jean Delumeau, *Conversations about the End of Time*, Penguin Books, 1999.
12. Kelly Preston, *http://www.scientology.cc/en_US/index.html*, Scientology Celebrity Center International website.

Distinguere le nuove religioni da moderne forme di terapia psicologica non è semplice, come vedremo nel prossimo capitolo. Entrambe tendono a porre come obiettivo principale la felicità dell'individuo. Ed entrambe partono dal presupposto che la comprensione del mondo derivi dal comprendere se stessi. Nel 1967 i Beatles cercarono l'illuminazione in India, incontrandovi il Maharishi Mahesh Yogi. La mancanza di entusiasmo di Ringo nei confronti del progetto si evinceva dal contenuto della sua valigia, piena di fagioli in scatola. Quando ebbe finito l'ultima scatoletta se ne andò dall'*ashram*. Il suo percorso spirituale fu alquanto tortuoso e incluse un lungo periodo di eccessi post-Beatles che culminò nella disintossicazione. Con il programma in dodici punti ottenne ciò che il Maharishi non era riuscito a fare. «Ero in ginocchio», mi raccontò nel 2007.[13] Da quando si è disintossicato venera una forza più grande di lui e nei suoi discorsi compaiono spesso parole come pace e amore, mentre i testi delle sue canzoni dicono: «Ama ogni respiro che fai/guarda il cielo e credi».

Spesso sono necessari diversi tentativi prima di trovare la disciplina che funziona. Ma, come vedremo, per un amortale la ricerca può essere altrettanto appagante della scoperta. Ellen, massaggiatrice shiatsu, ha partecipato a un ritiro zen di due settimane in Francia in cui le sessioni di meditazione duravano otto ore al giorno. Stare seduti tutto quel tempo «era dolorosissimo», ricorda Ellen. È stata un'esperienza utile? «No, – risponde decisa. – Da allora ho smesso di cercare. Medito ancora, ma non partecipo a ritiri così lunghi. Sono diventata una derviscia rotante e ho trovato la felicità».

Per i raeliani la felicità nasce da un tipo diverso di movimento ripetitivo: il sesso. Secondo Marcus Wenner il sesso dovrebbe essere libero dal senso di colpa. Wenner è la stessa persona che organizzò l'incontro a cui partecipammo io e Richard trent'anni fa. Oggi organizza "accademie della felicità" per i seguaci di Rael. «Lo scopo principale è essere felici, – dice. – Non c'è nient'altro».

La felicità secondo la dottrina raeliana si ottiene facendo a meno dei consigli di vita che la società dispensa all'individuo. Il riassunto della dottrina raeliana proposto da Wenner somiglia a un documento programmatico per un tipo particolare di amortalità:

13. Catherine Mayer, "Ringo's Rhythm Without Blues", *TIME*, 12 dicembre 2007.

Rael incoraggia le persone a fare quello che vogliono e a realizzare i propri sogni a qualsiasi età, a ottanta anni come a venti. I membri della nostra religione non hanno molti figli, anzi l'unità familiare è messa in discussione in quanto incoraggiamo le persone a essere libere nella loro sessualità, che siano gay, bisessuali o etero.
Siamo contro il matrimonio perché è una forma di proprietà. Incoraggiamo l'amore, ma non tutti quei comportamenti che ci nuocciono, quindi se tra noi ci sono persone che rimangono solo perché hanno paura di andare altrove, noi le incoraggiamo ad andarsene e incontrare altri partner, perché fa bene tanto a noi quanto a loro.

Wenner, cinquant'anni, senza figli, sta per laurearsi in medicina. Non è più il capo dei raeliani britannici, oggi il suo posto è occupato da Glenn Carter, il quale deve essersi preparato al ruolo recitando quello di Gesù nella produzione inglese e americana di *Jesus Christ Superstar*, nonché nella versione cinematografica del musical evangelico. Nella gerarchia raeliana Wenner rimane al "livello 5" insieme a una cinquantina di altri membri insigniti dell'autorità di determinare le linee guida ed eleggere un nuovo leader qualora fosse necessario.

Le sue accademie della felicità includono seminari che in altri contesti potrebbero benissimo passare per lezioni su come invecchiare in modo sano. «È tutto neurologico, basato sui neuroni, sullo studio del loro funzionamento. Naturalmente il corpo invecchia, ma la mente, se si continua a usarla, può anche non invecchiare». Clonaid è un'organizzazione associata ai raeliani che propone un antidoto ancora più radicale all'improvvida abitudine tutta umana di invecchiare e morire. È una compagnia privata che si definisce «leader mondiale nella fornitura di servizi di clonazione umana riproduttiva». Diretta da un raeliano di livello 5, nel 2002 ha dichiarato di aver clonato il primo essere umano, ma gli scienziati non sono riusciti a incontrare Eve, la bambina clonata, per verificare l'affermazione.[14]

Il Cristianesimo prepara il proprio gregge alla morte; l'Ebraismo incoraggia i fedeli a vivere bene la vita, ma nuove fedi e terapie create a immagine e somiglianza degli amortali, promettono di eliminare ogni necessità di tali promesse. Gli amortali credono nella scienza e si affidano alla distrazione. E l'odierna cultura della terapia psicologica offre il mix perfetto di scienza e distrazione.

---

14. "'Clone baby' parents bar tests", *Bbc Online*, 8 gennaio 2003.

La mente amortale

«Sì, viaggiare...»

Sul palco sono la persona più felice del mondo.

Britney Spears

They tried to make me go to rehab
I said no, no, no.

Amy Winehouse, *Rehab*

«Most things may never happen: this one will,
And realisation of it rages out
In furnace-fear when we are caught without
People or drink».

Philip Larkin, *Aubade*

La commessa mi chiede scusa. Vorrebbe riuscire ad attaccare il cinturino dell'orologio che ho appena comprato al posto di quello rotto, ma non ce la fa.

– Il mio ragazzo mi ha lasciata, – spiega. – E si è portato via il mio io.

– Si è portato via il tuo io?

– Sì, se l'è portato via. Da quando mi ha lasciato non riesco più a trovare il mio io. E senza il mio io non riesco a usare le mani.

Questo dialogo avvenne nel 1992 in un grande magazzino di Los Angeles e lì per lì mi sembrò un frammento di follia americana, chiara espressione della cultura dell'analisi psicologica che andava per la maggiore sulla West Coast. Quanto erano diverse le cose in Inghilterra, dove persino tra amici intimi si aveva pudore a raccontare i propri problemi di relazione. Da noi il vocabolario e le frasi caratteristiche di chi è in analisi suonavano stranieri, quasi come l'arabo. Tale mutismo non era certo il segno che il tipico cittadino inglese si sentisse *bien dans sa peau*, tanto per usare un'espressione comparsa diverse volte durante il dibattito a Lambeth Palace. Gli inglesi e un'ampia fetta di nordeuropei riservati erano portati a credere che ammettere la propria sofferenza fisica o mentale la aggravasse.

I Windsor hanno rappresentato appieno questo approccio stoico al dolore che evitava qualsiasi espressione pubblica dei sentimenti. Quando una pistola starter fece fuoco in direzione del principe Carlo, la sua unica reazione fu aggiustarsi i gemelli. Se un Windsor cadeva da cavallo ci risaliva senza fare una piega. Se una Windsor andava in depressione post parto e soffriva di bulimia, prendeva e risaliva a cavallo anche lei senza fare una piega. «Forse sono stata la prima nella famiglia a soffrire di depressione e a piangere in pubblico», disse la principessa Diana a Martin Bashir nel novembre 1995. «Ovvio che fosse sconfortante per loro. Se non c'erano abituati come potevano aiutarmi?».[1]

Quell'intervista segnò una svolta per la famiglia reale. Il mistero dell'istituzione rimase inalterato, ma dopo l'illuminante confessione di Diana, tornare alle convenzioni di privacy e rispetto che avevano fino ad allora protetto la monarchia si rivelò impossibile. L'importanza capitale dell'intervista trapelava tanto dall'uso disinvolto che Diana faceva del gergo psicologico quanto dal presupposto che l'intervista stessa fosse un atto terapeutico. La principessa del popolo ammetteva di essersi fatta del male e di soffrire di bulimia: «Ti fai del male perché la tua autostima è bassa e pensi di non valere niente». Nel dialogo che seguì, Diana immaginò per se stessa un ruolo pubblico di donna che aveva ritrovato l'autostima e che guidava persone non altrettanto fortunate nel cammino verso la redenzione.

Diana: «Sono rimasta in una posizione privilegiata per quindici anni. Ho una conoscenza senza pari delle persone e so comunicare. Ho imparato, so farlo e voglio usare questa capacità comunicativa. D'istinto non sono una politica, ma credo che la peggiore malattia al mondo oggi sia che la gente non si sente amata. So che posso dare amore per un minuto, mezz'ora, un giorno, un mese; posso dare qualcosa e sono felice di farlo. Voglio farlo».
Bashir: «Pensa che il popolo inglese sia contento del ruolo che lei incarna?».
Diana: «Penso che gli inglesi abbiano bisogno di qualcuno che nella sua funzione pubblica possa dare loro affetto, che li faccia sentire importan- →

1. Panorama: "The People's Princess", intervista con Martin Bashir, *Bbc*, trasmissione del 20 novembre 1995.

ti, che li sostenga, che illumini la loro strada. Lo vedo come un ruolo possibile, adatto a me perché, sì, ho avuto delle difficoltà negli anni che tutti hanno notato, ma adesso voglio impiegare la consapevolezza che ho accumulato per aiutare le persone in difficoltà».

Forse il terapeuta televisivo Drew Pinsky riconoscerebbe nella convinzione di Diana di poter comprendere tutta una nazione nel suo abbraccio qualcosa di più che il semplice sospetto di un disturbo narcisistico della personalità, per come descrive questa condizione nel suo libro, *The Mirror Effect*. Le parole della principessa indicavano anche quanto la cultura che solo tre anni prima mi era sembrata tipicamente californiana fosse invece ampiamente diffusa. «La confessione di Diana si fa portavoce della convinzione ormai comune che ritrova nella scarsa autostima la causa principale non solo dell'infelicità individuale ma anche di problemi sociali di entità maggiore», scrive Frank Furedi, professore di sociologia all'università del Kent e autore dell'importante saggio *Il nuovo conformismo, troppa psicologia nella vita quotidiana*. Nella nostra cultura la ricerca dell'autostima si fonde con l'idea di accettarsi come si è, immutati e immutabili:

La narrazione passiva di chi si autopromuove tocca il culmine con la celebrazione dell'autostima, i cui difensori sono sempre lì a ricordarci quanto sia positivo accettarsi senza condizioni per quello che si è. Questa visione statica e conservatrice del Sé rappresenta un rifiuto di precedenti più ambiziosi inviti a cambiare se stessi, a migliorarsi, a superarsi. L'appello all'autoaccettazione invece è un modo indiretto per evitare il cambiamento. Un orientamento così conservatore verso il futuro si riflette nitidamente nel ruolo del terapeuta stesso.[2]

La cultura della terapia psicologica non è un'invenzione amortale, ma condivide con questo fenomeno alcuni dei suoi tratti fondanti, ovvero il declino delle istituzioni religiose e il declino delle opinioni generalmente accettate su come conviene vivere che ha scatenato la ricerca di nuovi modi di vita. E gli amortali trovano attraenti proprio le nuove incarnazioni della psicoterapia che offrono slancio, ebbrezza della velocità, senza specificare la destinazione ultima del discorso. Gli amortali infatti preferiscono il viaggio, l'essere in movimento, piuttosto che l'arrivo e questo rimanda alla consapevolezza della morte che cercano di soffocare in ogni modo. Il "viaggio alla scoperta di

---

2. Frank Furedi, "Get Off the Couch", *Guardian* 9 ottobre 2003.

se stessi" è un fine in sé. I reality e il gossip sono un'espressione di questo nuovo genere di giornalismo di viaggio. Viaggio è un termine che compare ogni volta che si parla della vita di un personaggio famoso (su *Hello!*, una delle copertine del 2008 riportava una foto di Angelina Jolie con il titolo "Supermamma! Abbiamo incontrato Angelina Jolie, la mamma del ventunesimo secolo. Il suo incredibile viaggio").[3]

La psicoterapia e il suo indotto culturale affermano di essere in grado di fornire un arsenale di tecniche per scoprire la verità e gestirla, ma le stesse tecniche possono essere utilizzate altrettanto efficacemente per distrarre, distogliere lo sguardo dalle verità oggetto della ricerca. Ed è proprio la passione degli amortali per la distrazione che dà lavoro ai terapeuti. L'amortale Woody Allen è entrato in analisi da giovane. Nel 1971, alla domanda di Dick Cavett su come avrebbe riconosciuto il momento in cui l'analisi fosse finita, rispose: «Non so se l'analisi finirà mai. So che oggi per alcuni versi sono cambiato rispetto al passato. Quando ho iniziato avevo ventidue anni, oggi ne ho trentacinque, per cui sono invecchiato e questo è già qualcosa. Nelle mie relazioni sessuali adesso riesco a pensare alla persona con cui sono in quel momento e non a un'altra. E per me questa è già una conquista enorme».[4]

Si può dire che molte delle terapie di maggiore successo non siano attrezzate per insegnarci a considerare gli altri. Ci incoraggiano piuttosto a essere buoni con noi stessi, qualunque sia il significato che diamo a tale concetto, e visto che gli amortali le percepiscono sia come un modo per trattarsi bene sia come un sistema per *imparare* a trattarsi bene, è evidente come vi si dedichino con passione inesauribile. Una quarantenne amortale, donna d'affari di successo, habitué di una serie di trattamenti psicologici, difende la propria dipendenza dalla terapia. Un intervento terapeutico può aiutarla a sentirsi bene con se stessa, sostiene, «e se non cambia il mondo, almeno smuove qualcosa».

Si è iscritta al trattamento Hoffman e ha passato otto giorni a ridere, piangere e dare i pugni sui cuscini («Non sono mai stata tanto felice quanto l'ultimo giorno di corso»). È stata in clinica per disintossicarsi («Le sei settimane più belle della mia vita»). Ha partecipato a terapie motivazionali New age alquanto controverse perché è

3. Titoli di copertina, *Hello!* 26 agosto 2008.
4. "The Dick Cavett Show", *Abc* 20 ottobre 1971.

«sempre alla ricerca della verità». Frequenta regolarmente uno psicoterapeuta i cui pazienti sono la crème de la crème di Londra, e per provarlo snocciola una lista impressionante di nomi famosi dello spettacolo e dei media inglesi.

Non sembra dipendente da alcuna sostanza e non ha una storia di abusi; è allegra e piena di energia; ha legami molto forti con i figli e gli amici, è ammirata (per i suoi successi professionali, per un senso dell'umorismo incrollabile e per la sua bellezza) e anche amata da molti (per le qualità sopraccitate e per lo spirito generoso che la illumina e che la porta a dare la precedenza ai bisogni altrui rispetto ai propri). Le sue giornate lavorative sono lunghe, ma trova anche il tempo per un'intensa vita sociale. L'unica cosa che le manca nella vita (e in quella degli altri amortali) è la calma e la tranquillità.

Senza conoscere la sua cartella clinica è difficile immaginare quale sia il problema che vuole affrontare ricorrendo a tutti quei trattamenti, se non, forse, una possibile dipendenza dai trattamenti stessi. La situazione mi ricorda una delle battute di Josh Howie: «I miei genitori sono stacanovisti cronici. Fossero alcolizzati potrebbero almeno disintossicarsi». D'altra parte la cultura del trattamento mostra una forte inclinazione a bollare come patologico qualsiasi comportamento per quanto privo di particolari conseguenze. Non appena gli sms hanno iniziato a diffondersi è nata la terapia per disintossicarsi dal comporre messaggi in modo compulsivo. L'ascesa dei social network ha creato gruppi di disintossicazione da Facebook, Twitter e quant'altro. In men che non si dica le cliniche offriranno programmi per disintossicarsi dalla dipendenza dai programmi di disintossicazione. Secondo Furedi «La personalità dipendente rappresenta una cristallizzazione dell'impotenza: è una personalità che non può fare a meno di compiere certe azioni sulle quali non ha controllo; la sua impotenza si concretizza in un feticcio culturale – il feticcio della dipendenza appunto – a cui la cultura terapeutica ricorre per spiegare varie forme di comportamento. Questa interpretazione feticista svaluta le capacità dell'uomo di incidere sulla propria esistenza».[5]

Dopo un trauma o un lutto, nessuno si aspetta più che rimontiamo in sella senza l'aiuto di un esperto. Un amortale tenderà automa-

5. Frank Furedi, *Il nuovo conformismo, troppa psicologia nella vita quotidiana*, Trad. L. Cornalba, Feltrinelli, 2005, p. 149.

ticamente la mano in cerca di aiuto. «I terapeuti, – scrive ancora Furedi, – hanno assunto il ruolo di esperti nei rapporti umani riuscendo a creare, quasi in ogni ambito istituzionale, una domanda per i loro servizi».[6] L'80% degli americani ha ricevuto assistenza psicologica, e anche in Gran Bretagna «ormai si dà per scontato che chi deve affrontare un evento insolito avrà probabilmente bisogno di counseling».[7] Non ci mancano certo le etichette per ogni tipo di personalità: bipolare, nevrotica, dipendente, narcisista, ossessivo compulsiva, depressiva, e per ognuna abbiamo un personaggio famoso che la esemplifica. La cultura della terapia vuole che condividere la propria storia sia terapeutico, ed ecco che i soliti famosi, muniti del megafono della loro popolarità, spargono ai quattro venti i loro problemi come dei Jackson Pollock della psiche. «Ho bevuto di nascosto per sei o sette anni... quando sei depresso come lo ero io non riesci a fermarti neppure per i tuoi figli, è questa la cosa più schifosa», ha confessato Brigitte Nielsen, la modella-attrice-valchiria-moglie di Stallone, in una chiacchierata per pochi intimi con una giornalista di *Hello!*.[8] La sua storia di amore, alcol e redenzione occupava cinque pagine della rivista patinata e si apriva con una foto panoramica della signora quarantacinquenne sotto un immenso ritratto alla Warhol che la raffigurava nel fiore della gioventù. La Brigitte attuale si appoggia civettuola al marito Mattia Dessi, di quindici anni più giovane, «incontrato in un ristorante dove lui faceva il cameriere. Due anni dopo si sono sposati». Mattia non l'ha mai abbandonata durante la disintossicazione, e in seguito l'ha anche aiutata a creare una linea di abbigliamento e cosmetici.

Ma nel mondo delle celebrità – e guarda caso anche in quello della terapia – la felicità si ratifica solo condividendola. Quindi la Nielsen ha invitato *Hello!* nella sua bellissima casa nel sud della Francia per rivelare a tutti il segreto della sua radiosità:

> La sua trasformazione non è solo emotiva ma anche fisica. Qualche settimana prima del servizio si è sottoposta a un intervento di lifting al seno e alle palpebre, nonché alla liposuzione. «Mi ero ripulita dentro e volevo rinfrescare un po' anche il fisico».

6. Ivi, p. 14.
7. *Ibid.*
8. Dawn Emery, "At her stunning home in the south of France, Brigitte Nielsen reveals all about her dramatic transformation – inside and out", *Hello!*, 26 agosto 2008.

> Le celebrità non sono sempre sincere riguardo agli interventi di chirurgia plastica a cui si sottopongono. Brigitte invece ha fatto addirittura riprendere il suo intervento alla troupe di un reality tedesco. «La mia vita è un libro aperto», dice.[9]

Il complesso di celebrità-terapia ci incoraggia a credere che aprire il libro della nostra vita affinché tutti possano leggerlo garantisca un senso di liberazione che è terapeutico. In realtà, la sensazione che si prova è di disagio. Per scrivere questo libro ho tormentato amici e parenti affinché mi svelassero la loro anima amortale e sono riconoscente del fatto che abbiano sopportato le mie scorrerie. In cambio ho cercato di rendere noti solo i dettagli che gettano luce sull'argomento trattato. La loro generosità mi ha anche imposto la responsabilità di raccontarmi nella stessa misura, per dare ai lettori informazioni sufficienti a capire da dove vengo. Quando ho parlato della mia decisione di non avere figli volevo contestualizzarla come parte di una tendenza più ampia, in modo che si capisse qual era il mio ordine del giorno.

Analogamente, il mio rimuginare sulla cultura terapeutica e i tentativi di dipanare l'intrico che la unisce alla cultura della celebrità che a sua volta la determina e ne è determinata, rende pertinente parlarvi delle mie esperienze dirette in questo campo. In seguito a una serie di lutti mi sono affidata per un breve periodo al counseling, come pure ho visto amici passare attraverso la stessa trafila. Per quanto mi riguarda ho ricevuto conforto, ma la prospettiva ravvicinata sul mondo dei trattamenti di disintossicazione mi ha reso assai scettica. Alcuni amici erano troppo distrutti per rimettersi in piedi. La cultura terapeutica merita ogni critica, ma ciò non significa che l'aiuto psicologico non sia necessario e, almeno in alcuni casi, efficace, o che la malattia mentale sia sempre una questione di scelta autocompiaciuta. Molte persone non riescono a rimontare a cavallo da sole; alcune non ce la fanno neanche con l'aiuto.

Eppure, secondo le contorte leggi della celebrità-terapia un passaggio in clinica può essere percepito come auspicabile, quasi fosse il segno distintivo della vera celebrità.

Gli amortali forse non vogliono raggiungere la meta ultima del trattamento, ma una cosa è certa: sbarcare alla Priory (Kate Moss e Ronnie Wood), alla Betty Ford Clinic (Elizabeth Taylor e Drew Barrymore), alla Charter Nightingale (Michael Jackson) o ai Meadows

9. *Ibid.*

in Arizona (Kate Moss e Ronnie Wood) significa che si è davvero arrivati. La cultura terapeutica fornisce tutta una serie di etichette e comportamenti che garantiscono l'accesso al disturbo senza che si soffra di scompensi seri. Ma gli amortali non sono privi di problemi veri. Per esempio corrono il rischio di ammalarsi di depressione quando gli si spalanca davanti l'abisso tra il loro senso di atemporalità e la realtà del corpo che invecchia, oppure la paura della morte può spingerli a comportarsi in modo distruttivo. Durante il dibattito a Lambeth Palace, lo psicologo Oliver James ha espresso chiaramente le sue convinzioni riguardo a cosa serve per sentirsi bene con se stessi e così facendo ha messo a nudo la debolezza degli amortali.

James è un uomo intelligente e scontroso, autore di un saggio, *Affluenza, il virus che minaccia la classe media*, pubblicato nel 2008, in cui denuncia l'epidemia di infelicità che affligge la società del benessere. Il virus dell'affluenza ha origini molteplici: la globalizzazione e l'americanizzazione della cultura; l'aumento della ricchezza;[10] la perdita del senso comunitario; il declino della pratica religiosa. Tutti questi fattori, come risultò dalla nostra discussione, hanno contribuito al diffondersi tanto dell'affluenza quanto dell'amortalità, entrambe espressione di patologie simili.

Secondo James l'idea di vivere in modo atemporale esprime una forma di negazione – sintomo dell'affluenza è sottoscrivere l'affermazione «Vorrei riuscire a nascondere bene i segni dell'invecchiamento»[11] – ed è certamente vero che allontanarsi dallo scorrere del tempo si può tradurre in un fallimento nel prevenire l'arrivo della terza età. Durante il dibattito James mi suggerì di intervistare un suo amico, un personaggio pubblico, «un uomo molto intelligente e complesso, ma clinicamente pazzo nella misura in cui non vuole ammettere che sta invecchiando». La diagnosi di pazzia indica una persona non pienamente funzionale, forse apertamente infelice. Invece l'amico dà l'impressione di godersi la vita, è un edonista – molto più attivo di quanto non suggerisca l'idea – un personaggio noto a livello internazionale; ed è immensamente ricco. Al suo fianco, intonata ai jeans e alla giacca di pelle che sono il suo distintivo, ha una fidanzata più giovane che lo sorveglia con fare protettivo. Essere insensibi-

10. In inglese *affluence*. *[n.d.t.]*
11. Oliver James, *Affluenza: il virus che minaccia la classe media*, Trad. T. La Branca, Excelsior 1881, 2008.

li all'invecchiamento ha i suoi benefici, come ha dimostrato Hellen Langer con il suo esperimento, ma anche avere dei soldi aiuta non poco. Nel capitolo dedicato alla scienza dell'invecchiamento vedremo la relazione tra ricchezza e salute nella terza età, e cosa significa invecchiare con scarsi mezzi economici.

James teme che la tendenza amortale a sottrarsi alle grandi domande dell'esistenza e della morte ci impedisca di «vivere veramente». Durante la stesura del suo libro ha incontrato ben poche persone che gli sembrava vivessero appieno la vita:

> Quando incontravo queste persone pensavo: «Aspetta un momento. Ecco una persona equilibrata, con un punto di vista determinato eppure con una grande apertura mentale». In ognuna di esse riscontravo due fattori. Innanzitutto erano passate attraverso esperienze che avevano messo a repentaglio la loro vita e che gli avevano aperto gli occhi, il che mi dava la consapevolezza di come nel terzo mondo, ovunque ci sia qualcuno che soffre la fame e muore, ci si rende conto di quanto la nostra vita sia assurda, quanto siano ridicoli i nostri valori e quanto siamo fortunati. In secondo luogo, con mia grande sorpresa, ho capito che tutte queste persone praticavano un culto.
> Non mi mantengo sul vago senza una ragione: alcuni seguivano un credo religioso convenzionale, altri vivevano una realtà spirituale. Magari si fermavano una volta al giorno a pensare «Che senso ha tutto ciò, chi sono, perché esisto?», magari lo facevano una volta a settimana. Naturalmente se conosciamo le statistiche non c'è niente di straordinario in tutto ciò. È risaputo che le persone religiose sono meno vulnerabili al disturbo mentale.

Di rado gli amortali si fermano per porsi domande metafisiche. Per loro la ricerca della verità, descritta dalla donna d'affari che abbiamo conosciuto all'inizio del capitolo, è un'attività che li assorbe in modo totale e che si espleta di fretta.

Difficilmente gli amortali possono godere dei benefici mentali della pratica religiosa. Ricercatori dell'università di Sheffield hanno pubblicato uno studio che mette in relazione la religiosità e la salute mentale. Secondo questa ricerca le persone che dubitano della propria fede e che frequentano la parrocchia per motivi esclusivamente sociali non godono della stessa protezione dalle malattie mentali che è garantita alle persone veramente devote.[12] Ciò è in accordo con l'affermazione di James riguardo alla minore protezione offerta dalla religione nel caso in cui il sistema dottrinale viene riformulato in modo da sedurre il pubblico dei fedeli moderni. Il tipo di credo in cui «ti pre-

12. "Praying 'Aids Mental Health'", *Bbc Online*, 12 novembre 1999.

senti da loro il primo giorno e ti dicono: "Pensa a cosa vorresti accadesse da qui a una settimana" e tu rispondi: "Voglio un avanzamento di carriera", oppure "Voglio un aumento di stipendio", e loro ti salutano dicendo: "Ok, torna tra una settimana e vediamo com'è andata"».

L'arcivescovo di Canterbury ha espresso il concetto in modo leggermente diverso: «La religione fa bene alla salute mentale solo se smettiamo di pensare quanto fa bene alla salute mentale».

La sua delicata ironia è particolarmente adatta agli amortali. Come ho già sottolineato, l'amortalità si lega essenzialmente al declino dell'obbedienza incondizionata ai precetti religiosi. «Forse perdendo Dio abbiamo perso anche la fede in noi stessi», suggerisce Vivienne Curtis, psichiatra presso il Maudsley Hospital. «E ora vogliamo che qualcuno ce la restituisca». Quel qualcuno può essere uno psicologo, un sacerdote o persino un dottore palestrato della Cenegenics. Gli amortali sono attratti da un tipo di fede elastica che si adegua alle loro preoccupazioni ed esigenze apparenti, che unisce lo spirituale e il terapeutico. La Chiesa stessa «ha dovuto fare propri certi elementi essenziali della cultura della terapia», sostiene Furedi, citando il predecessore di Rowan Williams, George Carey, il quale si lamentava che il Cristo Salvatore stava diventando il «Cristo dottore».[13] In certe riscritture occidentali delle teologie orientali è difficile distinguere la linea di demarcazione tra religione e programma terapeutico. Gli amortali alla Woody Allen si rimettono a un ente supremo che ha le fattezze di uno psicanalista con penna e taccuino. E proprio come alcune religioni assorbono la psicoterapia, così la psicoterapia assorbe la fede. Al cuore di qualsiasi programma in dodici punti in un modo o nell'altro c'è Dio.

La Alcolisti anonimi (Aa) ha pubblicato i suoi dodici passi nel 1939 e in seguito ha permesso ad altre organizzazioni per il trattamento delle dipendenze come Narcotici Anonimi (Na) di proporli come parte del proprio percorso terapeutico. Ecco la strada per la salvezza proposta dalla Aa:

1) Abbiamo ammesso di essere impotenti di fronte all'alcol e che le nostre vite erano divenute incontrollabili.
2) Siamo giunti a credere che un Potere più grande di noi potrebbe ricondurci alla ragione.
3) Abbiamo preso la decisione di affidare le nostre volontà e le nostre vite alla cura di Dio, come noi potemmo concepirLo.

→

13. Frank Furedi, *Il nuovo conformismo... cit.*, cap. 4.

4) Abbiamo fatto un inventario morale profondo e senza paura di noi stessi.
5) Abbiamo ammesso di fronte a Dio, a noi stessi e a un altro essere umano, l'esatta natura dei nostri torti.
6) Eravamo completamente pronti ad accettare che Dio eliminasse tutti questi difetti di carattere.
7) Gli abbiamo chiesto con umiltà di eliminare i nostri difetti.
8) Abbiamo fatto un elenco di tutte le persone cui abbiamo fatto del male e siamo diventati pronti a rimediare ai danni recati loro.
9) Abbiamo fatto direttamente ammenda verso tali persone, laddove possibile, tranne quando, così facendo, avremmo potuto recare danno a loro oppure ad altri.
10) Abbiamo continuato a fare il nostro inventario personale e, quando ci siamo trovati in torto, lo abbiamo subito ammesso.
11) Abbiamo cercato attraverso la preghiera e la meditazione di migliorare il nostro contatto cosciente con Dio, come noi potemmo concepirLo, pregandoLo solo di farci conoscere la Sua volontà nei nostri riguardi e di darci la forza di eseguirla.
12) Avendo ottenuto un risveglio spirituale come risultato di questi Passi, abbiamo cercato di portare questo messaggio agli alcolisti e di mettere in pratica questi principi in tutte le nostre attività.

Un cinico potrebbe ribattere che i dodici passi riescono solo a sostituire una dipendenza vecchia con una più nuova, e non parliamo di dipendenza dalla religione. «Nessuna delle persone che conosco crede in Dio», dice la donna d'affari veterana delle terapie. «I dodici passi riguardano solo il rinunciare alla responsabilità dicendo "non posso farcela da solo"». Diversi studi mostrano come i programmi di disintossicazione prevengono le ricadute solo se i pazienti continuano a partecipare agli incontri per molto tempo dopo la fine del trattamento iniziale.[14] Ovviamente, se andare a messa solo per ragioni sociali protegge meno efficacemente dalla paura della morte, anche i programmi in dodici punti sono meno efficaci se i partecipanti vanno agli incontri per motivi diversi dal desiderio di guarigione. E si sa che andiamo alle sedute per incontrare potenziali partner di vita o di eccessi, gli stessi eccessi che si è giurato di evitare vita natural durante. È un segreto di Pulcinella che certi gruppi di Aa e Na danno agli attori l'opportunità di costruire rapporti con registi potenti; a Los Angeles, per esempio, alcune sezioni di Aa e Na hanno una lista di iscritti che non finisce più. Ma oltre che per rimorchiare e per fare

14. Robert Fiorentine, "After Drug Treatment: Are 12-Step Programs Effective in Maintaining Abstinence?", *The American Journal of Drug and Alcohol Abuse*, Vol. 25, n. 1, 1999.

pubbliche relazioni, alle terapie di gruppo si va per un altro motivo: per avere un diversivo, ovvero per ritrovare la stessa dipendenza che si vorrebbe sconfiggere.

Mettendomi d'accordo per email con Paul Wilkes, in previsione del nostro incontro nella lobby di un casinò di Las Vegas, abbiamo dovuto affrontare la questione di come riconoscerci. «Indosserò un costume da Superman e il mantello rosso con la "S" gigante disegnata sopra. Lo porto sempre», scrive Wilkes. Ma in fondo non è difficile riconoscere questo super uomo in mezzo agli individui inespressivi che si affollano attorno alle slot machine, anche se mi delude l'assenza del mantello. Paul è un esemplare maschio quarantatreenne, in perfetta forma, del tipo di quelli sfornati dalla Cenegenics, ovviamente amortale al massimo livello. Mentre parliamo si chiarisce il meccanismo del moto perpetuo, del "Sì, viaggiare", entrambi tratti distintivi degli amortali. Un meccanismo che l'ha spinto tanto sul ciglio del baratro quanto sulle cime più alte:

> Se trovo qualcosa che mi piace la spremo finché non mi diverte più, qualunque cosa sia. Così devo essere capace di godermi appieno quell'esperienza senza però abusarne. Non parlo solo di sesso, droga e rock and roll; parlo di allenamento, di mangiare fuori, di alimentazione. Se trovo qualcosa di buono mi viene da pensare: «Se uno fa bene, mille sono meglio». Per cui ogni tanto devo scalare marcia, guardarmi intorno e dire a me stesso: «È un bel momento, godiamocelo».
> Purtroppo ce ne sono tanti come me alla ricerca maniacale del nuovo, di qualcosa di diverso che mi distolga da come mi sento.

Per la donna d'affari amortale il qualcosa di diverso poteva essere una nuova forma di terapia psicologica. Per Wilkes, ginecologo – o, come si definisce lui, ginecologo ostetrico ad alto rischio – è terapeutica qualunque attività coinvolgente. I dottori della Cenegenics che lo seguono gli fissano degli obiettivi che lo mettono in competizione con se stesso, fornendogli proprio l'attività coinvolgente che lui cerca. Ceniamo al T-Bones, nei nostri piatti c'è bistecca e insalata. Wilkes rifiuta cortesemente il pane e le patate e mi ordina di fare lo stesso.

La parola d'ordine di Cenegenics è ottimale. Il settaggio di base di Wilkes è impostato su ottimale e parte dal programma di dieta ed esercizio che finora ha tenuto a bada i segni dell'età e va avanti con dosi massicce di sudore, disciplina e attenzione al dettaglio. Ogni lunedì fa una pulizia del viso di novanta minuti. Il suo migliore amico sostiene che nel bagno di Wilkes ci si può fare tanto la doccia quanto prepararsi da mangiare. Le pause di recupero come la pulizia del viso sono gli unici momenti tranquilli in un'esistenza vissuta alla massima velocità.

Se dovesse scegliere tra un secondo di azione travolgente e un'ora di serenità opterebbe per il primo: «Vivere un'esistenza mediocre mi fa paura. Mi terrorizza».

La mia vita posso viverla in due modi: di corsa alla ricerca del record, con il fiato corto, cercando di spremere ogni minuto di ogni ora di ogni giorno per poi cadere dallo strapiombo, oppure vagando per i sentieri della vita lungo i quali a un certo punto inciampo, cado giù dalla collina, batto la testa su una pietra e muoio lentamente.
Non mi interessa vivere una vita ok, non mi interessa essere un papà ok, un medico, un amico, un marito ok, qualunque cosa faccio voglio farla al meglio. L'inferno per me è vedere le persone che vanno avanti per inerzia, timbrano il cartellino, non corrono nessun rischio. Ce n'è di gente contenta di vivere così, ma per me proprio non funziona.
Io miro molto in alto. Sono stato un milionario e poi ho perso tutto. Dalle stelle alle stalle: sono stato felice in entrambe le situazioni e sono stato da cani. Ma la situazione più orrenda per me è la vita da impiegato, otto ore, mezz'ora di pranzo, bibita e panino e poi di nuovo timbrare il cartellino.

La ex signora Wilkes gli chiede sempre quando uscirà dalla crisi di mezza età. E in effetti in alcune delle sue passioni Wilkes sembra la caricatura del maschio che si aggrappa alla gioventù che gli sfugge di mano. Attività come le feste a bordo piscina o il giro annuale alla Playboy Mansion di Hugh Hefner per il torneo di golf: «Quando le persone vengono a sapere di un medico quarantatreenne che frequenta la Playboy Mansion girano tutte lo sguardo al cielo come a dire "che cliché"». Attività che secondo l'interessato non sono assolutamente sintomo di una crisi, ma solo il segno che i suoi impulsi non sono cambiati. Respinge «l'idea preconfezionata che ci sia un copione da seguire per ogni età della vita».

Uno dei complimenti più graditi che posso ricevere da una persona dopo un po' che stiamo insieme è che mi chieda che lavoro faccio, al che rispondo che sono medico, e la sua reazione è: «Ma dai! Non hai per niente l'aria del dottore». Questo per me è un complimento bellissimo perché non voglio proprio dare l'impressione di essere un medico. Per me un medico è un tipo in camice bianco, con i baffi brizzolati e l'espressione molto seria, che quando va a casa si siede in poltrona davanti al fuoco, fuma la pipa e legge il giornale. Non mi interessa quella vita lì.

Più tardi, nel corso della serata, Wilkes mi fa vedere una foto sul cellulare di due super gnocche in bikini. Una è la fidanzata: «Ha una figlia di diciotto anni. Ti garantisco, non esiste foto di mia madre alla sua età che le somigli neppure lontanamente. Nel mio mondo, nel 2010, le madri sono così». Anche il mondo di Hefner è pieno di mamme appetibili, ma Wilkes, stranamente, non esalta il fondatore di *Playboy*: «Più guardi dietro le quinte del magico mondo della Playboy Mansion, meno ti sembra affascinante». Ma riconosce che «Hefner ha un alone di invincibilità».

Quest'ultima qualità è importante. Ammette che la smania di vivere a tutto gas si rafforza con il contatto quotidiano con la morte che gli offre la sua specializzazione in gravidanze a rischio. Benché si identifichi fortemente con il concetto di amortalità, non sa come conciliarlo con l'attrazione che prova per la morte. Il suo è un interesse talmente intenso che «è quasi una patologia, ho quasi corso il rischio di esserne ossessionato. Nei momenti di onestà con me stesso so che non ho paura di morire».

La Tmt offre una prospettiva leggermente diversa sul rapporto tra amortali e morte. Secondo Burke la consapevolezza e la paura della mortalità possono provocare comportamenti che è facile scambiare per assenza di timore o persino per desiderio di morte: «Per difendersi dal pensiero della morte gli uomini tendono a correre maggiori rischi rispetto alle donne. Per esempio vanno molto veloci in auto, perché è un modo di dimostrare che si è immuni dalla morte. Oppure cercano partner molto attraenti, o scelgono la carriera militare».

In altre parole, più morte incontra nel suo lavoro, più Wilkes cerca distrazione nel rischio e nelle attività che gonfiano la sua autostima. Il suo è un comportamento amortale archetipico.

La vampa rovente della paura della morte che descrive Philip Larkin in *Aubade* erompe quando gli amortali si ritrovano privati delle loro distrazioni, nel cuore della notte, da soli e senza niente da bere. Timothy Radcliffe, il frate domenicano, crede che dobbiamo imparare ad affrontare la morte, non a indietreggiare al pensiero: «Saul Bellow ha detto che l'ignoranza della morte ci sta distruggendo. La morte è come la stagnatura dello specchio che ci permette di vedere le cose». Ma la poesia che mi mostra, scritta da Nanao Sasaki, poeta giapponese del secolo scorso, utilizza l'immagine dello specchio per descrivere una particolare cecità, quella che permette agli amortali di sorvolare sulla questione del tempo che passa.

Rompi lo specchio

Al mattino
Dopo la doccia fredda – che sbaglio – guardo lo specchio.
Che strano tipo c'è lì dentro,
capelli grigi, barba bianca, pelle rugosa – che tristezza mi fa –
Povero vecchio sporco!
Non è me, no, per niente.
Terra e vita
Pescare nell'oceano
Dormire nel deserto con le stelle
Costruire una capanna tra le montagne
Coltivare la terra all'antica
Cantare con i coyote
Cantare contro la guerra nucleare – non sarò mai stanco della vita.
Ora ho diciassette anni,
Sono un giovane affascinante.
Sono seduto nella posizione del loto, tranquillo,
E medito, medito il nulla.
Improvvisa una voce:
«Per rimanere giovane,
Per salvare il mondo,
Rompi lo specchio».[15]

Ellen Langer ha dimostrato quali siano i benefici del rompere lo specchio. Siamo vecchi se pensiamo di esserlo. I partecipanti all'esperimento nell'hotel del New England lo hanno dimostrato: si può essere giovani pensandosi tali. Gli amortali non pregustano certo la terza età, per cui evitano di pensarci per non diventare vecchi in anticipo. Ma evitare il pensiero ha una faccia negativa, quando scopriamo che la capacità della mente di vincere l'invecchiamento e la morte è limitata.

Durante l'incontro a Lambeth Palace la discussione giunse a toccare un fenomeno che Tim Livesey ha definito «l'industria dell'illusione», ovvero la cultura pop e pervasiva dei personaggi famosi e della terapia. In un mondo di plastica la ricerca di autenticità ha creato la somma espressione del finto: la TV dei reality sceneggiati e confezionati, una cultura dello spettacolo che confonde la sovraesposizione ai media con la sincerità, e una cultura consumistica che mercifica le fantasie e ce le rivende a prezzo maggiorato. «Parlo del progetto di offrire alla gente possibilità che in genere si ottengono solo con uno scambio di denaro, per dare

15. Nanao Sakaki, *Break the Mirror*, Blackberry Books, 1996.

loro felicità o armonia con se stessi. È di questa industria che parlo», diceva Livesey.

> In genere la gente fatica ad affrontare il divario tra illusione e realtà. Le persone che sono in armonia con se stesse, che per dirla in francese si sentono *bien dans sa peau*, quelle che ho incontrato io, si distinguono per la capacità di affrontare la realtà senza averne paura, colmando il divario. Se percepiamo un divario molto ampio, invece, è perché una quantità gigantesca di energia, soldi e immaginazione vanno a nutrire l'industria dell'illusione nelle sue varie manifestazioni.

Ma anche l'idea di vecchiaia felice, l'immagine del nonnino gagliardo, è qualcosa di illusorio. Se chiediamo in giro a chi è veramente vecchio com'è la terza età ci dirà che nella migliore delle ipotesi è qualcosa di fisicamente sgradevole. Alcuni però invecchiando si adeguano felicemente alla realtà e nella loro pelle rugosa alla fin fine ci stanno bene, senza vergognarsene. Una consolazione di cui gli amortali non godranno mai. Oliver James riferisce che vari studi condotti dall'istituto di statistica inglese sulla salute mentale dei cittadini hanno dimostrato un'incidenza superiore delle malattie mentali tra i giovani e inferiore tra gli anziani.[14] In un altro rapporto dello stesso istituto che ha per oggetto le tendenze al suicidio, i risultati sono simili: il 17% delle persone nella fascia d'età 16-44 anni ammette di pensare al suicidio, mentre tra i 65-74 la percentuale scende al 6%.[17] È un risultato particolarmente interessante, commenta James:

> [...] se si pensa al dolore e alle difficoltà che devono affrontare gli anziani. È probabile che man mano che le persone invecchiano, divorziano, rimangono sole, vivono dei lutti o vedono altri soffrire di malattie mentali, l'industria delle illusioni smette di avere presa su di loro. Non è facile abbindolare una persona che ormai le ha viste tutte e farle credere che il tale prodotto dell'industria dell'illusione le cambierà la vita.

La madre di James, essendo diventata più felice in vecchiaia di quanto non lo sia mai stata in una vita segnata dalla depressione e dalle fobie, esemplifica questa tendenza controintuitiva.

---

16. Nicola Singleton e Glyn Lewis (a cura di), *Better or Worse: a longitudinal study of adults living in private households in Great Britain*, Office for National Statistics, 2003.
17. Howard Meltzer, Deborah Lader, Tania Corbin, Nicola Singleton, Rachel Jenkins, Traolach Brugha, *Non-fatal suicidal behaviour among adults aged 16-74 in Great Britain*, Office for National Statistics, 2002.

Negli ultimi anni della sua esistenza è diventata più vitale. Non dimenticherò mai quella volta che eravamo in giardino e lei vide un uccello su un albero. Era sempre stata terrorizzata dagli uccelli, tanto che se ne entrava uno in casa lei scappava fuori urlando. Quando ero piccolo la cosa ci faceva sbellicare tutti dalle risate. Quella volta era seduta accanto a me e mi fa: «Guarda quell'uccellino, che bello, che colori». Non era più depressa, era sicuramente sana a livello mentale.

Le terapie psicologiche possono aiutare gli amortali a entrare in quella zona di felicità. James è un sostenitore della terapia Hoffman, per esempio, ma la cultura della terapia è anche un prodotto dell'industria delle illusioni. Per gli amortali il trucco è unire il loro stile di vita atemporale e le strategie per invecchiare in salute sotto ogni aspetto, incluso quello mentale. James, benché scettico rispetto alla possibilità che gli amortali possano essere in pace con se stessi, immagina il genere di discorso che potrebbe adattarsi a un amortale anziano e felice: «Ricordo com'era quando i miei figli erano piccoli, ricordo com'era quando dovevo lavorare, ricordo quanto ero sotto pressione. Meno male che tutti quei problemi sono solo un ricordo. Sò a che punto sono della mia vita, so cosa sto cercando di fare: voglio fare solo immersioni».

Amortali al lavoro

Sempre sulla cresta dell'onda

Se rinunci alle cose a cui tieni di più inizi a spegnerti, a qualsiasi età.

Baronessa Shirley Williams

Ho anche due ernie del disco. Mai fermarsi, se no ci si ferma per davvero.

Liza Minnelli

Is that all there is, is that all there is?
If that's all there is my friends, then let's keep dancing.

Peggy Lee, *Is That All There Is?*

In un'ipotetica classifica di persone che hanno la possibilità di rimanere in eterno identiche a ciò che sono sempre state, Meryl Streep risulterebbe al primo posto. L'attrice sfida già una legge di Hollywood, immutabile al pari di una legge della fisica: il principio per cui nessuna attrice che abbia superato l'età fertile può essere la protagonista di un film. Molti dei personaggi della Streep vivono liberi dalle regole che in genere si applicano alla vita reale. Nel 1992 in *La morte ti fa bella* beve l'elisir della giovinezza che le ha garantisce l'immortalità. Due dei suoi ultimi film, *Mamma mia* del 2008 ed *È complicato* del 2009, hanno trame quasi altrettanto improbabili nella misura in cui, usciti quando l'attrice aveva rispettivamente cinquantanove e sessant'anni, la presentano come una donna matura assediata da orde di corteggiatori.

Se l'appetibilità di una sessantenne genera qualche dubbio, che dire di come i film presentano lo stato finanziario-patrimoniale della protagonista? In *Mamma mia*, Donna, ex ragazza madre, gestisce un albergo in Grecia ed è senza il becco di un quattrino, ma dal cielo sempre azzurro e dalla graziosa casetta bianca di Donna arriva un messaggio contraddittorio di beata semplicità. Jane, l'allegra divorziata di *È complicato* è alle prese con i progetti di ampliamento della sua dimora già abbastanza spaziosa. Da dove arrivano i soldi che le permettono di folleggiare? Da una piccola panetteria la cui gestione richiede pochissimo impegno e che lei frequenta solo nel cuore della notte per preparare stucchevoli dolcetti da offrire all'architetto che le corre dietro.

Nella realtà, fuori dal grande schermo, la crisi economica, le pensioni che diminuiscono e l'incertezza del mercato immobiliare, colpiscono senza pietà le donne della sua generazione, che vedono allontanarsi sempre più il miraggio della pensione mentre il mercato del lavoro non le vuole. Forse i figli del *baby-boom* sono più ricchi delle generazioni successive, ma trovare lavoro non è mai stato facile per le cinquanta-sessantenni. E assicurarsi un impiego diventa sempre più difficile e urgente man mano che queste donne si rendono conto che i loro risparmi non basteranno ad assicurargli una vecchiaia decente, considerando anche l'allungamento della vita media. A meno che non intervengano problemi di salute, non c'è ragione per cui la maggior parte di noi non possa continuare a lavorare oltre l'età canonica della pensione, come spiego nell'ultima parte del libro. Ma vivere in ristrettezze economiche crea stress, e lo stress invecchia. Senza un impiego decentemente retribuito le Donna della vita reale, le madri sole, hanno sempre dovuto arrancare; e le Jane, le divorziate, rischiano in misura maggiore di diventare povere. Uno studio rileva che il reddito degli uomini aumenta dopo il divorzio, mentre quello delle donne al contrario diminuisce e rimane basso.[1]

Ma nella fortunata, magica vita di Donna e Jane c'è un piccolo granello di realismo. Entrambe sono imprenditrici. Alec Howe, direttore dell'agenzia di analisi delle tendenze Breaking Trends™ con base a Londra, registra nei paesi ricchi un numero sempre maggiore di lavoratori di età matura che reagiscono alla scarsità di impieghi aprendo un'attività in proprio. Molti di essi sono amortali.

Questo capitolo è dedicato all'impatto significativo degli amortali sul mondo del lavoro in quanto datori di impiego, dipendenti, freelance e imprenditori al timone di nuove aziende, senza dimenticare l'importanza che ha per loro il fatto stesso di lavorare. Geoff Dornan, che nella vita è stato impiegato e disoccupato, ora vuole diventare un imprenditore. Intorno ai sessant'anni ha perso il posto di assistente sociale in seguito a una vertenza con l'amministrazione comunale. Ha

1. Amelia Hill, "Men Become Richer After Divorce", *Observer*, 25 gennaio 2009.

trascinato l'amministrazione in tribunale, ha preparato con cura la propria difesa e ha vinto la causa. Dornan, originario di Belfast, non è tipo da farsi intimidire dalla prospettiva di una lunga battaglia legale. Otto anni dopo, ormai settantunenne, ha trovato una nuova crociata in cui lanciarsi quando l'amministrazione comunale di Sefton nel Lancashire gli ha intentato causa per aver infranto il seguente articolo di un regolamento locale: «È fatto divieto di utilizzare skateboard, pattini, monopattini o altro mezzo di locomozione personale in modo da causare pericolo o arrecare disturbo ai pedoni».

Incriminato nel febbraio 2009, ha dovuto pagare una multa di trecento sterline e una somma aggiuntiva di milleottocento sterline per aver ignorato una serie di precauzioni continuando in più occasioni a spostarsi sui rollerblade all'interno di un centro commerciale affollato di Southport. La corte ha potuto vedere le immagini registrate dalle telecamere di sicurezza in cui Dornan, con notevole brio, saettava tra i pedoni che facevano compere all'ora di pranzo. Nonno Dornan è diventato un eroe popolare salendo ai primi posti della lista del *Daily Mail* dei «pensionati criminalizzati per reati di poco conto da personale di polizia ossessionato dal target di multe da raggiungere».[2] Dornan si è difeso dicendo che era entrato nel centro commerciale perché attratto dalla musica degli artisti di strada. Gli consigliarono di comprarsi un iPod, ma lui si rifiutò perché così, non sentendo più il rumore del traffico e dei pedoni, avrebbe creato il vero pericolo. La sentenza lo ha spogliato dei suoi risparmi, ma gli ha dato una ragione di vita. Da quel momento ha cominciato a «diffondere l'idea che i rollerblade sono un mezzo di trasporto efficacissimo e una valida alternativa all'automobile».

Ha iniziato a pattinare in risposta ai rimproveri della figlia salutista la quale lo incitava a fare esercizio per non ritrovarsi un rottame una volta andato in pensione. I roller gli hanno permesso di usare di meno la macchina per andare a fare le commissioni e allo stesso tempo tenersi in forma. Quando è stato ricoverato per un intervento di routine, le sue condizioni fisiche hanno talmente impressionato il personale sanitario che il chirurgo gli ha chiesto «di fare un giro sui roller in camicia da notte a fiori per i tre reparti di cui era responsabile in modo da dare l'esempio a tutti quei poveretti mezzi morti nei loro letti».

---

2. Paul Bentley, "The Old Age 'Offenders': Generation of Elderly Turned into Criminals", *Daily Mail*, 3 aprile 2010.

Lo scopo di Dornan adesso è dare il buon esempio anche da un punto di vista ecologico. Vuole realizzare una pista concepita per insegnare il pattinaggio:

> Da ingenuo pensavo che se avessi pattinato per un po' e mi fossi fatto vedere in giro, la gente avrebbe iniziato a imitarmi. Tutti mi dicevano: «Che bello quello che fai», ma nessuno lo faceva. Mi sono chiesto perché, poi mi sono detto: «Aspetta! Anch'io ho avuto la possibilità di pattinare in ogni momento della mia vita, ma non l'ho mai fatto fino a oggi. Perché?».
> La risposta è che facciamo quello che fanno gli altri e non pensiamo mai che potremmo dedicarci a qualcosa di diverso. Per cui non avevo mai pensato di usare i roller come mezzo di locomozione perché in Gran Bretagna nessuno lo fa. E mi sono reso conto che nessuno lo fa perché a tutt'oggi io sono l'unico e mi hanno trascinato in tribunale e umiliato pubblicamente e criminalizzato proprio perché pattinavo.
> Alla fine ho deciso che la cosa da fare fosse procurarmi una pista e organizzare dei corsi di pattinaggio su strada in cui spiegare regole e requisiti, imprevisti e tranelli del muoversi tra le persone e i veicoli, in modo che la gente possa esercitarsi in modo efficace nelle attività che io ho imparato da solo. Queste persone otterrebbero una qualifica e formerebbero un gruppo di pressione che sarebbe in grado di trattare con la polizia e le autorità locali per ottenere un programma pilota. Potrebbero essere una ventina di pattinatori con il permesso delle autorità, muniti di patentino, che circolano per nove mesi. Alla fine del periodo si fa un bilancio di quanti incidenti e morti hanno causato e se il numero è zero e tutti hanno tagliato dell'85% i chilometri percorsi in macchina, potremmo chiedere a un'università di condurre uno studio sul fenomeno.

All'epoca dell'intervista, nel marzo 2010, Dornan non era riuscito a fare altro che individuare l'ubicazione della pista e trattare con gli attuali proprietari un prezzo d'acquisto di un milione di sterline. «Devo solo raccogliere un milione per comprarla e un altro milione per ristrutturarla», diceva l'irrefrenabile pensionato. «Sto mettendo in piedi una fondazione non a scopo di lucro e cerco un amministratore, ma la gente è nervosa. Però il mio progetto è meraviglioso. Voglio tornare a Bruxelles per prendere qualche fondo sociale europeo. Con una somma elargita dalla lotteria nazionale e altri soldi presi altrove, riuscirò a far partire la mia idea». Undici mesi dopo mi ha chiamato per aggiornarmi sul progetto. La fondazione ora aveva un nome, *Get Your Skates On*[3], e un consiglio d'amministrazione composto da importanti sostenitori locali. Dornan aveva imparato a usare Skype, tra l'altro per parlare con chi, a Londra, stava progettando il sito web

3. Metti i pattini. *[n.d.t.]*.

della fondazione, e per preparare un viaggio in Cina dove sarebbe stato l'ospite d'onore di un festival del pattinaggio. «Mi sto divertendo un mondo, lasci che glielo dica». Il sospetto è che, se anche non riesce a mettere gli inglesi sui pattini, il tentativo gli piaccia di più che fare il nonno pensionato.

Musica, movimento e reati fanno parte anche della storia di una delle aziende più note della Gran Bretagna: la Virgin. Il sito web della compagnia la descrive come «una delle principali società mondiali d'investimento in capitale a rischio e uno dei marchi più importanti, riconosciuti e rispettati a livello globale che opera con successo in vari settori come la telefonia mobile, i trasporti, i viaggi, i servizi finanziari, i media, la musica e il fitness». Virgin «comprende trecento marchi e dà lavoro a circa cinquantamila persone in trenta paesi» e vuole espandersi oltre il pianeta Terra per conquistare il mercato del turismo spaziale.

Forse Virgin ora guarda alle stelle, ma all'inizio la prima impresa fondata dal ventenne Richard Branson corse il rischio di finire nelle stalle. Virgin Mail Order si era costituita nel 1970 come distributore di dischi, ma nell'arco di un anno accumulò quindicimila sterline di debiti. Il business plan originale non aveva considerato il costo di gestione degli ordini e l'impatto finanziario delle richieste di copie aggiuntive da parte dei clienti che sostenevano di non aver ricevuto gli acquisti. Nella sua autobiografia *Losing My Virginity*[4], Branson racconta che quando l'impresa era in difficoltà aveva acquistato un carico di dischi direttamente dalle compagnie senza pagare la tassa sui beni destinati al mercato inglese in quanto l'ordine era diretto in Belgio. Voleva portare personalmente il carico a destinazione, ma fu bloccato dai funzionari doganali francesi a Calais perché sprovvisto di un documento.

> Mentre tornavo a Londra mi resi conto che stavo guidando un furgone pieno di dischi che ufficialmente erano stati esportati. Avevo persino il timbro della dogana a riprova, e nessuno sapeva che i francesi non mi avevano fatto passare. Su quei dischi non avevo pagato alcuna imposta sugli scambi, per cui potevo rivenderli per posta o al negozio Virgin e ricavarci cinquemila sterline in più di quello che avrei guadagnato se fossi passato per i soliti canali legali. Con due o tre giri come quello avrei ripagato il debito.[5]

4. Come ho perso la verginità. *[n.d.t.]*
5. Richard Branson, "Learning a lesson" in *Losing My Virginity: The Autobiography*, Virgin Books, 1999.

La truffa venne ripetuta puntualmente. In seguito Branson scoprì che anche i suoi concorrenti evadevano i dazi, ma nascondevano l'illecito con maggiore accortezza. Poi gli arrivò la soffiata di un'ispezione imminente da parte del Dipartimento delle imposte indirette, ma non bastò, e Virgin fu scoperta a vendere dischi marchiati per l'esportazione (sul disco esposto alla luce ultravioletta compariva una "e" fluorescente). Branson dovette passare una notte in cella. «Quella notte sotto arresto fu una delle cose migliori che mi siano mai capitate», dichiara.

> Ero steso sulla branda e guardavo il soffitto, in preda alla claustrofobia. Non mi è mai piaciuto dover rendere conto a qualcuno o non avere il pieno controllo del mio destino. Ho sempre infranto le regole, che si trattasse di regole scolastiche o di convenzioni sociali. Perché un diciassettenne non può fondare una rivista a diffusione nazionale? A vent'anni vivevo la mia vita come più mi piaceva, seguendo i miei istinti. Ritrovarsi in prigione significava essere privati di tutte quelle libertà.

Sua madre pagò la cauzione e Branson raggiunse un accordo con le autorità che gli evitò conseguenze penali. Fu un'esperienza che gli cambiò la vita. Decise che non avrebbe mai più fatto niente che mettesse a rischio la sua libertà. Ma chiunque lo abbia incontrato nei quarant'anni che sono trascorsi da quella notte in cella, sa che esistono alcune lezioni che non ha imparato da quella breve restrizione della sua autonomia. Ancora oggi l'imprenditore seriale Branson ignora le convenzioni sociali e cerca continuamente di mettere alla prova il controllo che ha sul suo destino correndo gravi rischi sia negli affari che nei confronti della propria mortalità. Branson insomma è l'archetipo del businessman amortale.

La sua fame di diversivi lo ha stimolato a sviluppare una forma di imprenditoria seriale oggi diffusamente imitata. Tra quanti hanno preso ispirazione da lui c'è il fondatore di EasyJet, Stelios Haji-Ioannou, il quale mi ha detto che ha deciso di creare una compagnia aerea perché gli sembrava che Branson si divertisse un mondo a gestire la propria. Più che di divertimento sarebbe meglio parlare del fascino irresistibile del nuovo e del diverso che ha modellato l'impero Virgin. Sul sito web viene respinta qualsiasi critica all'approccio:

> Diversamente da quel che si crede, il nostro impero eclettico e in continua espansione non procede né in modo casuale né avventato. Ogni nostra iniziativa imprenditoriale dimostra con che dedizione selezioniamo i mercati e le opportunità migliori.
> Dal momento in cui una compagnia Virgin è operativa, i fattori che contribuiscono al suo successo sono vari: la forza del nome Virgin, la repu- →

tazione personale di Richard Branson, la nostra estesissima rete di amici, contatti e partner commerciali, lo stile di management, il modo in cui i vari talenti al suo interno vengono incoraggiati a crescere rigogliosi. I tradizionalisti penseranno che tutti questi fattori non sono abbastanza pratici. Per loro, il fatto che Virgin abbia poca gerarchia interna, zero burocrazia, un consiglio d'amministrazione ristretto e sia priva di un quartier generale gigantesco sono tutti svantaggi. Ma per noi sono proprio le carte vincenti!

E funziona, ma non sempre. In varie occasioni Virgin ha fatto il passo più lungo della gamba. Nel 1992 il Virgin Music Group dovette essere venduto per garantire la sopravvivenza della linea aerea Virgin Atlantic. Nel 2000 il giornalista investigativo Tom Bower ha fatto propri gli allarmi riguardo alla solidità finanziaria della Virgin, ma nel 2002 Branson ha replicato: «Bower partiva dal presupposto che l'impero Virgin fosse costruito sulla sabbia e che sarebbe crollato. Perciò finché non crolliamo il presupposto non è valido». Dato che il colosso continua a espandersi, le parole di Branson acquistano sempre maggiore forza.[6]

Che l'establishment lo abbia accettato è fuor di dubbio. Anzi, Branson è l'establishment, considerato che finisce regolarmente ai primi posti dei sondaggi di popolarità inglesi (nel 2008 la *Reuters* ha titolato: "Richard Branson batte Gesù come modello di comportamento").[7] Se la monarchia venisse abolita domani, il candidato principale alla presidenza della repubblica inglese sarebbe lui. La strada da piccolo imprenditore furbetto a potenziale presidente è stata lunga, ma Branson è stato spinto da una corrente impetuosa chiamata amortalità.

Oggi che siamo abituati a vedere amministratori delegati in maniche di camicia e pantaloni kaki sportivi, è difficile ricordare quanto apparisse strana l'informalità di Branson nell'ambiente del business, il fatto che avesse i capelli lunghi e la barba, il suo modo di parlare per frasi lunghissime, il suo senso dell'umorismo goliardico. La prima volta che l'ho visto, nell'ottobre 1991, dopo neanche un'ora che ci avevano presentati prese Ivana Trump – come lui ospite d'onore di un pranzo formale per l'assegnazione di un premio organizzato da *Business Traveller* – e la mise letteralmente gambe all'aria. Benché

6. "The Andrew Davidson Interview: Richard Branson", *Management Today*, 1 agosto 2002.
7. "Richard Branson Beats Jesus in British Role Model Poll", *Reuters*, 28 febbraio 2008.

le sue bizzarrie fossero note (spesso erano manovre per farsi e fare pubblicità alle sue compagnie, anche quella aerea), in quell'occasione superò se stesso e fece rimanere tutti con il fiato sospeso, inclusa ovviamente la povera Ivana con la sua pettinatura vaporosa, che però superò brillantemente la prova. Qualche tavolo più in là Lord King, il retrogrado presidente di British Airways, osservava la scena accigliato. All'epoca la piccola compagnia di Branson doveva vedersela con le tattiche aggressive e scorrette di British Airways, la compagnia di bandiera privatizzata quattro anni prima. Due stili opposti di fare business che erano riuniti in quell'occasione per ricevere un premio. Neanche due anni dopo, come risultato di una campagna diffamatoria orchestrata per tagliare le gambe al giovane avversario, British Airways avrebbe subito un'umiliante sconfitta in tribunale che l'avrebbe condannata a un cospicuo risarcimento, al pagamento di ingenti spese processuali nonché a scusarsi pubblicamente con Branson e la Virgin. King rassegnò le dimissioni quasi immediatamente e British Airways proseguì il cammino di modernizzazione che King aveva iniziato ma di cui non vide gli esiti.

Lo scontro tra i due riguardava in uguale misura la cultura imprenditoriale e il fatturato. Nonostante King avesse preso le redini di una British Airways inefficiente e pubblica e l'avesse privatizzata per farne una compagnia orientata al servizio, la sua strategia e la sua cultura rimanevano radicate in un'era che prevedeva la deferenza e il rispetto delle giovani generazioni nei confronti degli anziani e dei superiori da cui si doveva imparare e che bisognava ascoltare. Ma quella era un'epoca al tramonto e King si sentiva insultato da Branson, irritato da un mondo che non solo tollerava quel rivale scapigliato ed estroverso, ma sembrava pure apprezzarne l'irriverente approccio alle differenze d'età. L'ordine di «sistemare Branson» da cui partì la serie di sgambetti commerciali alla Virgin pare sia partito proprio da King.

Invece Branson non si è mai considerato troppo giovane per qualunque sfida. E oggi non accenna a considerarsi troppo vecchio: nel 2010, alla vigilia dei sessant'anni, nonostante la sua agenda fosse fitta di appuntamenti, è riuscito a prendere parte alla maratona di Londra, evento per cui si è preparato correndo in ventitre città diverse, ovunque lo portassero gli affari in un dato momento. Partecipare alla maratona: lo stesso obiettivo che si è posto l'avvocato David Battiscombe.

Ma una maratona è poco più di una passeggiata nel parco se paragonata agli altri tentativi di Branson di battere i record mondiali di vela e mongolfiera. Se alcune imprese sono state coronate dal successo, altre hanno sfiorato il disastro, richiedendo complicate e drammatiche operazioni di salvataggio. Nel 1991 ha rischiato la morte nel tentativo di attraversare il Pacifico in mongolfiera, quando il meccanismo che doveva scaricare in volo le bombole di propano vuote scaricò anche quelle piene. L'alleggerimento improvviso aveva fatto schizzare troppo in alto il pallone e Branson temette che il carburante finisse prima di raggiungere la costa americana. Ma a quel punto entrarono in una corrente a getto d'alta quota: «Non credo in Dio, ma mentre ero seduto in quella capsula danneggiata, vulnerabile a qualsiasi variazione delle condizioni meteorologiche e a ulteriori guasti meccanici, successe una cosa incredibile, – ricorda. – È stato come se uno spirito fosse entrato nella capsula per aiutarmi».[8] Poi aggiunge:

> In altri momenti della mia vita sono padrone del mio destino, quando più quando meno, ma nella mongolfiera ero in balia degli elementi, della tecnologia, della squadra di progettisti che l'avevano costruita e a un'altezza di novemila metri. Certo le probabilità non erano tutte a mio favore, ma non so resistere alle sfide, mi piace troppo vincere contro ogni probabilità.[9]

Gli amortali sono drogati di movimento e di rischio, che gonfiano le vele degli affari, ma che possono anche portare alla bancarotta. Gli amortali hanno trasformato la cultura d'impresa e aperto la strada per nuovi modelli e aree di attività. Le loro energie, se ben dirette, costruiscono imperi e danno slancio alla produttività. Ma non si può sempre contare su uno spirito benigno che ci riconduca in porto sani e salvi. Certo, l'amortalità non è responsabile del fallimento di banche e imprese, ma agli amortali piace il gioco d'azzardo, mettere alla prova la loro mortalità e negarla, creare strutture che incoraggiano comportamenti rischiosi e rischiare in prima persona.

Non è quindi una sorpresa che quello dei servizi finanziari sia un settore che piace molto agli amortali. «Gestione del rischio, la parola d'ordine dei mercati dal 1995, anno in cui è fallita la Barings Bank, è un ossimoro», ha commentato Nick Leeson, il trader canaglia responsabile del tracollo della Barings finito in carcere, tredici anni dopo, davanti al crollo di Lehman Brothers e di Northern Rock.[10] Uscito dal carcere si è fatto una nuova reputazione come critico di

8. Richard Branson, "We would have about two seconds to say our last prayers" in *Losing My Virginity: The Autobiography*, Virgin Books, 1999.
9. *Ibid.*
10. Nick Leeson, "Escape of the Bankrupt", *Guardian*, 19 settembre 2008.

quel sistema che una volta sfruttava per il proprio profitto: ha scritto un'autobiografia, ha fatto da consulente per un film ispirato alla sua storia che aveva come protagonista Ewan McGregor, ha scritto un manuale su come affrontare lo stress, è stato amministratore delegato di una squadra di calcio irlandese ed è entrato nel mondo dei tornei di poker online. A fargli da cicerone è stato l'ex calciatore oggi attore Vinnie Jones. «I profitti del gioco sono fenomenali, ma mi rendo conto che è facile perdere, per cui cercherò di non ripetere gli errori fatti in passato».[11]

Nel 2008, mentre le sorti di Lehman Brothers e Northern Rock preoccupavano il sistema bancario globale, su entrambe le sponde dell'Atlantico i politici erano impegnati a capire come stabilizzare i mercati finanziari e non ripetere gli errori che avevano causato la crisi. E sia in America che in Gran Bretagna i veterani della politica cercavano di trarre un vantaggio elettorale dalla propria esperienza. La campagna presidenziale americana vedeva affrontarsi il settantaduenne John McCain e il quarantasettenne Barack Obama, senatore alla prima legislatura. «Sono pronto ad assumere il comando, non ho bisogno di addestramento», proclamava McCain. In Europa il cinquantasettenne Gordon Brown adottava una tattica simile nei confronti dell'avversario David Cameron, il conservatore neanche quarantaduenne dal viso roseo e paffutello. «Sono per l'apprendistato», disse Brown al congresso autunnale del partito laburista, «ma oggi al paese non servono principianti».

L'idea di Brown entrò subito in risonanza con i cittadini inglesi e infatti i sondaggi registrarono un calo per Cameron. Ma poi Obama travolse McCain e nel 2010 Cameron vinse le elezioni, segno che gli elettori non ascoltavano tanto la voce dell'esperienza quanto l'idea che, per dirla con il grande politico ottocentesco Benjamin Disraeli: «Quasi tutte le grandi imprese sono state compiute dai giovani».[12]

Queste parole, spesso attribuite a Disraeli, vengono invece pronunciate dal protagonista di uno dei romanzi satirici che lui stesso ha scritto. In realtà Disraeli completò il secondo mandato come primo ministro a settantacinque anni, e ancora oggi la politica apprezza la maturità. Anche troppo, sostiene Sion Simon, ministro del governo Gordon Brown, riferendosi al comportamento «impla-

---

11. Donna Romano, "Former Convict Now Poker Pro", *www.gambling911.com*, 11 gennaio 2006.
12. Benjamin Disraeli, *Coningsby*, libro 3, cap. 1.

cabilmente solenne» che i suoi colleghi quarantenni si sentono in dovere di adottare per sembrare abbastanza vecchi da meritare il potere. «Per non parlare di come si vestono. Anzi, vogliamo parlarne?», dice Simon.

> L'abbigliamento fa capire tutto. Perché i politici non hanno l'aria di persone normali? Anche quando li intervistano nel cortile di casa la domenica pomeriggio, perché sono senza cravatta ma hanno ancora la giacca? Chi porta la giacca nel cortile di casa propria la domenica pomeriggio? Nessuno, e la gente lo sa.

A trentasette anni Simon fu presentato al presidente della Repubblica italiana. Racconta che il presidente «ci rimase malissimo, era scioccato. Mi disse: "Ma è ridicolo che lei sia un deputato alla sua età"». Quando Simon espresse il suo disaccordo, il presidente ribatté «citando il detto dei nani sulle spalle dei giganti... In pratica era un insulto diretto nei miei confronti. Fu come un pugno nello stomaco tutto quel disprezzo per i giovani». Certi settori professionali, persino interi paesi – guarda caso l'Italia – possiedono culture gerontocratiche e sono gestiti dagli anziani per gli anziani.[13]

Nel settore giuridico, per esempio, i capelli grigi sono ancora un vantaggio. Secondo David Battiscombe «principalmente vendiamo capacità di giudizio ed esperienza. I clienti diventano ansiosi se si trovano di fronte un avvocato venticinquenne». Ma ammette che la sua professione è sempre più l'eccezione e non la regola. «Un venticinquenne che lavora nell'informatica è ciò che vogliono i clienti. Se si trovano davanti uno di cinquant'anni pensano che non ha più tanto il controllo della situazione».

In realtà la discriminazione in base all'età che colpisce tanto i giovani quanto gli anziani è senza fondamento e danneggia entrambi i segmenti. In molti casi l'opposizione tra esperienza e giovinezza è fittizia. Nel momento in cui passare da una professione all'altra nel corso della vita è sempre più diffuso, l'età non è più un indicatore affidabile né dell'abilità né dell'esperienza di un professionista. Jean Pralong, professore alla Rouen Business School in Francia, ha condotto uno studio su quattrocento persone di generazioni diverse – dai venti ai quarant'anni – con percorsi di studio simili. Ha scoperto che le presunte differenze tra le generazioni, come per esempio la facilità con cui i lavoratori più giovani usano la tecnologia rispetto al mag-

13. Jeff Israely, "The Fading Future of Italy's Young", *TIME*, 10 aprile 2006.

giore impegno necessario ai loro colleghi più anziani, non reggono a un esame approfondito.[14] Inoltre una ricerca della Lancaster University Management School suggerisce che il personale più produttivo è quello in cui sono rappresentate più fasce d'età.

Un gruppo di ricercatori guidato dal professore Paul Sparrow ha stabilito che assumere personale di età diverse determina un clima di buonumore sul posto di lavoro che si traduce in profitti maggiori. Questa conclusione si basa sull'analisi delle prestazioni degli impiegati di seicentotrentacinque punti vendita McDonald's che ha rivelato un maggiore afflusso di clienti e un aumento delle vendite nei punti dove il personale esprimeva soddisfazione per le mansioni che svolgeva. Entrando nel dettaglio Sparrow ha trovato che nei punti vendita in cui uno o più lavoratori avevano sessant'anni e oltre, si misurava un aumento del 20% della soddisfazione dei clienti rispetto ai McDonald's dove non lavorava nessuno che fosse sopra i cinquanta.[15]

Il dibattito politico in tema di occupazione è piagato dall'idea erronea ma tenace che ci sia un numero determinato di posti di lavoro che devono essere spartiti tra cittadini di uno Stato e immigranti, oppure tra giovani e anziani. Secondo David Cameron si tratta del falso mito del numero fisso dei posti di lavoro.

E quando afferma la necessità di controlli più severi per limitare l'afflusso di immigrati sembra che Cameron abbia finito per credere proprio a questo falso mito, «l'idea che nell'economia di un paese, – come mi ha spiegato durante un'intervista, – esista un numero fisso di posti di lavoro e si debba trovare il modo per distribuirli». Tuttavia una delle prime iniziative importanti dall'insediamento del suo governo sarà, nell'autunno 2011, il lancio di una consultazione tra le parti sociali per smantellare il sistema pensionistico in vigore. Fino a oggi i datori di lavoro potevano mandare in pensione i dipendenti a sessantacinque anni senza indennità. Nel luglio 2010, Cameron, aspettando un volo nella sala vip dell'aeroporto di Newquay, mi ha spiegato perché la riforma non avrebbe svantaggiato i giovani in cerca di impiego:

14. "L'image du travail selon la Génération Y. Une étude intergénérationnelle", *Revue Internationale de Psychosociologie*, dicembre 2010.
15. Stefan Stern, "The kids are alright but they need help", *Financial Times*, 22 febbraio 2010.

Questo falso mito ha portato certi paesi ad adottare provvedimenti come le trentacinque ore e il part-time forzato. Invece dovremmo affrontare la questione in modo dinamico, ponendoci la domanda: «Come possiamo far crescere l'economia, come creiamo nuovi posti di lavoro?». È disfattista pensare che alzare l'età pensionabile diminuisca il numero di posti disponibili per i giovani. Non è un gioco a somma zero.
Se pensiamo all'economia in questi termini siamo sulla strada del disastro perché alla fine il serbatoio dei posti di lavoro si restringerà man mano che l'economia diventa sempre meno competitiva. Noi europei discutiamo dei problemi dell'eurozona, della sua economia e quant'altro, ma finché non ci confrontiamo con il costo di fare impresa, con il costo di invecchiare, con il costo del welfare, il peso delle pensioni, il deficit della previdenza nel settore pubblico, non saremo mai competitivi con il resto del mondo.

La posizione di Cameron non è ideologica – ben poco di ciò che Cameron fa è dettato dall'ideologia – e non è certamente basata sull'interesse egoistico. È il primo ministro più giovane dal 1812 e dovrà rimanere a Downing Street per trentadue anni se vuole raggiungere l'età in cui è andato in pensione Disraeli. La riforma che propone è semplicemente una risposta pragmatica all'invecchiamento della popolazione inglese. Si prevede che la proporzione tra occupati e pensionati in Gran Bretagna, calcolata sull'età pensionabile attuale, scenderà dal 4:1 attuale (2010) a 2:1 nel 2060. Intorno alla metà dello stesso decennio i centenari avranno raggiunto il 17%.

Christchurch è un luogo di villeggiatura nel Dorset che ha strappato a Eastbourne, altra destinazione turistica, la nomea di sala d'attesa del Paradiso, ovvero la cittadina con il maggior numero di residenti anziani del Regno Unito. A Christchurch per ogni cinque occupati ci sono tre pensionati e tra questi uno su sei ha più di ottantacinque anni. Uno studio condotto recentemente dalla società di consulenza finanziaria Partnership ha identificato varie enclave di anziani che, secondo il direttore Chris Horlick, «presentano importanti problemi di finanziamento dei fondi pensionistici, in quanto mancano i contributi versati dai giovani lavoratori.[16] Per cui l'impatto della popolazione anziana sui bilanci delle amministrazioni locali sarà potente». A meno che qualcosa non cambi, il Regno Unito non si limiterà a essere solo poco competitivo come nelle previsioni di Cameron: vaste aree del paese andranno in profonda crisi nel momento in cui i giovani lavoratori non riusciranno più a sop-

16. "UK's oldest councils", rapporto pubblicato da *Partnership*, 17 agosto 2010.

portare il costo dell'assistenza agli anziani, che sarà in ogni caso inadeguata.

Quanto pesante sarà il carico contributivo dei giovani, quanto drastico il calo delle risorse finanziarie e quanto insostenibile la vita quotidiana dei giovani pieni di risentimento e degli anziani impoveriti, dipende dal numero di persone che andranno in pensione, a che età e in quali condizioni ci andranno. «Il lavoro ci evita tre mali: la noia, il vizio e il bisogno», diceva il saggio turco del *Candido* di Voltaire. Alcuni gerontologi e psicologi aggiungerebbero un quarto male: il declino. La ricerca suggerisce vi sia una correlazione tra pensionamento e deterioramento psicofisico. Uno studio del 2006, per esempio, evidenziava che:

> Il pensionamento determina, in media nell'arco di sei anni, un aumento tra il 5 e il 16% delle difficoltà motorie associate alle attività quotidiane, un aumento del 5-6% delle patologie e un declino della salute mentale. Il campione indica che tali effetti sono veicolati da cambiamenti nello stile di vita che vedono una diminuzione dell'attività fisica e dei rapporti sociali. Tali influenze negative sono mitigate dalla presenza di un coniuge e di una rete sociale, dall'esercizio fisico e dalla possibilità di lavorare part-time.[17]

Gli eventuali benefici del mantenersi attivi dopo il pensionamento e gli svantaggi derivanti dall'inerzia sono però materia di discussione. In un articolo pubblicato nel 1987, David Ekerdt, oggi professore di sociologia all'Università del Kansas, sosteneva che «la celebrazione del lavoro come valore assoluto» contribuiva ad alimentare ipotesi fuori luogo ed esagerate riguardo gli effetti negativi del pensionamento.[18] Uno studio longitudinale effettuato nei Paesi Bassi suggerisce che il problema non sia il pensionamento di per sé. I risultati pubblicati nel 2007 attribuivano il peggioramento delle condizioni di salute in seguito alla conclusione della vita lavorativa «al fatto che il soggetto non fosse riuscito ad adattare il pensionamento alle sue esigenze... I lavoratori più anziani che percepivano il pensionamento come imposto mostravano un peggioramento anche nella percezione delle proprie condizioni di salute». Inoltre «i fattori psicologici hanno un ruolo: il timore del pensionamento e l'autoefficacia percepita sono

17. Dhaval Dave, Inas Rashad and Jasmina Spasojevic, *The Effects of Retirement on Physical and Mental Health Outcomes*, NBER Working Paper Series, marzo 2006.
18. David J. Ekerdt, "Why the Notion Persists that Retirement Harms Health", *The Gerontologist*, Volume 27, n. 4, 1987.

associati ai cambiamenti nello stato di salute negli individui non più attivi nel mondo del lavoro».[19]

Quando i suoi datori di lavoro si accorsero che aveva raggiunto l'età della pensione, mia madre diede malvolentieri le dimissioni da capo ufficio stampa del Royal Court Theatre. Era stata assunta a cinquantasette anni da qualcuno che l'aveva considerata molto più giovane e fu smascherata appena prima di compierne sessantacinque, quando le autorità le comunicarono che non doveva più versare contributi per raggiunti limiti d'età.

Mi sono sposata e ho avuto dei figli quando ero troppo giovane. E siccome sono stata una madre e una moglie molto giovane, non sono riuscita a crearmi un'identità forte finché non ho cominciato a lavorare. A quel punto la carriera è diventata una parte importantissima della mia vita. Nel 1969 sono entrata al London Contemporary Dance Theatre e nel 1999 ho smesso di lavorare per il Royal Court, sono in tutto trent'anni di lavoro. Ho dovuto imparare a essere Anne Mayer senza fissa dimora e non ho mai realmente pensato a cosa sarebbe successo il giorno che avessi lasciato il Royal Court, non ho considerato se avrei continuato a lavorare. Chi avrebbe mai detto che sarei caduta in depressione? – racconta mia madre.

E dalla depressione è uscita creando la sua agenzia di pubbliche relazioni. Il fattore decisivo per una vecchiaia sana, in particolare nel caso degli amortali, non è tanto continuare a lavorare, quanto continuare a muoversi. Per i residenti di Sun City in California il movimento è rappresentato dalle lunghe passeggiate in bicicletta e da un carosello infinito di feste e occasioni di socialità. Ma per coloro che sono ancora interessati al lavoro, o che non possono permettersi di starsene in panciolle (non saranno pochi, questo è certo), posporre il pensionamento sarà un rimedio ben più efficace di qualsiasi elisir di lunga vita disponibile su internet. L'avvocato Battiscombe non ha intenzione di rinunciare alla carriera che ha intrapreso da poco, ma se il fascino che essa esercita su di lui dovesse svanire non penserebbe davvero di andare in pensione, piuttosto si lancerebbe in un'altra professione: «Potrebbe essere un'occupazione più manuale o un lavoro che richiederebbe di viaggiare. Dovrebbe essere una sfida, anche intellettuale. Se non ci fosse da far lavorare il cervello mi annoierei subito». «Voglio lavorare fino al giorno in cui verranno a prendermi i becchini», dichiara Lynne Franks.

---

19. Hanna van Solinge, "Health Change in Retirement: A Longitudinal Study among Older Workers in the Netherlands", *Research on Aging*, maggio 2007.

Dico sempre alle persone in là con l'età: «Non fermatevi», afferma l'attore Richard Wilson. E se smettete di lavorare trovatevi una passione. Se continuo a lavorare è perché mi piace ancora e perché mi rendo anche conto che sono più felice quando lavoro. Una volta quando non lavoravo diventavo pigro, ma oggi a ripensarci mi rendo conto che si trattava di depressione, in un certo senso. Ci ho messo anni a decidere che se ho del tempo libero, per esempio posso mettere ordine in una stanza.

Ormai settantenne, Wilson è un turbinio di iniziative. È regista, attore ed è impegnato in politica (sostiene da anni il partito laburista). Gli chiedo se c'è qualcos'altro che lo mantiene così pieno di vitalità. «Niente botox sulla mia faccia. Ogni tanto però mi dico che potrebbe servire. Ci penserò».

Se abitasse a Hollywood invece che a Hampstead, già qualche decennio fa il suo agente gli avrebbe suggerito di ricorrere all'iniezione magica o a misure ancora più radicali per allungare la sua carriera di attore. Nel luogo da dove si irradia l'amortalità, invecchiare non è mai stata un'opzione interessante, e per le attrici protagoniste invecchiare significa la fine della carriera. Il sistema degli studios hollywoodiani è tanto più conservatore quanto più breve è la data di scadenza del suo capitale umano. Gli studios infatti sono rimasti legati a certe convenzioni sociali per cui hanno problemi a rappresentare la sessualità delle donne mature.

Ironia della sorte, in passato il disagio con cui l'industria cinematografica guarda le donne di mezza età generava ruoli interessanti e importanti per le grandi attrici. Bette Davis aveva solo quarantadue anni quando interpretò Margo Channing, la cinica diva di Broadway scavalcata dalle trame di un'attrice molto più giovane, in *Eva contro Eva*. A cinquantaquattro anni la Davis ebbe diritto solo a un ruolo di ex stella del cinema squilibrata dal volto disfatto e congelato in una maschera orripilante in *Che fine ha fatto Baby Jane?* E Gloria Swanson aveva cinquantuno anni quando interpretò Norma Desmond, la ex diva allucinata e omicida di *Viale del tramonto*.

Se pensate che i successi d'incasso dei film con Meryl Streep siano il segnale che Hollywood sta imparando ad apprezzare o perlomeno a non provare ribrezzo per le donne mature, provate a considerare quanti ruoli seri da vera protagonista sono stati scritti negli ultimi anni per le attrici tra i cinquanta e i sessant'anni. La Streep e una manciata di colleghe ben conservate hanno un diritto di prelazione sullo stillicidio di proposte disponibili. Per le quarantenni la competizione si svolge sul terreno di storie alla *Sex and the City* e *Cou-*

gar Town, in cui il divertimento sta tutto nell'idea della donna che rimane sessualmente attiva dopo i trenta. E le attrici che riescono ad arraffare una parte da *cougar* sono sempre super affascinanti. «A quarant'anni pensavo di essere finita. Non c'erano molte parti interessanti, forse me ne arrivava una all'anno», raccontava la Streep nel 2008 a un giornalista.[20] «Non solo le donne, un sacco di attori si affidano alla chirurgia estetica, non ha idea quanti. Non capisco questo fenomeno. Bisogna accettare il fatto che si invecchia».

Forse lei è pronta per il primo piano così com'è, senza artifici, ma se diamo un'occhiata ai membri del club esclusivo Soho House di West Hollywood ci rendiamo conto quanti siano i colleghi della Streep (anche quelli che lavorano dietro la macchina da presa) che spendono tempo e denaro per essere sicuri di presentare una faccia perfetta allo sguardo del mondo. Mentre aspetto Rebecca Keegan, giornalista cinematografica di Los Angeles, osservo gli executive che parlano di affari utilizzando termini iperbolici per compensare la mancanza di espressività dei loro volti botulinizzati: «Il suo lavoro ci piace da morire. Lo adoriamo, lo troviamo incredibile, davvero».

La Keegan, entusiasta, crede che la Streep sia «dispensata dal seguire le regole che si applicano alle donne. Riesce a fare un film come *È complicato*, che in realtà è la fantasia di una cinquantacinquenne: casa meravigliosa, lavoro fantastico e due uomini attraenti e dell'età giusta che le fanno la corte». Originaria dello Stato di New York, Rebecca osserva la California con l'occhio divertito di una outsider: «Da queste parti prendersi cura del proprio corpo è uno sport competitivo», osserva.

La mattina le donne si alzano e vanno al corso di pilates, poi dall'estetista. Seguono programmi di mantenimento sfiancanti. Alcune persone devono essere belle per il lavoro che fanno, altre per non lasciarsi sfuggire la persona che gli paga il mutuo.
Una volta mi trovai seduta accanto a una donna molto elegante, avrà avuto quarantacinque anni, bella borsa, pettinatura curatissima, perfetta in tutto. Sedendosi tirò un sospiro e disse: «Quanto sono stanca». Poi le squillò il telefonino, era di sicuro il marito o il compagno che le chiedeva di ordinare la cena. Lei rispose: «Amore, non sai che giornata ho avuto. Prima il tennis con le ragazze, poi ho portato Barney dal veterinario, poi sono dovuta andare in banca». Parlava di cose che una donna normale fa nella pausa pranzo tra le altre mille che ha in lista d'attesa.

20. Martyn Palmer, "Meryl Up Close", *Good Housekeeping*, 1 agosto 2008.

Potremmo osservare l'impatto dell'amortalità – e l'ostacolo rappresentato dalla discriminazione in base all'età – in ambienti professionali di ogni tipo, ma preferiamo rimanere nell'industria dello spettacolo, non solo perché pullula di amortali ma anche per il fatto che riflette e modella allo stesso tempo il nostro atteggiamento nei confronti dell'età e dell'invecchiamento. Hollywood diffonde atteggiamenti amortali e allo stesso tempo con la sua venerazione della giovinezza rafforza la discriminazione.

Queste posizioni conflittuali si estendono oltre i confini della California. «Los Angeles – sottolinea la Keegan, – è l'epicentro della negazione del processo di invecchiamento». L'America è un paese spaccato in due. Da un lato una minoranza esigua di «gente famosa, senza età e magrissima», dall'altro una maggioranza obesa. «L'industria dello spettacolo influenza le aspirazioni della gente, che in genere non ce la fa a somigliare ai divi neanche lontanamente». Lo sguardo ci cade sul tavolo accanto al nostro: due donne pranzano insieme, se vogliamo definire pranzare l'azione di spingere qua e là sul piatto mucchietti di insalata di quinoa con la forchetta. Potrebbero essere sorelle oppure madre e figlia, oppure due amiche con lo stesso chirurgo estetico. «Difficile capirlo in questa città, – dice la mia ospite. – La cosa strana è questa gara tra madri e figlie a chi è più splendida e sexy. In California le donne tendono a conservare un aspetto giovane e disponibile più a lungo che altrove. Madri e figlie cercano di essere attraenti per lo stesso tipo di uomo e hanno gli stessi gusti in fatto di fidanzati».

In un locale molto frequentato per il brunch domenicale nella Valley sono circondata da persone la cui preoccupazione principale è rimanere splendide e sexy. Attori, agenti, produttori, registi e camerieri, ovvero la versione losangelina di questa professione: aspiranti attori che aspettano la grande occasione e intanto portano ai tavoli caffelatte scremati e muffin ipocalorici. Lo sceneggiatore (*L'ultimo contratto* e *Alta fedeltà* di Stephen Frears, con cui sta lavorando a un nuovo progetto) e attore D.V. De Vincentis osserva la scena insieme a me e dice che la chirurgia estetica sta rendendo sempre più complicato il casting dei film.

> Molte donne non riescono più ad avere una mimica facciale appropriata, non sono più espressive come una volta. Sono come congelate, che dipenda dal botox o dalle labbra gonfiate o dal lifting. Poi hanno tutte la stessa faccia che riflette l'ideale dei chirurghi. Quel tipo di faccia si vedeva qualche anno fa a Park Avenue e a Beverly Hills su certe signore ricche che volevano sembrare giovani, ma oggi ce l'hanno anche le giovani, per cui senza rendermene conto le considero più vecchie.

La Streep ha dimostrato che una donna matura può sbancare il botteghino, ma i film che hanno per protagoniste e pubblico le donne della sua età sono rari. Eppure l'industria cinematografica non sembra fare caso all'età degli attori quando mette al fianco di un sessantenne un'attrice coetanea della fidanzata di Hefner oppure lo lancia in scene d'azione. Perché allora continua a rifiutarsi di dare alle sempre più numerose donne mature il prodotto che vogliono? È una storia complicata. Nel caso delle mega produzioni «è esclusivamente una questione di soldi. Nel film può succedere di tutto, basta che sia finanziariamente sostenibile», dice De Vincentis.

Hollywood ha a che vedere con la realizzazione del desiderio inibito. Quando facciamo i film, quando creiamo le storie, quando tratteggiamo l'idea generale del film parliamo sempre di realizzazione del desiderio. Un tipo indossa il cappello magico che fa cadere tutte le donne ai suoi piedi: realizzazione del desiderio.
Hollywood non è così cinica da imporre alle persone cosa devono pensare, piuttosto cerca di capire cosa pensano e propone il prodotto che potrebbe piacergli. E alla fine ribadisce idee, più o meno sane e giuste, che sono già nell'aria. Non parliamo certo di ideologie...
Vivere in eterno è un desiderio e l'attore sessantacinquenne che esce con la trentenne senza che la cosa sia strana è puro desiderio inibito. Così come essere una donna di mezza età, ricca, con schiere di uomini che se la contendono.

Sono passati oltre due secoli da quando Mary Wollstonecraft – madre di Mary Shelley, l'autrice di *Frankenstein* – criticava il modo in cui le donne venivano educate nella società dell'epoca: «Sin dall'infanzia si insegna loro che la bellezza è lo scettro della donna, per cui la mente si conforma al corpo e, costretta in quella gabbia dorata, finisce per avere un solo desiderio: adornare la sua prigione».[21] Ancora oggi poche di noi crescono senza essere contaminate dall'idea che la bellezza determini il nostro valore. Insomma, la situazione è ancora più o meno la stessa, non solo a Hollywood. Durante l'adolescenza le amiche più belle di noi sono più corteggiate da ragazzi più attraenti. Se vogliamo riprodurci dobbiamo incastrare l'uomo prima di compiere trent'anni e sarà così almeno finché la tecnologia della fecondazione non progredisce. Sul lavoro non bastano qualifiche, obiettivi raggiunti e professionalità a garantirci il successo. Uno studio del

21. Mary Wollstonecraft, *A Vindication of the Rights of Woman: with strictures on political and moral subjects*, 1792.

1991 ha verificato che per ogni "unità di bellezza" una laureata in business administration può arrivare a guadagnare duemilacentocinquanta dollari in più.[22]

Con un bell'aspetto si guadagna di più anche se si è uomini, benché la definizione di bellezza maschile sia elastica come la pelle giovane, comprendendo anche le facce sgualcite e cuoiose di alcuni divi di Hollywood e arrivando a prevedere ritocchi chirurgici che ne spostano ulteriormente i confini. Un film che preveda come protagonista di una storia romantica un'attrice che il pubblico femminile considera "normale" non rappresenta la realizzazione di un desiderio inibito se nella trama non è inserito un colpo di scena che ne riveli la bellezza nascosta. Il problema è che con l'età il corpo femminile limita la possibilità di tali trasformazioni: una Miss Jones sessantenne che si scioglie i capelli e si sfila gli occhiali rimane una sessantenne destinata tutt'al più a diventare un po' più cadente.

A meno che non si tratti di Meryl Streep, ossia l'ideale della donna matura a proprio agio nella sua pelle levigata, che non dà l'impressione di combattere l'invecchiamento e che il tempo sembra non toccare: una bellezza senza tempo. Il problema della gioventù è che ci ricorda del suo contrario. La Streep invece ci permette di sognare. Stabilisce uno standard di amortalità femminile e contemporaneamente ne trae beneficio.

Ma c'è sempre qualcuno che cerca di mettere in discussione gli standard, di creare qualcosa di significativo nel cinema, di fare arte. «Nel momento in cui abbiamo tempo libero a disposizione iniziamo a fare cultura. L'uomo iniziò a dipingere sulle pareti delle caverne quando si fu assicurato il sostentamento», sostiene De Vincentis. Nei periodi di crisi le case di produzione cercano un pubblico facile, mentre con l'abbondanza «i produttori vogliono l'Oscar, perciò si mettono alla ricerca di registi e di attori seri e prestigiosi, interessati a creare qualcosa di valido».

I film d'essai, disponendo di budget inferiori in previsione di incassi proporzionati al pubblico limitato e dai gusti più raffinati, nascono liberi dalle esigenze di botteghino che prevedono il modello «realizzazione del desiderio inibito» e sono un buon territorio da

22. Irene Hanson Frieze, Josephine E. Olson, June Russell. "Attractiveness and Income for Men and Women in Management", *Journal of Applied Social Psychology*, luglio 1991.

esplorare alla ricerca di frammenti di filosofia amortale. In *Incontrerai l'uomo dei tuoi sogni*, film di Woody Allen presentato a Cannes nel 2010 (un piccolo aneddoto che mi riguarda: in alcune scene del film si vede l'atrio degli uffici londinesi di TIME. Al momento delle riprese – un venerdì sera e un fine settimana di agosto del 2009 – ero in ufficio che tribolavo per consegnare un lavoro entro i tempi stabiliti e non riuscivo a concentrarmi proprio a causa della troupe) ritornano le ossessioni del regista, la morte e le pene d'amore come distrazione dal pensiero della fine. La previsione scontata dell'indovina, «Incontrerai un uomo alto e dai capelli scuri»[23] rappresenta sia la possibilità dell'amore sia l'inevitabilità della morte, ovvero «lo sconosciuto alto e moro che tutti prima o poi incontriamo», nelle parole di uno dei personaggi.[24] «Il mio rapporto con la morte non è cambiato: mi sta ancora antipatica», ha detto Allen ai giornalisti durante il festival.[25]

E non è in cattiva compagnia, a giudicare dall'accanita longevità dei registi che si trovavano a Cannes insieme a lui. Il mio collega Richard Corliss osservava come il festival non si dimentica mai di invitare i registi «pur decrepiti e nonostante i loro lavori siano quando disperati, quando cigolanti».[26] Corliss fu il primo a dare un giudizio entusiastico di *Tamara Drewe – Tradimenti all'inglese*, diretto da Frears, il collaboratore di De Vincentis, che stava per compiere sessantanove anni. L'articolo però iniziava con una lamentela:

> Quest'anno come non mai Cannes è un paese per vecchi. Il presidente onorario è Manoel de Oliveira che a 101 anni presenta *Lo strano caso di Angelica*. Nei primi sei giorni di festival gli fanno compagnia Ridley Scott (72 anni) con *Robin Hood*, Mike Leigh (67) con *Another Year*, Woody Allen (74) con *Incontrerai l'uomo dei tuoi sogni*, Bertrand Tavernier (69) con *La princesse de Montpensier*, Jean-Luc Godard (80 a dicembre) con *Film socialismo*, e Abbas Kiarostami (70 a giugno) con *Copia conforme*.
> Non abbiamo niente contro il club dei nonni registi, e conosciamo una decina di critici che potrebbero unirsi al gruppo, ci limitiamo a sottolineare il contrasto tra questa bellissima località di villeggiatura piena di giovani e affascinanti stelle del cinema e i film che vengono proiettati, perlopiù incentrati sulla morte e il disfacimento.

---

23. *You Will Meet a Tall Dark Stranger*, il titolo originale del film. [n.d.t.].
24. Jason Solomons, "Woody Allen's Fourth London Film is an Elegant Return to Form", *Observer*, 16 maggio 2010.
25. *Ibid.*
26. Richard Corliss, "Cannes: Tamara Drewe to the rescue!", *TIME.com*, 17 maggio 2010.

Per gli standard di Cannes Anton Corbijn era uno sbarbatello di cinquantadue anni quando, nel 2007, il suo film venne presentato al festival. Intitolato *Control*, raccontava la vita e la tragica morte per suicidio di Ian Curtis, il cantante dei Joy Division. Era il debutto tardivo nel cinema di un fotografo ritrattista, regista di video musicali e scenografo conosciuto in tutto il mondo, autore di un'opera fotografica non commerciale, oggetto di mostre. La sua etica del lavoro lo porta a non risparmiarsi. Dal primo lavoro nel suo paese d'origine, l'Olanda, non si è mai fermato.

> Lavoro da quando avevo dieci anni. Abitavo in un paesino e il sabato davo una mano al lattaio, che all'epoca girava ancora con il cavallo. Mi pagava cinque fiorini. Poi l'anno dopo abbiamo lasciato l'isola, ma tornavamo per le vacanze, e per tutta la durata delle ferie lavoravo. Misi da parte i soldi per comprarmi la bici, la mia prima bici, ed ero molto consapevole del fatto che potevo comprare una cosa bella perché lavoravo. Ero orgogliosissimo della mia prima bici, l'avevo comprata con i miei soldi.
>
> Credo che a un certo punto dovrò fare una pausa dal lavoro, tipo un anno, ma ancora non ci sono riuscito. Ora che ho scoperto il cinema mi sembra che il tempo sia più prezioso che mai. Non sono mai stato così preso.
>
> Una vacanza vera e propria non l'ho mai fatta, tutt'al più sei settimane in India. Quando ero lì però mi svegliavo la notte perché nel sogno c'era qualcosa che non andava. «È troppo grigio, è troppo grigio», dicevo. Non riuscivo proprio a mollare.

Il lavoro è la sua vita. Si applica a tenere vive le sue tante amicizie, ma ammette di non riuscire a mantenere contatti regolari a causa di una vita nomade. Si è sposato da giovane, ma qualche anno fa si è separato. Non ha figli.

> Da giovane non ho mai voluto figli perché ero sicuro che il mondo sarebbe finito, e poi non credo di essere mai stato pronto. Naturalmente essendo uomo posso diventare padre anche in tarda età, è un vantaggio. Il mio legame con la gioventù sono i miei sei figliocci, poi c'è il figlio di mia sorella che ha undici anni e vive nella mia città. Questo nipote è l'unico bambino che ho visto crescere.

Verrebbe da credere che una persona talmente affaccendata da non trovare il tempo per respirare non abbia neppure occasioni per pensare alla morte, e invece tutta la sua opera è pervasa di riflessioni sulla caducità. Corbijn, figlio miscredente di un pastore protestante, riconosce l'influenza della Chiesa nel proprio stile severo e ben riconoscibile, ma non ha mai trovato conforto nella sua dottrina. Giovane fotografo, era attratto da soggetti che non «erano certo persone felici, alcuni avevano tendenze suicide», come Kurt Cobain dei Nirvana e il musicista e pittore olandese Herman Brood. «Persino nei miei primi due film il protagonista muore alla fine», dice Corbijn. Al momento del nostro incontro stava lavorando al progetto del terzo film in cui il protagonista muore prima dei titoli di coda.

Nella sua introversione il fotografo-regista Corbijn non sembra avere molto in comune con le farfalle amortali che svolazzano da un film a una canzone a una sfilata di moda, eppure è attratto da quei mondi nella misura in cui gli promettono leggerezza di spirito e lo sollevano temporaneamente dal cupo pensiero dell'inevitabile. Gli artisti amortali reagiscono in vari modi alla consapevolezza della propria mortalità. Alcuni si creano un'esistenza fitta di lavoro e feste in compagnia di amortali meno complicati di loro, il tipo di amortale felicemente inconsapevole del passare del tempo. Altri abbinano a queste tecniche di fuga una concentrazione ossessiva sulla morte, che la feticizza e la trasforma in un'opera d'arte. Tali comportamenti sono l'equivalente creativo del guidare a rotta di collo, del bungee jumping dai grattacieli e di qualsiasi atto di sfida che i teorici del Tmt considerano sintomo di – e reazione a – un'angoscia implicita.

Il racconto che Corbijn fa di un evento in cui si è trovato a un passo dalla morte ricorda le osservazioni di Oliver James sul potere di trasfigurazione che hanno certi eventi drammatici i quali ci insegnano ad apprezzare la vita e fanno piazza pulita di certe angosce.

> Parte di quel cambiamento è avvenuta quando avevo ventinove anni. Mi ero ammalato in Inghilterra e l'esperienza che avevo avuto del servizio sanitario era stata orrenda. Con gran difficoltà riuscii a rientrare in Olanda. Ero in pessime condizioni, avevo i polmoni pieni d'acqua [...].
> La convalescenza fu lunga e mentre ero in ospedale pensavo che se fossi morto mi sarebbe dispiaciuto non aver goduto della vita un po' di più. Il mio ventinovesimo compleanno lo avevo celebrato andando al cinema Scala di Londra per una retrospettiva su Tarkovsky che durava tutta la notte. Invece il trentesimo, tanto per dare un'idea di quanto ero cambiato, lo celebrai in un locale de L'Avana con i ragazzi degli Yello [un gruppo di musica elettronica, n.d.a.]. Insomma qualcosa era cambiato, avevo iniziato a godermi le esperienze un po' di più. Oggi cerco di vivere nel presente.

Nel 2000 il museo Groninger, nella città olandese di Groningen, ha organizzato una mostra antologica dell'opera di Corbijn radunando i lavori degli ultimi venticinque anni. L'esposizione è stata inaugurata da Bono, che Corbijn agli inizi della propria carriera ha trasformato in icona immortale del pop. «Farsi fotografare è un atto intimo, – dichiarò il cantante. – È come fare sesso. Io faccio sesso con Corbijn da quasi vent'anni». L'anziano padre del fotografo aveva una conoscenza dell'inglese che gli permise di capire solo l'ultima frase e fu l'unico a rimanere serio mentre tutti ridevano.

Se in gioventù farsi fotografare è come fare l'amore, più in là negli anni diventa una sorta di violenza, specialmente da quando il digitale ha sostituito la pastosità gentile delle immagini analogiche. La tecnologia contribuisce ad abbassare l'età delle modelle e aumentare l'uso di Photoshop ogni qualvolta personaggi della generazione di Bono vengono ritratti con modelle che hanno meno della metà dei loro anni per uscire sulle riviste patinate. Durante le riprese di *Control* la risoluzione della telecamera costrinse Herbert Grönemeyer a prendere atto della sua età.

> Anton mi fece indossare una parrucca e un paio di occhiali, – racconta Grönemeyer. Pensai: «Oddio». Che impressione. «Non è possibile che quel doppio mento sia mio». È davvero dura. Se fossi solo un attore e ci fosse un film ogni cinque anni che testimonia del fatto che sto invecchiando, con immagini che non puoi cancellare, sarebbe davvero brutto.

Grönemeyer non è certo immune dall'egocentrismo – un cantante-attore sprovvisto di ego è fenomeno altrettanto raro e notevole del drago di Hagrid – ma a differenza dei suoi colleghi americani ed europei lui prende atto, seppur con tristezza, del passare degli anni. Forse in Germania è più facile adeguarsi a queste cose, e nella gelida Berlino ancora più che altrove. Attualmente Berlino è la residenza principale di Grönemeyer.

> Qui l'aria è molto buona. Ci sono molti laghi e boschi e la città è abituata ad avere una popolazione anziana, anzi, per certi aspetti è come se fosse fatta per gli anziani. Era famosa per le sue case di riposo e le comunità per pensionati ancora prima che venisse giù il muro. La Germania non è tanto per i concorsi di bellezza, men che meno Berlino. La ricchezza non è esibita, non c'è la gara a farsi belli e gli anziani sono rispettati e integrati nel tessuto sociale.

Alcuni tedeschi facoltosi preferiscono non dover verificare fino a che punto arrivano il rispetto e l'integrazione. Ho visto la mia prima mono-faccia nei giorni antecedenti l'invasione dell'Iraq, alla Royal Academy di Londra durante l'anteprima a inviti di una mostra dedicata ai capolavori sopravvissuti al bombardamento che sessant'anni prima aveva distrutto Dresda. Tra gli invitati c'erano Tony Blair e il cancelliere Gerhard Schröder, nonché una nutrita schiera di industriali tedeschi e relative consorti. Venni presentata a una di queste signore che aveva la faccia tirata come una delle tele in esposizione. Pochi minuti dopo ci incrociammo di nuovo, ma lei sembrò non riconoscermi. La terza volta che mi guardava senza riconoscermi, mi si accese una luce: in realtà erano tre donne diverse che avevano la stessa monofaccia e probabilmente anche un chirurgo in comune.

La gente ricca in genere vive più a lungo, ma rischia di cadere in una trappola, ovvero credere che i soldi comprino ogni cura e ogni soluzione. Grönemeyer ha provato sulla sua pelle e in modo crudele i limiti della medicina. Nel 1998 sua moglie quarantacinquenne e suo fratello quarantaquattrenne sono morti a due giorni di distanza di due tipi diversi di cancro.

Questa perdita lo ha costretto a confrontarsi con la morte e a cercare sopportarla, ma non lo ha trovato completamente a corto di strumenti poiché a suo tempo il padre calvinista e privo di un braccio gli aveva fornito i concetti filosofici giusti. Grönemeyer cerca di imitare la figura paterna nel suo rapporto con i figli, cercando di lasciarli liberi di esprimersi ma allo stesso tempo proteggendoli sotto la sua ombra.

Cerco di essere sempre più forte, come un albero che cresce ma non invecchia. E poi, quando gli alberi più giovani saranno abbastanza grandi, cadrò per far loro posto e con il mio legno i miei figli costruiranno una panca.
Mio padre era così, un uomo retto che non ha mai avuto problemi con il proprio aspetto, e anche se gli mancava un braccio lui si sentiva bello, sicuro di sé ma non arrogante, a suo agio con se stesso.
L'unica cosa che possiamo fare non è cercare di rimanere giovani, ma sentirci bene nella nostra pelle, una pelle un po' floscia, certo, muscoli che non ci sono più, ma tanta gioia nella testa e tante persone felici intorno che ti rendono la vita meravigliosa e ti fanno crescere.

Di smettere di lavorare non se ne parla. Per Grönemeyer fare musica è necessario «come fare la doccia ogni mattina». «Gli artisti non vanno in pensione», afferma. Tuttavia per coloro che si esibiscono su un palco invecchiare è una questione delicata. Mick Jagger e Iggy Pop hanno scelto la strada amortale full-optional e continuano a spendersi con la stessa energia e convinzione di sempre. Grönemeyer invece vuole invecchiare «in modo discreto, non continuare a sbattersi su un palco come uno scemo facendo finta di essere ancora un figo». Ma non gli manca certo l'ambizione: «Mio padre disse: "Voglio arrivare a ottantasette anni", e ce l'ha fatta. Io ho deciso che voglio arrivare a novantasei e che darò l'ultimo concerto a ottantanove. Sì, il mio ultimo concerto sarà a quell'età».

La preparazione di questo libro ha comportato una riflessione sugli amortali che fanno parte della mia famiglia. A un certo punto mi sono resa conto che di sette cugini di primo grado io sono l'unica ad avere un lavoro con contratto a tempo indeterminato. Le mie sorelle e due cugine lavorano nel mondo dello spettacolo, un ambito in cui il posto fisso è raro. Forse hanno scelto quella strada proprio perché l'idea del posto fisso non le attirava. I cugini che non lavorano nello spettacolo sono freelance oppure imprenditori.

Adam Bezark è uno dei cugini imprenditori. Ha fondato la Bezark Company diciotto anni fa, ma il suo spirito imprenditoriale risale ai tempi dell'università, quando si inventò un corso di laurea per diventare *imagineer* una professione che negli anni Settanta era a malapena abbozzata. Fece in modo che la University of South California lo lasciasse libero di comporre un corso di studi che univa cinematografia, architettura, gestione e contabilità. Dopo la laurea andò subito a lavorare per la Walt Disney Corporation e diresse il suo primo spettacolo a Disneyland a ventiquattro anni. Poi passò agli Universal Studios dove progettò le scenografie di *Ghostbusters* e *Jurassic Park*, dette più mordente a *Lo squalo* e lavorò insieme a James Cameron e Arnold Schwarzenegger per creare l'esperienza virtuale di *Terminator 2* in 3D. Poi è tornato alla Disney, ha lavorato in vari musei e parchi a tema in giro per il mondo e ha curato gli spettacoli del Cirque du Soleil a Las Vegas. Tra i progetti una tantum si conta la sceneggiatura e la regia dell'evento che ha celebrato il cinquantenario del Golden Gate Bridge di San Francisco, nonché lo spettacolo da tredici milioni di dollari di fuochi d'artificio, giochi di luci laser e barche illuminate che ha segnato il ritorno di Hong Kong alla Cina.

Nonostante un curriculum nutritissimo e mezzo secolo di presenza nel mondo, Adam è ancora il cugino con cui giocavo più volentieri. Ha un'immaginazione senza limiti, è divertente e si entusiasma per qualsiasi cosa. Nel maggio 2010 mi ha accompagnato in macchina da Pasadena a Sun City e le due ore di viaggio sono state, come sempre quando vado in giro con lui, un susseguirsi di esclamazioni di gioia: «Guarda lì! Incredibile!», «Che bello», «Che figo!», «Wow!». Una fila di alberi carbonizzati sul bordo dell'autostrada, residuo di un incendio spontaneo, ai suoi occhi sono diventati affascinanti forme gotiche. «Mi piace quasi tutto della vita e di cose per cui entusiasmarsi ce n'è quante uno ne vuole», ha replicato quando l'ho preso in giro.

Non ricordo se qualcuno mi ha mai detto che bisogna fare quello che ci appassiona, io l'ho fatto comunque. Ricordo che a un certo punto, ero alle superiori, ho cominciato a cercare di capire cosa volevo fare da grande e papà disse: «Scrivi ingegnere». Era una cosa ridicola da suggerire perché era proprio la professione che non avrei scelto mai e poi mai, ma lui era fatto così. Qualche tempo dopo eravamo a tavola e stavamo parlando della mia ossessione del momento per Disneyland e papà disse: «Se ti piace così tanto perché non ne fai una professione?».
Mi sentii come se mi avesse preso un macigno: davvero potevo farlo? L'ossessione allora ne generò un'altra: come entrare a far parte di quel mondo. Allora non esistevano percorsi stabiliti, toccava improvvisare. Oggi ci sono corsi di design ambientale, progettazione museale, e persone come me che insegnano design di parchi a tema. All'epoca non c'era nulla di tutto ciò.

Quando insinuo che i suoi entusiasmi fanciulleschi siano appropriati alla specializzazione in spettacoli per bambini che si è scelto, lui non è d'accordo. E ha ragione, perché nei parchi che progettava per la Disney deve divertirsi tutta la famiglia (ovvero quella che in passato ci si aspettava fosse una famiglia), dal bambino, all'adolescente, al genitore, al nonno senza momenti di discontinuità. La genialità di quei parchi consisteva nella loro capacità di catturare l'interesse delle diverse fasce d'età per ore e giorni, nel far pagare il biglietto una sola volta all'entrata e non a ogni attrazione, lasciando liberi i visitatori di spendere per il cibo e i gadget. C'erano divertimenti tranquilli per i più piccini e attrazioni adrenaliniche per i grandi; le magliette di Topolino erano disponibili in tutte le taglie e l'esperienza piaceva a ogni età.

È ancora così, ma la magia scintillante dei parchi a tema ha perso lustro, soppiantata in parte dalla grande diffusione dell'home entertainment che garantisce esperienze virtuali e coinvolgenti. «Se entrassi oggi nel mondo del lavoro per la prima volta, cercherei ancora l'idea che mi ossessioni, ma sarebbe qualcosa di diverso», dice Adam.

Potrebbe essere la computer grafica o la realtà virtuale. A questo punto della mia carriera la questione che mi tiene più occupato è come trovare modi per ridare vigore al mio settore, per riportarlo ai livelli di popolarità che aveva quando ci sono entrato. Voglio scoprire qual è la cosa che andrà più forte nell'immediato futuro. Allo stato attuale se vuoi fantasia e intrattenimento rimani a casa davanti allo schermo, e se cerchi vero spettacolo esci di casa e vai al ristorante o vai al mare a fare immersioni, per esempio.

Il capitolo successivo parla di consumatori amortali ed evidenzia le due qualità che hanno maggiore possibilità di attirare la nostra attenzione in un mercato saturo di offerte: l'autenticità e l'atemporalità. La prima fa quello che promette sull'etichetta, ovvero in un'epoca di copie, di falsi e di virtuale ci garantisce qualcosa di tangibile, inimitabile e forte. L'atemporale, invece, nell'età dell'effimero, del fast food, delle mode di una stagione e del ricambio continuo, ha un prestigio particolare. Gran parte della merce e dei servizi porta impresso una sorta di codice come il marchio sui dischi da esportazione che la situa precisamente in un periodo. Ma esistono progetti e oggetti che trascendono il presente diventando classici senza tempo. Parlo di alcuni percorsi dei parchi Disney che, nonostante l'ingombrante apparato di pupazzi robotizzati, esercitano un fascino senza tempo. *Dark ride* come i Pirati dei Caraibi e la Casa dei Fantasmi sono ambientate in un passato immaginario.

Tomorrowland, invece, rappresentava un futuro che non sarebbe mai diventato presente. Quando nel 1955 fu inaugurata Disneyland:

> [...] gli americani non stavano nella pelle, volevano visitare il futuro. Chi non aveva un figlio che disegnava robot, chi non progettava un'automobile volante nel garage? Io mi nutrivo di cartoni animati come *I pronipoti*, e la divulgazione scientifica ci raccontava meraviglie. Quelli erano gli anni della fantascienza ottimistica. Certo, c'erano anche le distopie, ma era roba alla Buck Rogers. Il futuro era splendente e non era possibile immaginare che qualcosa andasse storto nel mondo. Se il presente era fantastico il futuro sarebbe stato ancora più meraviglioso.

Una guida di Disneyland del 1962 trabocca di ottimismo nei confronti di un'epoca meravigliosa che era alle porte e descrive Tomorrowland come «un progetto vivente per il nostro futuro». Un mondo dalle curve aerodinamiche come una Oldsmobile degli anni Cinquanta, in cui era possibile vivere nella «casa di plastica del futuro costruita dalla Monsanto» e prenotare «voli intergalattici a bordo di un razzo» esattamente cinquant'anni prima che Virgin Galactic prendesse la prima prenotazione. «A Tomorrowland vivrete il mondo che i più importanti scienziati e industriali americani prevedono», prometteva inoltre la guida.

Per Walt Disney, il suo creatore, il domani non sarebbe mai arrivato troppo presto. Al pari di Kurzweil e de Grey, Disney credeva appassionatamente nel fatto che la scienza potesse liberare gli individui dalla loro connaturata obsolescenza. Ma Tomorrowland era una ricerca scolastica se paragonata ai piani ambiziosi che aveva in serbo per una certa zona paludosa della Florida.

Epcot – acronimo di *Experimental Protoype Community of Tomorrow* – è una sorta di dependance di Disney World che offre ai visitatori uno strano miscuglio di visioni futuristiche e caricature nazionali sul bordo di un lago. Se si percepisce una mancanza di coerenza rispetto agli altri parchi a tema Disney è perché non si è mai voluto che Epcot fosse un'attrazione. Walt era un amortale doc e cercava autenticità e atemporalità. Nel 1966, durante una conferenza stampa, annunciò che Epcot sarebbe stata una vera città «come dovrebbe essere la città del futuro». «Sarà una comunità pianificata e controllata, una vetrina per l'industria e la ricerca americana, e offrirà opportunità per fare cultura e istruzione. A Epcot non ci saranno aree povere perché non permetteremo che si sviluppino, non ci saranno proprietari e di conseguenza nessun socio di maggioranza. Le persone affitteranno la casa in cui vivono e gli affitti saranno bassi. Non esisteranno pensionati perché tutti lavoreranno a seconda delle abilità e possibilità. La condizione che poniamo è che le persone chi ci abiteranno tengano viva Epcot».[27]

Nel mondo immaginato da Disney non ci sarebbero state né pensione, né morte. Sfortunatamente, nel mondo che non aveva progettato lui, soffriva di tumore ai polmoni e cercava febbrilmente soluzioni (tra cui l'ibernazione) che prolungassero la sua esistenza permettendogli di partecipare alla cerimonia di inaugurazione di Epcot. Tra le tante storie che si raccontano sui suoi ultimi giorni di vita ce n'è una che lo vede nel suo letto d'ospedale che utilizza i quadrati sul soffitto per suddividere Epcot in lotti da assegnare.

Nel novembre 1966 gli fu asportato un polmone, che venne criopreservato. Morì meno di un mese dopo. Ufficialmente è stato cremato e le sue ceneri sepolte nel Forest Lawn Memorial Park di Glendale, California, ma si sussurra che in realtà sia stato ibernato. «Quando si risveglierà e vedrà cos'hanno fatto alla sua città del futuro si arrabbierà moltissimo», ha raccontato un ex socio al biografo di Walt Disney. «Alla Disney cadranno parecchie teste, glielo assicuro».[28]

27. Leonard Mosley, "The Wounded Bear" in *Disney's World*, Stein and Day, 1985.
28. Ivi, "Finis".

Consumatori amortali

Perché noi valiamo

Le immersioni subacquee danno un senso al vostro viaggio creando meraviglia
e avventura in vacanze che persone meno fortunate di voi
passano banalmente stese sotto l'ombrellone.

Manuale di diving sportivo

Io lo dico sempre: lo shopping costa meno dello psichiatra.

Tammy Faye Bakker

The problem of leisure
What to do for pleasure.

Gang of Four, *Natural's Not In It*

Epcot portò la civiltà in una zona paludosa. Sun City Shadow Hills, come Las Vegas, ha trasformato il deserto in un giardino. I trecentododici ettari del complesso residenziale Sun City racchiudono il sinuoso tracciato di un verdeggiante campo da golf, i rossi palpitanti e i rosa intensi di oleandri, bouganvillee e rose tea, e una fiorente colonia di «adulti attivi dai cinquantacinque anni in su» come si legge nell'opuscolo pubblicitario rivolto ai fortunati ultracinquantenni a cui è permesso comprare il sogno di Sun City. Quando nel 1960 il magnate dell'edilizia Del Webb inaugurò la prima comunità Sun City per pensionati, Disney non aveva ancora cominciato a disegnare la pianta di Epcot e pochi avrebbero immaginato che nel tempo l'eredità di Webb sarebbe diventata più simile al progetto originario di Epcot di quanto non lo sarebbe diventata la creatura di Walt. Le persone non si trasferiscono in una delle oltre cinquanta repliche di Sun City sparse per gli Stati Uniti per aspettare l'uscita di scena, piuttosto ci vanno perché desiderano nuove prospettive di vita.

«Quando vedo cosa ho costruito penso che sia la più gran soddisfazione della mia vita», dichiarò Webb nel 1962 in un'intervista al *TIME* che gli dedicò una copertina. «Un vecchietto è venuto da me con le lacrime agli occhi e mi ha ringraziato di aver costruito Sun City. Mi ha detto che pensa di passarci i quarant'anni più felici della sua vita».[1]

Webb è morto nel 1974. Nel 2001 la compagnia è stata conglobata dall'impresa di costruzioni Pulte Homes mantenendo il marchio. Sun City Shadow Hills, inaugurata nel 2004 a Coachella Valley in California è una delle comunità più recenti e conta di raggiungere quota tremilaquattrocento abitazioni nel 2015. Procedendo in auto lungo le strade immacolate di macadam rosso in una giornata di sole e cielo azzurro che più azzurro non si può, ci si chiede se per caso non siamo capitati in un set cinematografico. E le case multicolore sono ancora più stranianti. In lontananza, sul fairway del campo da golf, si distinguono figure tremolanti nel calore e si sente il ronzio di una golf car che si sposta lungo un vialetto perimetrale. I marciapiedi sono deserti. Ma dopo aver suonato alla porta di Patti e Phil Wolff, (entrambi sessantaduenni), si scopre il motivo della quiete innaturale. La coppia ha invitato alcuni amici, Larry Johnson (sessantadue anni), Bruce Atkinson (sessantacinque anni) e Mary O'Brien (settant'anni e mezzo) – una buona fetta della allegra e chiassosa popolazione di Sun City – che sono già comodamente sistemati nel soggiorno-cucina open space e vengono presto raggiunti da Simha Skinner (sessantasei anni), residente di una comunità recintata più antica in fondo alla strada. Oltre le grandi porte-finestra scorrevoli si intravede il giardino sul retro della casa, un trionfo verde che il vicino definisce una «gran figata». E dal giardino arrivano segnali di fumo aromatico che annunciano alla comunità che presto Patti servirà uno di quei pranzi per cui è famosa.

I Wolff sono arrivati da nemmeno due anni ma sono già considerati le colonne portanti della vivace vita sociale della comunità. «Uno degli aspetti interessanti di Sun City è che si tratta di una comunità pronta all'uso», spiega Johnson.

> Qui le persone ci vengono ad abitare, non esiste una seconda generazione, ovvero figli di residenti; può arrivare gente che abita a Palm Desert o Palm Springs, ma non sono molti, per cui le interazioni sono tra pari. E considerato che è un posto dove si sceglie di venire a vivere c'è un gran desiderio di partecipazione, di interazione.

1. "Modern Living: Man on the Cover: Del Webb", *TIME*, 3 agosto 1962.

Alcuni residenti mantengono un legame con la loro vita precedente, passando l'inverno a Sun City e tornando alla loro famiglia in estate. È un fenomeno abbastanza diffuso che spiega la calma che regna per le strade. Il numero di maggio 2010 di *The View*, la rivista della comunità, ricorda a coloro che svernano qui di riconsegnare i libri in biblioteca prima di partire. La rivista celebra poi i successi sportivi dei residenti raccontando di un torneo del fitness che ha visto affrontarsi i residenti di cinque diverse Sun City in discipline come la corsa, il ciclismo, il nuoto e portare a passeggio il cane (Shadow Hills è arrivata complessivamente seconda). Il calendario delle attività del mese entrante occupa quattro pagine e copre aree che vanno dal pilates ai corsi di ukulele alle lezioni di fitness che frequentava anche Patti finché la sua amica di ginnastica O'Brien l'ha piantata in asso adducendo impegni lavorativi e lei ha «perso un po' la motivazione».

Ma non significa che sia rimasta in panciolle. Nel gennaio 2010 Patti ha portato a termine la sfida più ambiziosa che abbia affrontato finora, organizzando per il Rainbow Club – l'associazione gay e lesbiche della comunità fondata e presieduta da Atkinson, il compagno di Johnson – un ricevimento danzante a cui hanno partecipato ottantuno ospiti. Rifiuta le lodi per i piatti che ha cucinato, pollo alla parmigiana, pasta vegetariana, insalate, dolci al cucchiaio e torte. «Quando ho saputo che avrebbero chiamato un catering e quanto avrebbero pagato a persona ho detto: "Ma dai! Posso cucinare io e farti pagare la metà. E posso anche darti più scelta". Ho cominciato così».

Phil, il marito, è mosso da un'energia diversa. Se si collegasse alla rete elettrica illuminerebbe tutta la strada, garantirebbe l'aria condizionata alle abitazioni e l'irrigazione ventiquattro ore su ventiquattro. Gioca a softball, frequenta la super attrezzata e avveniristica palestra Montecito Clubhouse da 3250 metri quadri e si dedica al ciclismo pedalando per circa trecento chilometri a settimana. «Ha talmente tante attività che non lo vedo quasi mai», dice Patti.

Patti: «È come quando lavorava. Partiva alle cinque del mattino e non rientrava prima delle sei e mezza, sette. Certo adesso lo vedo di più, però accidenti...»
(Skinner annuisce con energia)
Skinner: «Corre sempre da qualche parte, ha sempre qualche impegno».
Patti: «Oggi ha il softball o il ciclismo? Ne fa così tante che non c'è mai. Non c'è, non so dove sia, non c'è. Torna tra un po'».

Per la vita superattiva che conduce, Phil deve ringraziare la compagnia Pacific Bell che gli ha regalato un prepensionamento di lusso, come è successo anche a Patti e Skinner, liberatesi dalla schiavitù dello stipendio tra i quaranta e i cinquanta. Nessuno di loro è mai stato ricco. Il trasferimento a Sun City li ha resi consapevoli del fatto che la loro ricchezza risiede nel tempo libero a disposizione. «È un sogno», dice Skinner. Phil concorda:

> Per noi questo è uno stile di vita lussuoso, è come abitare al Country Club, e in passato non potevamo certo permettercelo, neanche per sogno! Nella comunità ci sono residenti che invece facevano quel tipo di vita, ma la maggior parte dei nostri amici è gente come noi. È una situazione tipo: «Ma com'è che siamo così fortunati?».

O'Brien lavora ancora quattro mesi l'anno. «Mi occupo principalmente di contabilità, tasse, e mi piace moltissimo», dichiara. Johnson gestiva un'agenzia di pompe funebri nell'Oregon e oggi offre un servizio di cremazione per animali da compagnia, coadiuvato da Atkinson, che invece ha fatto l'assistente sociale per trentadue anni a New York e Phoenix, Arizona.

> Il crematorio lo gestisce lui, – dice Atkinson – io ci lavoro solo. Sono l'assistente non pagato che fa i lavori più ingrati e dico a Larry di non perdere troppo tempo a consolare i padroni degli animali. Al Pet Expo – organizzato dal club animali da compagnia di Sun City – abbiamo uno stand con la documentazione e le urne in esposizione. Vengono centinaia di padroni di gatti e cani a visitarci, e tutti quegli animali prima o poi muoiono, si sa. Gli affari non mancano mai.

«Tutto ciò che hai sempre sognato, ma nulla di ciò che ti aspetteresti». Questo slogan perfetto non è farina del sacco dei pubblicitari di Del Webb per il depliant di Sun City, bensì una frase a effetto di un film di fantascienza uscito nel 1985, *Cocoon*, la storia di tre anziani che vivono in una casa di riposo e che vanno a fare il bagno di nascosto in una piscina le cui acque possiedono misteriose proprietà ringiovanenti. I tre scoprono che gli alieni, con tecnologie avanzatissime che garantiscono l'immortalità – che si tratti degli Elohim di cui parlano i raeliani?[2] – hanno trasferito nell'acqua una forza vitale che serve a nutrire e mantenere i loro confratelli impupati all'interno di bozzoli, *Cocoon*, appunto. Viene da chiedersi se i vivaci e socievoli

2. Quello dei raeliani è un nuovo movimento religioso secondo il quale la creazione della vita sulla terra è da attribuirsi all'invenzione genetica di un gruppo di extraterrestri scientificamente progrediti di nome Elohim. *[n.d.r.]*

residenti di Sun City non abbiano messo qualcosa di simile nell'acqua delle due piscine della Montecito Clubhouse, piuttosto che semplice sale. Purtroppo la tecnologia che potrebbe arrestare gli orologi biologici che mandano avanti il crematorio di Johnson e prolungare all'infinito l'idillio costruito da lui e dai suoi amici non è ancora stata inventata.

O'Brien e Skinner sono vedove. I rispettivi mariti sono morti dopo il trasferimento a Sun City. «Mi sono sempre chiesta perché ho finito per venire a vivere in un posto come questo, poi ho perso mio marito e ho capito perché. Se fossi rimasta nella mia comunità di prima, per quanto fosse bello avere una famiglia attorno, non sarei mai stata la stessa persona, non avrei vissuto una vita altrettanto piena», dice Skinner.

O'Brien: «Per questo i miei figli sono contenti per me. Qui ho tutto, posso incontrare gente, vado al club e c'è sempre qualche iniziativa».
Skinner: «Ci diamo appuntamento con facilità, è semplice incontrarsi, non c'è da guidare per chilometri e chilometri. Uno di noi chiama e invita gli altri per un drink e in men che non si dica Patti ha cucinato per cinquanta persone. Ci penso spesso e credo che se uno vive in una comunità mista, con gente giovane che ha figli piccoli ed è sempre occupata a stargli dietro, non ti invitano a cena, non diventano amici con te, fanno semplicemente i vicini. Qui è diverso. Il contatto ti fa sentire che vivi una vita piena. Ho ragione, Mary?»
O'Brien: «Assolutamente sì. Non ci si sente mai soli».

Attualmente Shadow Hills offre la rete di sostegno ideale per vedove e vedovi, ma con l'inevitabile aumento delle persone sole la rete si farà più stretta. Durante una serata al ristorante Boulevards a Sun City Palm Desert, Johnson e Atkinson hanno avuto una visione del futuro non proprio gradevole. «Eravamo nel ristorante e abbiamo detto: "Oddio, ma questi sono proprio vecchi". Io ho ribattuto: "E quello lì che zoppica sono io tra quindici anni"», dice Atkinson. «In quindici anni le cose cambiano perché si invecchia sul posto». Palm Desert ha aperto dodici anni prima di Shadow Hills, quindi l'età media dei suoi residenti è più alta.

Poiché la proprietà degli appartamenti in questo tipo di quartiere residenziale è riservata a chi ha più di cinquantacinque anni, le società immobiliari, come le cliniche della fertilità, offrono poche ma sempre più importanti opzioni per il rinnovamento della comunità. Sun City esemplifica la contraddizione insita in gran parte dei comportamenti amortali. Solo un amortale non si accorge del vizio di forma che affligge questo modello, il fatto cioè che ogni comunità nasce come un blocco unico, invecchia e rischia di morire contemporaneamente. Viceversa la strategia di vendita non ha molta presa sugli amortali i quali raramente si identificano con l'idea che sono abbastanza vecchi da appartenere a un luogo simile (penso alla totale disidentificazione di mia madre settantaseienne con gli anziani dai capelli grigi e Richard Wilson che parla con un sentimento di pietà di un «povero vecchio» che probabilmente è più giovane di lui). Gli amortali come mia madre e Wilson non si riconoscono nelle immagini degli anziani canuti e sorridenti che solitamente appaiono nei depliant pubblicitari delle comunità per pensionati. Nella sua biografia intitolata *Crazy Age*[3] la settantasettenne Jane Miller ritrae in poche efficaci frasi lo scoglio che incontra chiunque cerca di vendere prodotti e servizi per la terza età agli amortali:

> Evito come la peste qualsiasi articolo o programma che mi inviti ad assicurarmi contro il rischio di sviluppare la demenza senile e acciacchi simili o che cerchi di vendermi una stanza in una casa di riposo o in un appartamento agevolato per anziani, per non parlare di iscrivermi a Exit o considerare i costi e gli aspetti tecnico-legali dell'eutanasia in Svizzera. Lo confesso: non sono convinta che un giorno morirò, così come non credo di avere l'età che ho.[4]

Con la perdita di vitalità del mercato immobiliare alcune comunità hanno deciso di abbassare l'età per diventare proprietari oppure di rendere meno restrittive le regole in modo da incrementare le possibilità di vendita e per garantire ai figli che ereditano il pieno uso della proprietà.[5] Per adesso Shadow Hills mantiene lo sbarramento a cinquantacinque anni. «Mia figlia vuole assolutamente comprare casa qui, ma io le ho detto: "Mi spiace cara, hai solo quarant'anni, non se ne parla proprio"», scherza O'Brien.

È difficile immaginare che questi gioviali sessanta-settantenni possano lesinare alle giovani generazioni una fetta del loro paradiso, anche se permettere a chiunque di accedervi potrebbe metterlo in discussione. Alla fine del film *Cocoon* entrano in acqua troppe per-

3. Pazza età *[n.d.t.]*.
4. Jane Miller, estratto adattato dal libro *Crazy Age*, pubblicato dal *Guardian*, il 26 agosto 2010.
5. Haya El Nasser, "Walls Come Down on Age for Over-55 Communities", *USA Today*, 22 marzo 2010.

sone e la piscina perde le proprietà ringiovanenti. Allo stesso modo, l'afflusso di residenti giovani a Sun City potrebbe farne scomparire la magia. L'assenza dei giovani mantiene in vita una potente illusione di atemporalità in cui vengono ri-rappresentate molte fasi della vita. Qui si rivive il momento in cui si è scoperta una nuova passione, si è trovato un amico, ci si è innamorati – o perlomeno ci si è saziati al buffet dei partner disponibili – il tutto in un ambiente perfetto e magico. Come le cavie della sociologa Langer, rinchiuse in un albergo del New England arredato con suppellettili vintage, i residenti di Sun City vivono in un ambiente privo di richiami alla loro età anagrafica, si sentono meno vecchi e perciò ringiovaniscono fisicamente. Un tuffo nelle piscine della Montecito Clubhouse forse non ringiovanisce le persone, ma agisce in modo diverso, mettendo in atto una potente alchimia. A Sun City si diventa amortali.

Gli amortali, in costante crescita non solo a Sun City ma anche nel resto del mondo, rappresentano tanto una sfida quanto un'opportunità per il mondo del business. «Le vecchie etichette non funzionano più», afferma Alec Howe di Breaking Trends™. Il marketing non può più segmentare i consumatori in base a fasce d'età perché le persone fanno e comprano le stesse cose per tutta la vita. E poi, «invecchiare fa così XX secolo». Con questa frase Howe identifica in cosa consistano la sfida e l'opportunità.

In questo capitolo considereremo cosa comprano gli amortali, perché e come lo fanno. Alcune delle forze che, unendosi, hanno alimentato il fenomeno dell'amortalità hanno anche trasformato il comportamento dei consumatori. Gli autori di *Ageless Marketing*, una guida strategica al cambiamento in atto, osservano che inizialmente «la televisione ha cambiato il modo in cui il pubblico veniva raggiunto dall'informazione sui prodotti, ma non generava cambiamenti sostanziali nei comportamenti d'acquisto».[6] Poi è arrivato internet che ha cambiato sia il marketing sia l'acquisto. «Abbiamo superato l'epoca delle comunicazioni centralizzate, gerarchiche, basate su un meccanismo di comando-risposta», scrive Greg Verdino in *Micromarketing*, uscito nel 2010.

---

6. David B. Wolfe e Robert E. Snyder, parte I, "Why Marketing Stopped Working" in *Ageless Marketing: Strategies for reaching the hearts and minds of the new customer majority*, Dearborn Trade Publishing, 2003.

I grandi mezzi di comunicazione e la pubblicità non sono morti, ma sarebbe ingenuo ignorare il fatto che le regole sono cambiate. In parole povere: le masse non sono più quelle di una volta e tutto ciò che abbiamo sempre dato per scontato non funziona più come prima. L'azione sembra essere passata dal centro ai margini della massa.[7]

Verdino è il vicepresidente della Powered Inc, una delle tante agenzie online specializzate nel monitoraggio delle tendenze e dei consumatori in continua mutazione.

I consumatori più anziani – ovvero i consumatori più anziani dal punto di vista cognitivo e che si considerano anziani – non sono scomparsi, anzi, con l'invecchiamento generale della popolazione sono sempre più numerosi. Sono loro l'obiettivo che gli esperti di marketing conoscono bene, generalmente più conservatori, immobilisti, parsimoniosi delle loro controparti cognitivamente giovani.

«Da un punto di vista cognitivo gli anziani preferiscono messaggi pubblicitari che vanno sul sicuro con marchi conosciuti e accettati, dato che la cautela risulta essere una delle loro caratteristiche principali», scriveva nel 1991 Nancy Stephens, professore associato di marketing presso la W.P. Carey School of Business dell'università dell'Arizona, in un'analisi della correlazione tra pubblicità efficace ed età cognitiva (piuttosto che anagrafica) dei destinatari.[8]

Ai soggetti cognitivamente anziani non si può proporre di provare qualcosa di nuovo a scopo di comparazione o per il gusto di cambiare, poiché non apprezzano il rischio.
Si tratta di soggetti difficili da contattare. Non cercano attivamente informazioni per il gusto di farlo e rimangono fedeli ai mezzi di informazione che conoscono e gli sono familiari. Per esempio non aprono la pubblicità nella cassetta della posta e non amano andare in giro a guardare le vetrine.

Gli schemi di consumo e la permeabilità al messaggio pubblicitario dei soggetti cognitivamente anziani sono completamente diversi rispetto a quelli dei loro coetanei amortali cognitivamente giovani.

---

7. Greg Verdino, "The next big thing is lots and lots of small things" in *Micromarketing*, McGraw Hill, 2010.
8. Nancy Stephens, "Cognitive age: a useful concept for advertising?", *Journal of Advertising*,1 dicembre 1991.

Gli anziani cognitivamente giovani non sono molto diversi dai consumatori di mezza età e da quelli più giovani. Conducono una vita attiva e utilizzano praticamente gli stessi prodotti e servizi. Sono potenziali clienti di agenzie di viaggi, automobili e prodotti ricreativi. In generale non necessitano di un approccio speciale.[9]

Basta osservare i clienti e i curiosi di tutte le età che frequentano gli Apple store per accorgersi di come i cognitivamente (e anagraficamente non più) giovani stiano ampliando e approfondendo il bacino di utenza di prodotti che fino a oggi sono stati considerati prerogativa di certe fasce d'età. Nell'agosto 2010 la compagnia di ricerche di mercato Nielsen ha reso pubblica una ricerca condotta dal vicepresidente e dallo specialista in telecomunicazioni Roger Entner intitolata "Chi acquista l'iPad acquisterà anche l'iPhone?".[10] Lo studio, basato sull'analisi di oltre sessantaquattromila utenti di telefonia mobile americani, rilevava che solo il 15% degli utilizzatori di iPad avevano più di cinquantasei anni, aggiungendo però che «nei prossimi anni pensiamo che il segmento degli over 56 rappresenterà un'importante opportunità di crescita per Apple».

Inoltre la ricerca evidenziava che metà degli utenti iPhone avevano più di trentasette anni, superati di stretta misura da utenti più giovani solo nel caso dell'iPad, *device* di introduzione più recente. Il fatto singolare non è che i gadget Apple siano acquistati da consumatori di mezza età, ma che attraggano acquirenti di ogni età e genere, come David Cameron, il quale, stanco di spiegarmi questioni di economia all'aeroporto di Newquay, tirò fuori l'iPad, mi fece vedere un'applicazione chiamata *Toast* che i suoi figli adorano e poi andò su iTunes per ascoltare un brano della band di mio marito, i Gang of Four.

Il caso di Apple sembra rappresentativo dell'universalità del richiamo esercitato da alcuni prodotti nell'era dell'abbattimento delle barriere anagrafiche. Eppure l'ampliamento del bacino di utenza da parte degli amortali rappresenta, per dirla con Winston Churchill quando descriveva i russi, un indovinello avvolto in un mistero all'interno di un enigma. La ragione di ciò risiede in parte nelle strategie di marketing che spesso si basano su idee che nessuno mette in discussione benché non siano più valide o non lo siano mai state. Nel loro

9. *Ibid.*
10. Roger Entner, "Who is buying the iPad, and will they also buy an iPhone?" The Nielsen Company, *Nielsen Wire*, 4 agosto 2010.

saggio Wolfe e Snyder cercano di smontare uno di questi miti, ovvero «l'idea che le compagnie devono investire nei giovani consumatori in modo da fidelizzarli per il resto della loro vita».[11]

Quel mito sembra però realizzarsi negli Apple store, a Downing Street e sotto i polpastrelli di chi scrive questa frase. Ho comprato il mio primo computer Apple nel 1986 e ho scritto gran parte del libro che state leggendo su un MacBook Pro capriccioso con la tendenza a surriscaldarsi almeno quanto il mio stile. Nel corso degli anni mi sono passati per le mani almeno sei Apple e un iPod, e se *TIME* non mi avesse fornito un cellulare aziendale, a quest'ora avrei ceduto e mi sarei comprata un iPhone. La filosofia del becchiamoli da giovani e teniamoceli che funziona con Apple nel mio caso e in quello del primo ministro, e che potrebbe agganciare i suoi figli facendone clienti fedeli, esprime proprio la tendenza a investire in pubblicità indirizzate ai giovani consumatori ignorando i consumatori anziani sempre più numerosi. Wolfe e Snyder controbattono citando uno studio commissionato dalla Aarp – la American Association of Retired Persons, recentemente ripensata in modo da rispecchiare il fenomeno che vede gli ultra cinquantenni ancora impegnati in attività lavorative – in cui la fedeltà al marchio viene valutata in base all'età. I risultati dell'indagine evidenziano che:

> [...] la fedeltà al marchio ha maggiori legami con una certa categoria merceologica di quanti non ne abbia l'appartenenza a una fascia d'età. Nel contesto di prodotti come le calzature e l'abbigliamento sportivo, l'autonoleggio, gli alberghi e le compagnie aeree, gli over 55 sono meno legati a marchi specifici rispetto ai consumatori tra i diciannove e i quarantaquattro anni».[12]

In altri termini, Apple rientra nella categoria di prodotti che riescono a ispirare – o respingere – la fedeltà al marchio per tutta la vita, mentre se da ragazzi ci piaceva Nike, Juicy Couture, Avis, la catena di alberghi Hilton o, dio ce ne scampi, Ryanair, facilmente in età matura sceglieremo servizi e prodotti di marchi diversi.

Tutto ciò evidenzia la follia delle compagnie che investono denaro in pubblicità per attirare consumatori giovani, quando lo fanno scegliendo di alienarsi i consumatori maturi, più numerosi e spesso con

11. David B. Wolfe e Robert E. Snyder, "Why Marketing Stopped Working" in *Ageless Marketing...cit.*
12. *Ibid.*

maggiori disponibilità finanziarie. Questa è infatti «la nuova maggioranza dei consumatori» over 40, come viene definita da Wolfe e Snyder,[13] secondo cui la transizione demografica è il motore del cambiamento negli schemi di consumo. In questo modo però, per tornare al detto di Churchill, si identifica l'enigma, ma si continua a ignorare il mistero senza risolvere l'indovinello. La transizione demografica non è l'unico fattore che sta mandando a carte quarantotto le certezze dei pubblicitari e degli esperti di marketing, ed essi non sono gli unici responsabili della radicale riconfigurazione dei nostri comportamenti d'acquisto.

Man mano che i figli del *baby boom* invecchiano, il grafico della popolazione dei paesi industrializzati somiglia sempre più al serpente di Saint-Exupéry che aveva inghiottito l'elefante, mentre gli amortali danno un nuovo significato al concetto di età e le nuove tecnologie rendono inutilizzabili i manuali di marketing. Non è affatto strano che le grandi imprese siano disorientate di fronte a questo cambiamento.

Il disorientamento è ben illustrato dall'ascesa e caduta della Scion, una consociata della Toyota che nel 2003 ha lanciato un modello di automobile riservato al mercato americano. Il target del prodotto erano i giovani acquirenti clienti fedeli che avrebbero acquistato modelli di alta gamma in età matura. Nei primi anni le vendite sono andate benissimo, partendo da 10.898 unità per arrivare a 173.034 nel 2006. Negli anni successivi, però, sono diminuite drasticamente fino a scendere del 49% nel 2009 e di un ulteriore 20% nel 2010, nonostante le previsioni di ripresa espresse nel marzo dello stesso anno dal presidente Jack Hollis durante il salone dell'auto di New York.[14] Allo scopo di assicurarsi la ripresa delle vendite sono stati presentati anche due nuovi modelli. «Non credo sia necessario reinventare la Scion, tuttavia è importante trovare la prossima dimensione», ha dichiarato Hollis ad *Automotive News*, confermando che la Scion pensava di estendere ulteriormente la gamma dei modelli.[15]

Tali reazioni convenzionali al calo delle vendite ignorano le ragioni del successo iniziale della Scion, la quale si era posizionata sul mercato come marchio alternativo, quasi di contestazione.

---

13. *Ibid.*
14. "Scion sales will near 100,000 in 2011: CEO", *Reuters*, 31 marzo 2010.
15. Mark Rechtin, "Scion moves to expand its lineup", *Automotive News*, 9 agosto 2010.

La compagnia aveva evitato le tradizionali campagne stampa e TV preferendo creare interesse su Internet e con il passaparola. «Mantenere un profilo basso era una mossa coerente», osservava Dan Lienert su *Forbes*.

> Dopotutto Scion voleva attirare un pubblico giovane che di norma è impenetrabile e tende a contrastare le operazioni di marketing dirette. Inizialmente la campagna è stata tranquilla, scegliendo tuttavia un target ben preciso e insistendo sui canali meno convenzionali. I responsabili delle pubbliche relazioni della Toyota raccontano dello sconcerto procuratogli dalle conferenze stampa affollate di giornalisti ricoperti di piercing e tatuaggi inviati da testate tipo *Yellow Rat Bastard* e *Art Prostitute*.[16]

Ma il marketing da solo non avrebbe funzionato se il prodotto non avesse posseduto una caratteristica sempre più richiesta ma sempre più difficile da trovare: l'esclusività. Sembrerebbe, questa, una qualità improbabile in una linea di vetture studiate per consumatori attenti ai costi, dal momento che nel commercio solitamente l'esclusività va a braccetto con l'autenticità e le due si concedono al consumatore solo previo sostanzioso esborso di denaro. I ricchi possono permettersi l'oggetto esclusivo, noi mortali invece ci arrangiamo con copie e imitazioni a prezzi abbordabili.

Ciò accade se il produttore non fornisce al consumatore la possibilità di personalizzare l'oggetto in modo da ottenere la tanto desiderata esclusività e autenticità. La creazione di contenuti è il segno distintivo della Generazione C, un movimento scoperto e battezzato da Trendwatching.com, un'agenzia che monitora le tendenze di consumo, e successivamente descritto da Verdino in *Micromarketing*. Si tratta di «una nuova classe di creativi che si muove in un ambiente di micro-contenuti distribuiti che permettono a ognuno di fare comunicazione e di essere un persuasore neanche troppo occulto».[17]

La Scion è piaciuta alla generazione C di micro-creativi perché si proponeva non come oggetto finito, ma come prodotto che aspettava il tocco finale del consumatore, il quale lo customizzava al pari del proprio profilo Facebook o dell'iPhone con le app, aggiungendo accessori e periferiche fornite da Scion. Chi acquista una Scion è dunque in media più giovane rispetto al cliente di altre case automobili-

---

16. Dan Lienert, "Showroom Showdown: Honda Element vs Scion xB", *Forbes*, 5 gennaio 2005.
17. Greg Verdino, "From Mass Communications to Masses of Communicators" in *Micromarketing*... cit.

stiche. Tuttavia, al calo delle vendite corrisponde un innalzamento dell'età dei consumatori, in particolare per alcuni modelli, fatto che i dirigenti Toyota hanno recepito con disappunto come il fallimento dei loro tentativi di creare un brand giovane, cooptato invece dai matusa i quali si rifiutano di ammettere che la Scion non è per loro.

Ma la spiegazione di tanto fascino transgenerazionale non è così *cool* come ci si aspetterebbe: in tempi di crisi e di benzina sempre più cara, un buon rapporto chilometri/litro e un prezzo ragionevole si vedono bene tanto con gli occhiali bifocali quanto con i Ray Ban. E questa non è l'unica ragione del successo imprevisto della Scion presso un pubblico appassionato. L'utilizzo dei social media e della tecnologia in genere sta crescendo rapidamente in tutti i segmenti d'età. Un sondaggio della Aarp effettuato nel giugno 2010 ha evidenziato che il 40% degli ultra cinquantenni si trova «molto a proprio agio» o addirittura «estremamente a proprio agio» nell'utilizzo di internet. Inoltre le donne sopra i cinquantacinque anni sono la fascia di utenti Facebook che registra la crescita più veloce negli Stati Uniti. Tutti questi dati ci dicono che la campagna pubblicitaria della Scion e il richiamo che doveva avere tra i micro-creatori di contenuti hanno avuto una risonanza che ha superato di gran lunga le previsioni.[18]

Verdino mi ha indirizzato su un forum di proprietari della Scion xB che discutono dei pro e dei contro del modello. «Ho sessant'anni e adoro la mia nuova xB», scrive l'utente Bpg:

> È una bella macchinina e non solo per i giovani. Scommetto che alla guida delle xB ci sono più vecchi rimbambiti come me di quanto non si creda. Perché ho messo le corna alla mia marca preferita e mi sono comprato un'auto giapponese?
> 1) Mi piace la carrozzeria della xB.
> 2) Il prezzo è ottimo. Dovendo stringere la cinghia, dove la trovo un'auto così figa che sia prodotta da una casa di qualità per quindicimila dollari più gli optional? Un prezzo base così conveniente per i giovani significa che anche per noi anziani è un affare.
> 3) Salire e scendere dalla xB è facile. Ho la testa di un ragazzino e le ossa di un sessantenne e per me è una gran cosa poter salire e scendere senza dovermi aggrappare al montante della porta.
> 4) I passeggeri si stupiscono sempre di quanto sia spaziosa dentro. Buttando giù i sedili posteriori si fa posto per un sacco di bagagli e altri oggetti.

18. Jean Koppen, "Social Media and Technology Use Among Adults 50+" in *AARP Research & Strategic Analysis*, giugno 2010; "Fastest-growing demographic on Facebook women over 55", *www.insidefacebook.com*, 2 febbraio 2009.

> 5) Adoro i siti come questo e la possibilità di comprare tanti accessori interessanti. Per esempio ho installato il *cruise control*, i fari antinebbia, i cerchioni in lega e sto per mettere i nuovi braccioli Boomerang. Noi matusa non installeremo la radio per iPod, l'amplificatore e le casse da 2000 watt, non faremo modifiche alla carrozzeria e non ci interessano i fari led. Però è divertente vedere il *tuning* che hanno fatto gli altri.
> 6) L'esperienza di guida è fantastica! Mi piace la sua maneggevolezza. Però devo dire una cosa a quelli del marketing. Insomma, ci siamo anche noi che abbiamo passato i quaranta! Mettete il *cruise control* di serie, un po' più di luci interne (provateci voi a consultare una piantina al buio), lampade potenti a incandescenza nel vano pedali, sedili anteriori riscaldati e in generale un po' più di strumentazione di bordo che sia anche di qualità migliore.

L'utente Easyoboe2 replica:

> Ehi ragazzo, io ho settantacinque anni, che dire, la storia è questa. Non è un problema far installare il *cruise control* e se cerchi un po' troverai anche le luci per sopra il cruscotto... e se guidi per almeno un'ora regolarmente dovresti mettere il bracciolo. Certo, non si può chiedere molto altro di serie o il prezzo di base lievita e supera la cifra che alcuni di noi sono disposti a pagare. Ma aggiungere optional è divertente, no? La mia xB mi porta da A a B ma è anche un hobby per me.
> Non è mai troppo tardi per vivere un'infanzia felice.

È difficile che quelli del marketing della Scion ascoltino le richieste di Bpg. Con i suoi tentativi di corteggiare i giovani consumatori, Toyota è un po' come un padre di famiglia che si scatena alla festa dei figli. Per esempio cerca di stare dietro ai cambiamenti in campo musicale. «Scion sta gradualmente recidendo i legami con la musica hip-hop in favore di una derivazione di quest'ultimo chiamata electro che attualmente va di moda tra adolescenti e studenti dell'università. E se piace a loro deve piacere anche a Scion. Il marchio continua quindi a essere interessato alla *street art* e alle produzioni artistiche giovanili», scriveva *Automotive News* nel 2008.[19] Al salone di Detroit del 2011 il vicepresidente Hollis ha dichiarato che l'auto «ha perso i numeri, ma non la freschezza. La Scion deve trovare nuovi modi per attrarre i giovani... credo che Scion tornerà a guidare le classifiche».[20]

---

19. "After 5 funky years, Toyota's Scion now finds itself in a funk", *Automotive News*, 8 agosto 2008.
20. Jonathon Ramsey, "Scion sales down 20%, but 'we have the exact customer we want'", *AutoBlog*, 14 gennaio 2011.

Tutti questi sforzi per agganciare il mercato giovanile non ricevono però il plauso di Angus MacKenzie, redattore capo di *Motor Trend*. Nel suo blog ha commentato così il lancio della nuova xB nel 2007:

> Le cose stanno così: se si costruisce un marchio su quanto è trendy essere gli outsider del mondo dell'automobile, cito uno slogan pubblicitario a caso per la Scion xB: «Non vogliamo piacere a tutti», che succede quando si comincia a copiare quello che fanno gli altri produttori lanciando modelli aggiornati dei propri prodotti?
> Se la Toyota avesse semplicemente smesso di produrre la Scion xB, i proprietari si sarebbero ritrovati una sorta di icona pop in edizione limitata al pari del G-Schock Casio, di una borsa Paul Frank, di un jeans vintage loom Evisu. E invece adesso quando arriverà sul mercato il nuovo modello, i proprietari si sentiranno fighi quanto quel povero coglione che possiede una vecchia Toyota Echo.

William Gibson non è sicuro di possedere tutte le caratteristiche per essere definito un futurologo. Lo dice per modestia, anche se vanta un curriculum di tutto rispetto nel campo dell'anticipazione dei trend e degli sviluppi di società e tecnologia che lo pone vari gradini al di sopra dei sedicenti futurologi e anticipatori di tendenze. «Certe cose che ho scritto sembrano coincidere con ciò che è realmente accaduto. Sto solo usando gli strumenti che mi ha dato la fantascienza quando avevo quattordici anni per osservare il mondo che è sia là fuori sia dentro il mio portatile», dichiara.

Quando ha iniziato a pubblicare le sue storie, negli anni Ottanta, il mondo là fuori era quasi totalmente analogico, ma lui ha intravisto il World Wide Web dieci anni prima che avesse origine e ha coniato il termine cyberspazio per descrivere l'universo virtuale interconnesso creato dalla rete. Ha sentito che la rete non avrebbe offerto soltanto nuovi modi per intrattenersi e comunicare ma anche creato nuove forme di intrattenimento e comunicazione; che il cyberspazio avrebbe stimolato e in seguito soddisfatto il desiderio di creare realtà parallele. Ha descritto società in cui la chirurgia estetica è la prassi e le multinazionali (grandi imprese transnazionali) sono più potenti dei governi. Non ha indovinato proprio tutto e, in un articolo che commemorava i venticinque anni dalla pubblicazione di *Neuromante* (1984), il giornalista Mark Sullivan ha spiegato in cosa si fosse sbagliato. Nel romanzo, il cervello di un hacker in fin di vita viene digitalizzato e caricato su un computer. «È davvero un'ottima lettura, ma la tecnologia di cui parla è ben di là da venire», sosteneva Sullivan.[21] Andatelo a dire a Ray Kurzweil, il quale mentre il giornalista emetteva la sua sentenza era già impegnato a digitalizzare il padre deceduto.

Considerati i trascorsi di Gibson, mi è sembrato giusto fargli delle domande sull'invecchiamento e su come stanno evolvendosi la percezione e il significato culturale dell'età. Tuttavia nel nostro discorso sull'amortalità continuava a insinuarsi la moda, insieme a qualcosa che va oltre le tendenze, un concetto più *cool*, che Gibson considera connesso all'amortalità, ovvero l'atemporalità. Parliamo del fascino di prodotti che, al pari degli amortali, sono disgiunti da segni esterni che ne qualifichino l'appartenenza a un'età e a un'epoca.

Durante lo scorso decennio Gibson ha intravisto un fenomeno non immediatamente visibile all'occhio umano: il marketing virale, la *longa manus* delle multinazionali che agiscono di soppiatto in mille sofisticati modi per imporre prodotti all'attenzione parcellizzata delle masse connesse a Internet. La Scion xB originale avrebbe potuto diventare un classico atemporale se solo Toyota avesse resistito alla tentazione di aggiornarla. Il lancio della xB sembra il frutto della mente di un personaggio di Gibson, Hubertus Bigend, il grande capo della Blue Ant, una società belga che cerca di appropriarsi dei marchi e di promuoverli in modo virale.

In *Zero History*, pubblicato nel 2010, Bigend entra nel business della moda comprando una partecipazione nel marchio Tanky & Tojo (su Twitter Gibson ha scritto che immagina una nuvola di hyperlink sospesa sui suoi romanzi, per cui vale la pena googlare Tanky & Tojo). Il grande capo non si ferma neanche di fronte allo spionaggio industriale pur di scovare il prossimo successo planetario. In questo caso si tratta di divise militari reinterpretate con grande abilità dallo stilista e trasformate in capi di lusso in modo da dare l'impressione a chi le indossa di fare parte di un corpo militare o di polizia d'élite. Bigend parla di un target «alla Walter Mitty, giovani di sesso maschile che si vestono per dare l'impressione di avere poteri speciali». «Sembra molto fashion come idea», ribatte il suo interlocutore. «Esattamente», fa Bigend, «pantaloni, ma quelli giusti. Non avremmo mai potuto inventarci un oggetto del desiderio altrettanto potente».[22]

---

21. Mark Sullivan, "Neuromancer at 25: What It Got Right, What It Got Wrong", *PC World*, 1 luglio 2009.
22. William Gibson, "Gear-Queer" in *Zero History*, G.P.Putnam's Sons, 2010.

Ma l'ossessione di Bigend è scovare, comprare e fare soldi con un brand segretissimo, Gabriel Hounds. Si tratta di un marchio talmente esclusivo che non ha negozi né reali né virtuali, non ha pubblicitari al suo servizio, non ha venditori, non ha un'identità pubblica. Nessuno sa chi produce i vestiti – tutti pezzi unici, con uno stile pratico ma di un'eleganza inafferrabile, prodotti con un tessuto denim lavorato in mille modi stupendi – o dove sia la fabbrica. «L'idea è comprare quei vestiti carissimi e di ottima fattura e indossarli per anni, perché sono studiati per essere assolutamente atemporali», dice Gibson.

Se vogliamo comprendere il fascino dell'atemporale per gli amortali – e le difficoltà di ricavarne dei profitti – diamo un'occhiata alle vetrine di una catena come Gap. Negli anni Novanta il marchio ha risentito di un colpo di fulmine per il *just in time* alla Zara, ma si è poi ripreso quando ha riscoperto un'estetica atemporale che ha reso le sue collezioni praticamente immutate da un anno all'altro permettendo all'azienda di attrarre clienti di fasce d'età diverse. Strano destino, se si pensa che Donald Fisher, il fondatore, ha scelto il nome Gap[23] proprio per richiamare lo scarto generazionale tra l'antiquato mondo della vendita al dettaglio di abbigliamento e i giovani hippy sessantottini che voleva come clienti dei suoi negozi di dischi e jeans.

Nonostante si sia posizionata sul segmento atemporale, Gap ha attraversato un periodo difficile intorno ai primi anni del 2000, sballottata tra la crisi economica e la concorrenza di marchi *just in time* tra cui l'americana Forever 21, la quale punta ai consumatori amortali veicolando il messaggio che vestirsi da giovani mantiene tali. Il colosso Gap ha anche sofferto della concorrenza di produttori che vendevano articoli simili nello stile ma di qualità leggermente superiore e a prezzi inferiori. L'atemporale affascina solo se ben eseguito. Il recente aumento del fatturato è il risultato di iniziative pensate per rendere etico il marchio affinché i consumatori non abbiano solo l'impressione di comprare un paio di jeans, ma sentano anche di partecipare a uno stile di vita con dei valori precisi (quando è trapelata la notizia che alcuni fornitori di Gap e di altri marchi globali sfruttavano la manodopera, le vendite ne hanno risentito). La linea di jeans Premium 1969 lanciata nel 2009 è responsabile di un recupero che secondo gli analisti di mercato potrebbe essere duraturo.

La collezione Premium 1969 è stata presentata in un pop up shop di West Hollywood con modalità degne di un prodotto Gabriel

23. In inglese: divario, distacco. *[n.d.t.]*

Hounds, ed è andata subito a ruba. La compagnia ha reagito allargando la collezione alla linea per bambini e bebè. Mike Duff, esperto di retail, ha osservato ironicamente che «Gap vuole che i clienti indossino i jeans alla nascita e li tengano fino alla fine dei loro giorni».[24] Un articolo uscito su People.com in occasione del lancio (affollato di celebrità) sottolinea come qualità e atemporalità siano i punti forti della collezione

> Il responsabile della nuova ossessione recession-chic è Patrick Robinson, direttore creativo di Gap, il quale ha passato un anno e mezzo a perfezionare la linea, scegliendo le stoffe, insegnando alle fabbriche di confezioni l'arte della finitura a mano dei dettagli, studiando i diversi tipi di fisico in modo da garantire una vestibilità ottimale. «Per me, in tutta onestà questi sono i jeans con la migliore vestibilità in assoluto. Questi jeans battono tutte le marche in commercio, sostiene Robinson.[25]

Il direttore creativo sembra aver trovato la vena giusta: una massa di consumatori che apprezzano la proposta atemporale di Gap. Tuttavia esistono delle qualità che non possono essere prodotte in massa. Mentre la moda *just in time* corre sempre più veloce per anticipare le tendenze e i semifamosi vestono i loro cagnolini di Burberry, il valore dell'autenticità e dell'esclusività aumenta in modo esponenziale. I marchi segreti che offrono un concentrato di autenticità ed esclusività esistono anche fuori dai romanzi di Gibson, il quale racconta di aver sentito parlare di «una linea di abbigliamento che nessuno ha mai visto ma che vende dei Rolex con il quadrante che riporta il suo logo in un negozio di Harajuku. Ci sono persone che pagano migliaia di dollari per un orologio che è uno status symbol solo perché porta impresso il logo di un prodotto che nessuno può avere».

Ecco dove ci porterà il desiderio di autenticità ed esclusività secondo Gibson, veggente e futurologo:

> Se è solo una questione di prezzo tutto si trova, basta pagare. A meno che l'oggetto del desiderio sia praticamente impossibile da comprare e a meno che parte del suo prezzo consista nella fatica stessa dello scovarlo. Secondo me stiamo andando in questa direzione. La ricerca e la conoscenza saranno decisive.

---

24. Mike Duff, "Gap's Comeback Strategy: Jeans for Life" in *BNET Retail*, 11 febbraio 2010.
25. Shruti Dhalwala, "Ashlee, Halle and More Help Gap Launch Premium Denim Under $60!", *People.com*, 7 agosto 2009.

Per un amortale c'è solo una cosa più affascinante dell'oggetto acquistato: la caccia all'acquisto perfetto. Come sappiamo gli amortali sono maestri nell'arte di distrarsi e nulla assorbe l'attenzione più della ricerca di una giacca Gabriel Hounds, della gara per aggiudicarsi un oggetto su eBay, dell'esperienza coinvolgente dello shopping in un centro commerciale gigantesco (un luogo altrettanto atemporale di un casinò di Las Vegas, al riparo dalle vicissitudini climatiche che ricordano il passare del tempo). Più è difficile da ottenere più lo vogliamo. Rimaniamo in piedi tutta la notte a fare la coda davanti a un Apple store e ci azzuffiamo per un vestitino in edizione limitata (limitata appunto alle clienti abbastanza aggressive da sopravvivere alla battaglia).

Gli amortali non sono totalmente privi di coscienza, anzi, sono particolarmente suscettibili a pubblicità che collegano l'atto di comprare o possedere a un gesto collettivo dal valore positivo per l'universo. La pizza ha un sapore migliore se serve a salvare l'Amazzonia; il telefonino, la borsetta, la tazza di caffè ci fanno stare meglio se promettono di trovare la cura per la malattia rara o per la fame nel mondo perché ci danno l'illusione di passare ai bisognosi il surplus di vita che vogliamo per noi stessi. Il termine eco consumismo sarà pure un ossimoro, ma non smettiamo per questo di darci agli acquisti sfrenati di eco-merci. Mi trovo in un negozio della catena Anthropologie a Londra, Regent Street (*Ageless Marketing* definisce questo marchio di abbigliamento e arredamento «un catalizzatore di esperienze deliziose»),[26] uno dei templi del commercio atemporale, e il mio sguardo cade su una specie di quadro in esposizione che consiste in un assemblaggio di pezzi di metallo su tela che reca una didascalia improbabile. Forse il quadro è in vendita, insieme ai lampadari sulla scalinata fatti con materiali di recupero, oppure fa parte delle soluzioni decorative – la parete di piante verdi e gli arredi di legno grezzo, tonnellate di assi fresche di falegnameria – che Anthropologie ha studiato con estrema cura. La didascalia recita: «Usa, riusa, mettici la toppa e impara a fare senza».

Osservo le clienti felici che passano in rassegna maglie e abitini senza fare troppo caso all'austero messaggio anti consumistico del quadro sopra la loro testa, e mi torna in mente la discussione che ho avuto con Burke, il teorico del Tmt, riguardo la complessità delle nostre strategie di protezione contro l'angoscia metafisica della con-

26. David B. Wolfe, Robert E. Snyder, "Second-half customers seen through a new consciousness" in *Ageless Marketing,* cit.

sapevolezza della morte. Secondo Burke ricaviamo un senso di confortante immortalità ogni volta che basiamo la nostra autostima sui valori della cultura in cui siamo immersi, valori che dobbiamo difendere con le unghie e con i denti se vogliamo che tamponino efficacemente l'ansia. Gli amortali non fanno shopping solo per distrarsi da pensieri scomodi ma anche per puntellare l'immagine che hanno di sé. I jeans Premium 1969 migliorano la nostra silhouette senza ricorrere al bisturi e allo stesso tempo ci pongono di diritto nel flusso della cultura. Un abito Gabriel Hounds avrebbe lo stesso effetto, ma all'ennesima potenza. L'esclusività, tuttavia, non è un'opzione per le masse. Comprare un simbolo tangibile del nostro impegno a migliorare il mondo è una delle varie manifestazioni dello shopping che ha per scopo la realizzazione dell'ego, con il bonus aggiuntivo che stiamo dando una mano a quei poveretti laggiù.

Ovviamente, per riprendere le parole di Maria White, paziente della Cenegenics, se non siamo al top della forma come possiamo salvare l'Amazzonia, l'Africa e la terra intera? Abbiamo già parlato di come la multiforme industria globale dell'immortalità sfrutti il desiderio di autostima degli amortali per vendere loro la vita eterna. Gli amortali sono seguaci appassionati di mode e miti, rimedi ultratecnologici e polverine magiche, tutti prodotti e servizi che promettono al consumatore la piena sovranità sulla propria vita.

I limiti del controllo che esercitiamo sulla nostra vita vengono allo scoperto ogni qualvolta viaggiamo. Un giro tra le stelle su un razzo Virgin Galactic da un lato potrebbe farci sentire dei supereroi, dall'altro potrebbe metterci a disagio e intimorirci alla maniera di un Emile Cioran di fronte al pensiero degli universi infiniti. Un volo Ryanair che subisce un ritardo o che è affollato di un'umanità sgomitante ci ricorda invece in modo sgarbato la nostra inadeguatezza di fronte alla contingenza. Ma certe forme di viaggio di piacere e alcune esperienze "tutto compreso" rappresentano l'apoteosi dei desideri amortali. Per gli amortali l'unica vacanza paradisiaca è quella che li rende entità quasi divine.

Il terzo giorno di detenzione al Complete Retreat gli effetti della disciplina iniziano a farsi vedere. Io e mio marito Andy, buttati giù dal letto all'alba per la lezione di yoga, scopriamo infatti che l'emicrania fortissima da carenza di caffè che ci attanagliava da ventiquattro ore è sparita. È dal nostro arrivo che mangiamo solo cibi crudi, andiamo su e giù per le ripide colline della Spagna a passo di marcia due volte al giorno e ci sottoponiamo a massaggi talmente profondi che spezzerebbero le ossa a un campione di ju-jitsu. Lo yoga, con l'accompagnamento di canti monastici e campanelli, ci sembra particolarmente divertente affrontato con il cuore leggero e la testa sgombra. Dopo una sfacchinata punitiva e un pranzo a base di insalata, la direttrice Lisa Jeans, naturopata, ci fa sedere a semicerchio sul pavimento del salone per darci indicazioni sull'uso della meditazione per combattere l'ansia. Vuole un volontario, dice, qualcuno che abbia una fobia ben radicata.

Nessuno confessa la fobia più grande, ovvero la paura della morte, perché siamo troppo stanchi persino per pensare, figuriamoci per parlare. Il silenzio regna sull'assemblea. Ripenso a quando, diversi anni fa, una rivista spedì Andy alla scuola di cucina del Manoir aux Quat' Saisons (due stelle Michelin) stuzzicata dall'idea di un musicista post-punk che disossava quaglie. Mentre Andy era seduto accasciato insieme ai compagni alla fine di una lunga giornata davanti ai fornelli gli si avvicinò il famoso chef Raymond Blanc, proprietario del ristorante, il quale scambiando le facce sconvolte degli studenti per espressioni di timore reverenziale li rassicurò con queste parole: «Potete farmi delle domande, non sono mica Dio».

La bionda e perfetta Lisa Jeans, invece, è proprio una dea, e in quanto diversa da noi comuni mortali risponde a leggi della natura che si applicano solo a lei. I suoi occhi verdi, dice, sarebbero blu se uno stile di vita poco responsabile non avesse contaminato l'iride con tossine di colore marrone rossiccio. Ma non tutto è perduto: i filamenti compatti dell'iride sono segno di un buono stato di salute e di eccezionale longevità. Lisa non è certo il genere di dea che ci si possa permettere di deludere, quindi Andy raduna le forze e si fa avanti. «Ragni», confessa. «Ho paura dei ragni».

Potrebbe precisare che nei confronti dei ragni prova una simpatia di poco superiore al sentimento che nutre Richard Dawkins nei confronti del Papa. Jeans gli chiede di immaginare se stesso ricoperto di tarantole, e la faccia di mio marito si contorce per il disgusto e la paura. Ma l'istruttrice gli insegna come spazzare via il terrore: Andy deve premere due punti sul palmo della mano, far roteare gli occhi e contemporaneamente canticchiare a bocca chiusa. Purtroppo sceglie proprio il motivetto che mi fa morire dal ridere, la marcia del toreador della Carmen, e non resisto. Anche lui è scosso dai singulti mentre cerca di trattenersi, continuando a premere, roteare gli occhi e canticchiare. Ma gli vengono le lacrime agli occhi e alla fine si lascia andare all'ilarità insieme ai nostri compagni e tutti ci rotoliamo per terra dal gran ridere sotto lo sguardo impassibile della dea Atena.

E comunque alla fine del periodo di disintossicazione siamo tutti stesi ai piedi di Lisa Jeans. Si possono nutrire dubbi sulle terapie alternative che propone, sull'iridologia e la kinesiologia su cui si basa il trattamento – molti partecipanti sono stati liberi di scegliere le parti che trovavano plausibili e scartare le altre – ma i risultati sono incontestabili. Tutti escono più in forma; chi ne aveva bisogno è dimagrito. Andy ha perso parte della sua aracnofobia, principalmente perché ogni volta che pensa alla cura gli viene da ridere, e torniamo a casa fiduciosi nelle nostre capacità di automiglioramento. Se lo vogliamo possiamo essere più snelli, più forti, possiamo ottenere ciò che Cenegenics definisce «forma ottimale». Jeans ci ha trasmesso un pezzettino della sua divinità.

La questione importante non è quanto possa durare questo colorito sano sotto le luci al neon di un ufficio. Le vacanze che si fanno al Complete Retrat, se di vacanza si può parlare di fronte a una settimana di sfacchinate in cui ci si nutre di due foglie d'insalata striminzite, piacciono agli amortali non perché sono esperienze che cambiano la vita, ma per il motivo opposto. Gli amortali cercano il movimento, non il cambiamento; vogliono essere riportati allo stato che considerano naturale, ovvero il fiore dei loro anni.

E i periodi di riposo strutturato e operoso, anche se somigliano un po' troppo alla detenzione nel castello di Colditz, ci vanno davvero a pennello. Il paradiso dei non amortali, una spiaggia deserta e un'agenda vuota, è l'inferno degli amortali. Alcuni miei amici saranno in disaccordo con quanto ho appena scritto e forse coglieranno l'occasione per dichiarare che dopotutto non corrispondono al profilo degli amortali. «Vogliamo solo rilassarci», insistono, «se solo non avessimo così tanto da fare», e sono sinceri. Eppure sono loro gli architetti del proprio logorante correre da mille parti, del castello che costruiscono per proteggersi dalla minaccia del tempo vuoto di impegni, di imperativi esterni, che li terrorizza. Sulla spiaggia deserta i pensieri cupi gettano lunghe ombre nere. Le vacanze attive perciò garantiscono una pausa dallo stress quotidiano senza tuttavia aprire la porta agli spettri che lo stress tiene a bada.

Ageless Traveler[27] è un sito fondato da Adriane Berg di Generation Bold e offre consigli e segnalazioni indirizzate agli amortali, dalle «vacanze scuola per ogni età» fino al turismo-volontariato «per dare un senso alla vita e divertirsi». Il mercato per questo tipo di

27. Il viaggiatore senza età. *[n.d.t.]*

vacanze è cresciuto in modo regolare per cinque anni finché la crisi economica non ha frenato la spesa per i generi voluttuari. Tuttavia gli esperti del settore prevedono un nuovo boom. Una ricerca pubblicata da Mintel nel febbraio 2010 rilevava come in Gran Bretagna le «vacanze attive non siano più appannaggio dei giovani adrenalinici ma che anzi stiano diventando comuni tra le donne, gli over 50 e le famiglie».[28] Un altro studio ha valutato che nel 2009 sono stati spesi per questo tipo di vacanza ottantanove miliardi di dollari a livello globale, cifra a cui vanno aggiunti ulteriori cinquantatre miliardi per l'acquisto di attrezzatura e accessori correlati.[29]

Lo studio distingue poi tra avventura hard e soft. La seconda categoria include attività come i rigorosi corsi di cucina del Manoir aux Quat' Saisons, i corsi in genere, abbinati ad attività ricreative, e le crociere. Alla prima categoria appartengono invece attività a cui gli assicuratori attribuiscono un rischio alto e che per la Tmt rappresentano uno dei modi per mostrare al mondo che si è immuni alla morte.

Chi fa immersioni subacquee ama credere che tale attività sportiva non comporti dei rischi, anzi, sostiene che il suo scopo è minimizzare i rischi che comporta l'esplorazione delle profondità. L'addestramento, soprattutto quello proposto dal Sub-Aqua Club inglese (Bsac), è invece incentrato sulla prudenza e cerca di preparare esploratori coraggiosi ed entusiasti all'esperienza delle profondità fredde e torbide degli agitati mari inglesi, ricchi di relitti. Il manuale del Bsac consta di una sezione «Aspetti sanitari» suddivisa in sedici capitoli e di un'altra sezione «Sicurezza» di sette capitoli, le quali precedono la parte sulle tecniche di immersione vere e proprie. «Nell'immersione sportiva il rischio deve essere ridotto al minimo. Ciò accade solo rimanendo nell'ambito delle proprie capacità», avverte l'autore.[30]

Le immersioni più belle sono anche le più tranquille, quando ci si muove pigramente tra i coralli e le distese di anguille giardiniere, in acque calme e tiepide che di certo non si trovano al largo della Cornovaglia. Ma provate a chiedere a un gruppo di sub esperti quali siano le loro immersioni preferite e vi racconteranno esperienze più movimentate, in profondità e in condizioni difficili. Immersioni in cui

28. *Activity Holidays – UK – February 2010*, Mintel.
29. *Benchmark Study Values Adventure Tourism Market at $89 Billion*, studio condotto dalla George Washington University, dalla Adventure Travel Trade Association e da Xola Consulting, 3 agosto 2010.
30. Stanley Paul, *Sport Diving: the British Sub-Aqua Club Diving Manual*, 1988.

la corrente ti porta via, lungo le pareti ripide delle scogliere, giù per canyon profondissimi e bui, dentro relitti sghembi in cui si entra cedendo al fascino di una botola aperta.

Sott'acqua non c'è emozione più grande dello scoprire un relitto gigante nelle condizioni di limitata visibilità dei mari inglesi. Non si vede quasi niente, solo la cima della boa di segnalazione e tenebre profonde in cui fluttuano frammenti di alghe e sedimenti, finché il raggio della torcia non incontra lo spigolo di una massa troppo incombente per capire che forma abbia. All'improvviso si è trasformati in un'entità insignificante, alla Emile Cioran di fronte ai milioni di sistemi solari, persa nel buio scandito dai fasci di luce delle torce. Ci si ritrova davanti la sagoma buia della nave, più scura del buio circostante, e un'ulteriore dimensione di oscurità da esplorare: la botola e la realtà oltre di essa. Una volta entrati nel relitto si presentano altri rischi: murene dalla testa grossa come quella di un pony delle Shetland, perdersi e consumare l'aria che servirà durante le soste di decompressione al momento della risalita.

Uno dei piaceri fondamentali delle immersioni è l'esercizio del controllo. Se da un lato Cioran ha dovuto riconoscere la sua impotenza di fronte all'universo, dall'altro questo tipo di immersione avventurosa condivide con il viaggio in mongolfiera di Branson un'iniziale dichiarazione di inadeguatezza umana nei confronti degli elementi per poi superarla e smentirla attraverso un dispiegamento di forza, tecnica modernissima e abilità che dimostrano la nostra capacità di sopravvivere. Ma ci sono modi meno dispendiosi per tenere a bada il terrore che incombe nel buio come una murena. Possiamo premere certi punti sul palmo della mano, roteare gli occhi e canticchiare *Toreador*, oppure possiamo mettere a tacere l'angoscia a colpi di carta di credito. In piccolo, questo è l'impulso che alimenta il consumismo amortale, su scala più grande finanzia progetti di ricerca in campo biotecnologico che mirano a estendere la durata della vita.

Terza parte

L'applicazione della scienza
Ovvero la ricerca al servizio dell'amortalità

Voglio telomeri più lunghi!

Oprah Winfrey

La vita e la morte mi sembravano limiti ideali che io per primo avrei oltrepassato,
per riversare un torrente di luce nel nostro oscuro mondo.
Una nuova specie mi avrebbe benedetto come il suo creatore e la sua sorgente;
molti esseri felici ed eccellenti avrebbero dovuto a me la loro vita.

Mary Shelley, *Frankenstein*

Il tempo è un grande maestro, ma sfortunatamente uccide tutti i suoi allievi.

Hector Berlioz

I miracoli accadono. È possibile concepire bambini perfetti in provetta. Craig Venter ha creato una forma di vita artificiale costruendo un genoma sintetico e inserendolo in una cellula. Gli esseri umani hanno rubato il fuoco agli dei, imbrigliato il vento e l'acqua, imparato a sopravvivere sotto il mare e sono andati a spasso sulla Luna. Ma la cosa più sorprendente è che abbiano accettato ogni incredibile cambiamento e siano cambiati di conseguenza. «Quando arrivava un'automobile uscivamo per vederla. Nel villaggio ce n'erano solo due, quella del rettore e un'altra. Vederla passare era un avvenimento... insomma correvamo a guardare. E l'aeroplano, quello era la cosa più bella in assoluto», ricorda Rosa Sayer. È nel suo cottage, un ex ospizio per i poveri eretto nel 1665, che nei secoli successivi è stato dotato di comodità che i precedenti abitanti avrebbero considerato prodigi e che i futuri inquilini criticheranno perché antiquate.

Negli stessi anni in cui veniva costruito il cottage, il medico e chimico inglese Robert Boyle scrisse una lista delle conquiste scientifiche del futuro. Tra di esse incluse «l'arte del volo» che tanto avrebbe incantato la giovane Rosa, la fabbricazione di «corazze leggere ma estremamente resistenti», previsione in cui potremmo riconoscere le giacche in Kevlar che ho indossato da inviata nei teatri di guerra, e «l'arte di rimanere per lunghi periodi sott'acqua esercitandovi normalmente le funzioni vitali» che tanto piacere dà a mio padre.[1] Sono poche le sfide impossibili sulla strada della scienza e della tecnologia che avanzano. Ray Kurzweil, creatore di una lunga serie di meraviglie tecnologiche e fervente sostenitore dell'avvento di un futuro transumano, crede che il progresso sia esponenziale. «Prendiamo i telefonini, per esempio».

Quindici anni fa se in un film compariva un telefonino, significava che il proprietario dell'oggetto faceva parte dell'élite, era ricco e potente, altrimenti non avrebbe potuto permetterselo. All'epoca questi apparecchi non funzionavano granché bene ed erano ingombranti come mattoni. Nei dieci anni successivi è stato prodotto un miliardo di telefonini. A distanza di otto mesi se ne era prodotto un altro miliardo. Tra due anni chiunque sarà in possesso non solo di un telefonino, ma di uno smartphone. Metà dei contadini cinesi ce l'hanno già in tasca. Possono accedere alla totalità della conoscenza umana premendo pochi tasti. Tutto ciò è notevole, per non parlare del prodigio che è anche soltanto il fatto di poter accedere a Wikipedia.

Kurzweil fa un esempio interessante. La telefonia mobile raggiunge zone della Cina che finora erano troppo povere e remote per ottenere l'allacciamento telefonico tradizionale. Nei dieci anni successivi al 1997 il numero di abbonati alla telefonia mobile è passato da dieci a cinquecento milioni, e continua a crescere vertiginosamente.[2] Con il diffondersi delle tecnologie per la comunicazione, il governo cinese ha studiato nuovi modi per controllare il flusso delle informazioni, impiegando la tecnologia per contrastare se stessa. La Cina ha eretto più volte un poderoso Firewall per isolare Wikipedia e blocca regolarmente l'accesso ai siti delle organizzazioni umanitarie e di tutte le agenzie che considera dissidenti.

Nessuna scoperta scientifica porta con sé un significato e un impatto predeterminati. Ogni grande svolta della tecnologia possiede potenzialità sia positive sia negative. «Se conosciamo qualcosa che è

---

1. Il manoscritto fa parte della collezione della Royal Society.
2. Sumner Lemon, *China's Growing Cell Phone Market*, International Data Group, 29 maggio 2007.

buono da un punto di vista tecnico, lo sviluppiamo, lo mettiamo in produzione e solo dopo aver conseguito un successo tecnico ci chiediamo cosa farne e discutiamo come applicarlo», spiegava Robert Oppenheimer, lo scienziato a capo del Manhattan Project, il programma statunitense per sviluppare la bomba atomica. Nel 1945, davanti al bagliore dell'esplosione nucleare Trinity che lui stesso aveva procurato nel deserto del New Mexico, Oppenheimer citò un verso della Bhagavad Gita: «Se nel cielo divampasse simultaneamente la luce di cento soli, sarebbe come lo splendore dell'Onnipotente».

Secondo Kurzweil l'umanità sta per fare una conquista di portata e splendore simili: siamo a un passo dallo sconfiggere la morte. «Stiamo per passare da una situazione in cui le persone pensano: "Magari vivremo qualche anno in più dei nostri genitori", a una realtà in cui gli scienziati ci annunceranno che vivremo per un tempo indefinito», sostiene Aubrey de Grey che condivide le idee di Kurzweil in materia di immortalità. «Sarà un momento magico».

Eppure se la ricerca dell'immortalità significa «voler rubare il posto a Dio», per dirla con de Grey, ottenerla potrebbe essere un'astuta punizione da parte del creatore, il quale si farebbe un sacco di risate alle nostre spalle. Una vita senza fine, infatti, sarebbe di una noia mortale. Nella sua riflessione sul disincantato personaggio di Elina Makropoulos, la quale decide di morire dopo aver sopportato tre secoli di vita, il filosofo Bernard Williams afferma che «se durassimo per sempre, la nostra vita non avrebbe qualità desiderabili o significative in misura maggiore o in grado assoluto rispetto a una vita a termine».[3] «Perché voler arrivare a duecentoventi anni? Onestamente, perché?», si domanda Bob Geldof. «Il ripetersi del dolore ogni volta che ci si lascia, le decine di figli a cui non riesci più a stare dietro, i bisnipoti, i trisnipoti... le delusioni. E comunque non si farebbero tanti figli perché si cercherebbe di tenersi il mondo tutto per sé».

Il sociologo James Côté sostiene che molti di noi stanno già cercando di tenersi il mondo per sé, ma anche se l'indice di natalità continuasse a diminuire in risposta alla longevità eccezionale della popolazione, quest'ultima si espanderebbe comunque in modo inesorabile, qualora fosse garantito a tutti l'accesso alle tecnologie di estensione della vita, mettendo a dura prova le risorse e l'ecosistema del pianeta.

---

3. Bernard Williams, "The Makropulos Case: reflections on the tedium of immortality" in *Problems of the Self: Philosophical Papers 1956–1972*, Cambridge University Press.

Gli immortalisti credono che se gli scienziati sono abbastanza bravi da darci la vita eterna troveranno anche le soluzioni agli eventuali problemi che essa creerà. Ma è difficile immaginare come la scienza possa affrontare le ineguaglianze che permetteranno a una classe di gerontocrati di ammassare i benefici delle tecnologie per il prolungamento della vita e sfruttarli per rimanere al potere per sempre. Si tratta di una visione distopica che Bruce Sterling (il quale collabora di tanto in tanto con William Gibson) ha esplorato in un romanzo del 1996, *Fuoco sacro*, ambientato in una società che dedica tutte le sue energie alla conservazione della classe dirigente. «Il complesso medico-industriale dominava l'economia planetaria e la biomedicina riceveva i finanziamenti più corposi, generando di conseguenza più innovazioni scientifiche di qualunque altra industria», scrive Sterling.[4] Gibson invece applica un «pragmatico buon senso marxista» ogni volta che nei suoi romanzi affronta questioni transumaniste. Immagina che di queste tecnologie si avvantaggeranno:

> [...] i proprietari di appartamenti nel Principato di Monaco, i dittatori africani, i boss della cocaina colombiani. Loro potranno permettersele e, in un certo senso, non hanno niente di meglio da fare. L'immortalità non sarà certo alla portata della vicina di casa o del commesso del negozio all'angolo. Ciò non succederà a meno che non entriamo tutti nella singolarità per cui inizieremo a trasformare gli hamburger in oro.

Il potere corrompe e il potere eterno corromperebbe perpetuamente chi lo detiene. Quando Gulliver arriva a Luggnagg incontra gli *Struldbrugs*, una stirpe di immortali che vengono tenuti sotto controllo dai loro concittadini che li dichiarano legalmente morti e li privano del patrimonio quando arrivano a ottant'anni.[5] Un approccio altrettanto energico sarebbe consigliato anche in Europa, se la ricerca finanziata da Silvio Berlusconi avrà successo. Durante un recente summit l'ex premier ha raccontato a Vladimir Putin del suo investimento nelle tecnologie per la longevità. Il presidente russo ha drizzato le orecchie: «Allora vivremo fino a centoventi anni?» ha domandato. «Sì, pare proprio di sì», ha risposto Berlusconi, «ma quella è l'età che raggiungerebbero le persone comuni. I leader vivranno molto più a lungo».[6]

---

4. Bruce Sterling, *Fuoco Sacro*, Trad. D. Brolli, Fanucci, Roma 2000.
5. Jonathan Swift, *I viaggi di Gulliver*, pubblicato originariamente nel 1726.
6. "In power to 120 years old: Putin, Berlusconi joke at summit", *Afp*, 11 settembre 2010.

Queste erano le cattive notizie. Ma aspettate, non finisce qui. L'immortalità non sembra destinata a darci problemi nel futuro immediato. Durante le ricerche necessarie per scrivere questo libro sono giunta alla conclusione che non siamo né sul punto di trasformare gli hamburger in oro, né a un passo dal rianimare i morti ibernati, né capaci di mantenerci in vita molto oltre i centoventidue anni di Jeanne Calment.

Robert Boyle fece due previsioni riguardo all'età e all'invecchiamento. Colse pienamente nel segno prevedendo che «si riuscirà a ritrovare la giovinezza o almeno alcuni tratti di essa, come una dentatura nuova e capelli del colore che si aveva da giovani», e non ci andò lontano quando parlò di «prolungamento della vita».

Abbiamo fatto passi da gigante nella riduzione della mortalità infantile e nell'igiene, tanto da arrivare a controllare la diffusione delle malattie e a combatterle. Ulteriori conquiste della medicina e della scienza hanno allungato di vari anni la nostra vita. Secondo Kurzweil e de Grey faremo altri passi avanti per rallentare e infine fermare gli orologi. Attualmente esiste un solo modo documentato per allungare la vita di alcuni organismi: la restrizione calorica, ovvero una riduzione sostanziale dell'apporto di calorie all'organismo che si suppone mimi il meccanismo d'azione del resveratrolo. Purtroppo gli studi non ne hanno mostrato l'efficacia sugli esseri umani ma solo sulle cavie da laboratorio.[7] Non esistono quindi rimedi semplici e provati per allungare la vita, solo un sistema per mantenerci più sani e darci più possibilità di vivere a lungo: nutrirci in modo sano, svolgere regolarmente un'attività fisica e conservarci attivi culturalmente e affettivamente. Più avanti nel capitolo entreremo nel dettaglio di dieta ed esercizio, per capire quanto questi debbano essere severi se vogliamo che funzionino davvero (risposta concisa e gradita: non troppo).

Sono molti gli scienziati che esprimono scetticismo nei confronti di quanti sostengono che le nanotecnologie e la medicina rigenerativa potranno presto agire da efficace antidoto all'invecchiamento. «Questa gente sarebbe meglio scrivesse le sceneggiature di *Star Trek*», dice il dottor Thomas Perls, professore associato di medicina all'università di Boston e direttore di due studi molto importanti incentrati sulla longevità, il New England Centenarian Study e il National Institute on Ageing's Long Life Family Study.

---

7. Edward J. Masoro, "Caloric restriction and aging: an update", *Experimental Gerontology* vol. 35, n. 3, maggio 2000.

Non vedo basi scientifiche solide in nessuna delle cose che dicono. In questo momento registriamo un verificarsi di rendimenti marginali nel campo della longevità. Finora abbiamo registrato un allungamento massiccio dell'aspettativa di vita, ma più andiamo avanti più intravediamo il punto in cui il rendimento diventerà marginale, ovvero il momento in cui ci si parerà davanti la finitezza del corpo umano. Insomma avremo miglioramenti, ma solo fino a un certo punto.

Scopo del lavoro di Perls è capire perché alcune persone vivono fino a cento anni in salute, fino a 107-109 (semi-supercentenari), e fino a 110 e più (supercentenari), mentre la maggioranza smette di funzionare molto prima, solitamente dopo anni di malattia. L'obiettivo della ricerca è trovare la chiave per dare a tutti la possibilità di vivere non solo più a lungo ma più in salute. Gli scienziati credono che lo stile di vita e i fattori ambientali, nonché la nostra visione del mondo, siano determinanti per la salute e la longevità. Infatti le persone che rimangono attive e coinvolte nelle questioni dell'esistenza, che si tratti di lavoro o di una pensione dorata in stile Sun City, tendono a vivere non solo più a lungo ma anche meglio. Senza dimenticare il ruolo dei geni, i quali non si limitano a renderci vulnerabili ad alcune malattie che accorciano la vita. Gli studi sui centenari suggeriscono infatti che le persone longeve siano effettivamente predisposte geneticamente a vivere più a lungo. In altre parole – credo che la notizia non sorprenderà nessuno – la longevità è ereditaria. Nel luglio 2010 *Science* ha pubblicato uno studio di Perls e della sua équipe basato sull'analisi genetica di ottocentouno centenari e di un gruppo di controllo più numeroso di persone ovviamente più giovani. I ricercatori hanno individuato centocinquanta marcatori genetici unici che possono predire con un'esattezza del 77% se il soggetto fa parte del gruppo dei centenari o del gruppo di controllo.[8]

Ciò non significa che il test della longevità sarà disponibile in farmacia tra qualche settimana e neppure che le cliniche più esclusive offriranno terapie geniche per riprogrammare le persone geneticamente svantaggiate, non ho dubbi però che ben presto salterà fuori qualcuno che sosterrà di disporre di questa tecnologia. La scienza funziona così: più cose si scoprono più ci si rende conto di non saperne

---

8. Paola Sebastiani, Nadia Solovieff, Annibale Puca, Stephen W. Hartley, Efthymia Melista, Stacy Andersen, Daniel A. Dworkis, Jemma B. Wilk, Richard H. Myers, Martin H. Steinberg, Monty Montano, Clinton T. Baldwin, e Thomas T. Perls, "Genetic Signatures of Exceptional Longevity in Humans", *Science*, 1 luglio 2010.

abbastanza. Le ricerche di Perls sono state messe in dubbio da scienziati i quali sostengono che i diversi sistemi di scansione utilizzati per i centenari e per il gruppo di controllo abbiano alterato i risultati. Nel momento in cui va in stampa questo libro, i ricercatori di Perls hanno intrapreso la verifica dei dati e *Science* pensa di riesaminare lo studio prima di prendere ulteriori decisioni.[9]

Nel 2002 Perls ha aderito a una presa di posizione pubblica formulata da Jay Olshansky, sociologo e professore di sanità pubblica, Bruce Carnes, geriatra, e Leonard Hayflick, il microbiologo e professore di anatomia scopritore dell'esistenza di un limite al numero di divisioni cellulari negli organismi viventi (il cosiddetto limite di Hayflick). La dichiarazione fornisce la sintesi a oggi più chiara della posizione ufficiale della scienza riguardo l'invecchiamento. Tra i firmatari Robert Butler, il fondatore dell'International Longevity Center e altri quarantasei importanti gerontologi provenienti da varie discipline. «La prospettiva della vita eterna per gli esseri umani è oggi altrettanto remota di quanto sia sempre stata. E nel discorso scientifico non c'è posto per la discussione di ipotesi impossibili».[10]

Alla luce di questa ultima dichiarazione è sorprendente trovare annidato il nome di de Grey nell'elenco dei sostenitori. «Consideravo – e considero tuttora – che la condizione di sostenitore comporti adesione al senso generale del documento, ma non implichi l'approvazione di ogni singola frase», mi risponde de Grey con un messaggio mail quando lo interpello sulle ragioni della sua adesione.

---

9. "Editorial Expression of Concern", *Science*, 12 novembre 2010.
10. S. Jay Olshansky (School of Public Health, University of Illinois at Chicago), Leonard Hayflick (University of California at San Francisco), Bruce A. Carnes (University of Chicago/National Opinion Research Center); sottoscritto da (in ordine alfabetico): Robert Arking, Allen Bailey, Andrzej Bartke, Vladislav V. Bezrukov, Jacob Brody, Robert N. Butler, Alvaro Macieira-Coelho, L. Stephen Coles, David Danon, Aubrey D.N.J. de Grey, Lloyd Demetrius, Astrid Fletcher, James F. Fries, David Gershon, Roger Gosden, Carol W. Greider, S. Mitchell Harman, David Harrison, Christopher Heward, Henry R. Hirsch, Robin Holliday, Thomas E. Johnson, Tom Kirkwood, Leo S. Luckinbill, George M. Martin, Alec A. Morley, Charles Nam, Sang Chul Park, Linda Partridge, Graham Pawelec, Thomas T. Perls, Suresh Rattan, Robert Ricklefs, Ladislas (Leslie) Robert, Richard G. Rogers, Henry Rothschild, Douglas L. Schmucker, Jerry W. Shay, Monika Skalicky, Len Smith, Raj Sohal, Richard L. Sprott, Andrus Viidik, Jan Vijg, Eugenia Wang, Andrew Weil, Georg Wick e Woodring Wright, "Position Statement on Human Ageing". *Scientific American*, 13 maggio 2002.

Non sono stato certo l'unico a imporre con fermezza certe modifiche alla frase in oggetto e ad altre affermazioni (che siamo riusciti a cambiare). Ciononostante ci è sembrato che il rifiuto da parte dei tre autori di adottare un linguaggio più cauto riguardo ai limiti della scienza in ogni area fosse un fattore di poco conto rispetto al nostro sostegno al messaggio centrale dell'articolo e cioè che l'invecchiamento è (a) qualcosa di negativo per il fisico, è (b) suscettibile in linea di principio a consistenti proroghe grazie all'azione della medicina, per cui (c) è meritevole di priorità più alta nell'assegnazione dei fondi pubblici a questo settore della ricerca.

La dichiarazione verte essenzialmente sul fatto che le conquiste nel campo della longevità sono dovute alla neutralizzazione di molti fattori che minacciano la nostra vita, ma che la minaccia principale, ovvero l'invecchiamento stesso, rimane intatta e non affrontata. L'analisi è basata sull'idea che esista una sorta di clessidra biologica all'interno delle cellule che a un certo punto raggiunge il limite di Hayflick e quando le cellule senescenti sono la maggioranza l'organismo muore. Perciò, dicono gli autori, «anche se eliminassimo tutti i fattori legati all'età che compaiono sui certificati di decesso degli anziani, la vita si allungherebbe solo di una quindicina di anni al massimo. Per superare tale limite dovremmo agire sui processi di invecchiamento che aumentano la vulnerabilità a tali fattori».[11]

Esattamente quello che stanno tentando di fare sempre più ricercatori. Si prova per esempio a limitare il deterioramento cellulare proteggendo i mitocondri, ovvero le centrali dove si produce l'energia della cellula. I mitocondri, danneggiati dai radicali liberi (atomi o molecole instabili altamente reattive che danneggiano altre molecole rendendole a loro volta instabili) generano a loro volta altri radicali liberi. Purtroppo l'efficacia degli antiossidanti, che finora si supponeva neutralizzassero i radicali liberi, è stata messa in discussione dalla ricerca più recente, minando alla base la fiorente industria degli integratori antiossidanti, dei preparati nutraceutici (prodotti alimentari che vantano proprietà curative, ma che sono sottoposti a minori restrizioni rispetto ai farmaci) e degli additivi ai cosmetici.[12] «Molti credevano che frutta e verdura facessero bene alla salute perché contengono antiossidanti, perciò sono state fatte sperimentazioni cliniche che hanno coinvolto migliaia di persone a cui veniva somministrata vitamina E e C, ma tali sostanze non

11. *Ibid.*
12. Kate Wilcox, "Free Radical Shift: Antioxidants may not increase life span", *Scientific American* 7 maggio 2009; Nathan C. Nelson, "The free radical theory of aging", Department of Physics, Ohio State University, Columbus, OH 4320.

esplicavano alcuna azione protettiva», dice Sir Michael Marmot, eminente professore di Epidemiologia e sanità pubblica. «Se si conducono studi basati sull'osservazione dei livelli di vitamine nel plasma si scopre che livelli alti sembrano esplicare un'azione protettiva, ma se le stesse vitamine vengono somministrate sotto forma di integratore non sono efficaci nel prolungare la vita». Marmot nutre «riserve enormi» nei confronti degli integratori perché la loro azione è «troppo meccanica». «In realtà è più plausibile che le sostanze chimiche antiossidanti rilevate nel plasma siano un indicatore del tipo di dieta, ovvero che siano un marcatore piuttosto che un fattore di salute ottimale».

C'è un settore della ricerca che sembra offrire maggiori prospettive, perlomeno se crediamo che il rischio di dare speranze di longevità ai dittatori sia superato dai benefici di un allungamento della vita per tutti. Nel 2009 tre scienziati, Elizabeth Blackburn, Carol Greider e Jack Szostak, hanno ricevuto il Nobel per la loro ricerca sui telomeri, ovvero le sequenze di Dna che si trovano alle estremità di ogni cromosoma e che si accorciano a ogni normale ciclo di duplicazione del Dna. Blackburn e Szostak hanno identificato i telomeri e poi, insieme a Greider, hanno dimostrato come il loro accorciamento indichi l'approssimarsi del collasso della cellula. In altre parole i telomeri potrebbero essere la clessidra biologica di Hayflick. In seguito Blackburn e Greider hanno scoperto un enzima che hanno chiamato telomerasi, responsabile della costruzione dei telomeri, il quale si trova in concentrazione maggiore in certe cellule che non raggiungono mai il limite di Hayflick, ovvero quelle immunitarie, i gametociti e le cellule tumorali. Cellule tumorali molto aggressive raccolte nel 1951 da una donna di nome Henrietta Lacks sono ancora oggi utilizzate nei laboratori di tutto il mondo ogni qualvolta gli esperimenti richiedano tessuti umani. Il comitato per il Nobel ha giustificato l'assegnazione del premio alla ricerca sui telomeri dichiarando che tra le altre cose essa apre prospettive per la cura del cancro «attraverso l'estirpazione della telomerasi».[13]

De Grey definisce la visione dell'estirpazione della telomerasi con la sigla Wilt,[14] la quale sta per Whole Body Interdiction of Lengthening of Telomeres. Tale strategia prevede l'eliminazione totale della telomerasi dall'organismo seguita da terapie con cellule staminali

13. "The 2009 Nobel Prize in Physiology or Medicine – Press Release", *Nobelprize.org*, 23 settembre 2010.
14. In inglese *wilt* significa "appassire". *[n.d.t.]*

per effettuare le riparazioni fisiologiche rese impossibili dall'assenza dell'enzima. «La terapia Wilt sottoporrebbe i pazienti a cicli di chemioterapia per uccidere le cellule del midollo osseo. Poi i pazienti riceverebbero iniezioni di midollo le cui cellule sono prive di telomerasi», spiega Jonathan Weiner in *Long for this World*, saggio sulla scienza dell'immortalità e su de Grey in quanto profeta convincente di tale scienza.[15]

Ma anche se la Wilt fosse praticabile, secondo molti gerontologi sarebbe un trattamento aggressivo e improponibile. Un procedimento simile alle tecnologie rigenerative descritte da Bruce Sterling in *Fuoco sacro*: «La rasarono completamente, la denudarono, la imbottirono con una sostanza densa. Poi iniziarono a lavorarle i polmoni e la anestetizzarono completamente. Tutto il resto finì nel luogo dove vanno le esperienze che non possono essere vissute».[16] Forse il nostro desiderio di sconfiggere la morte potrebbe ridimensionarsi di fronte alla prospettiva di una vita semi vegetale che si appoggia a un costante intervento medico. Dopo tutto non è altrimenti descrivibile l'esperienza degli sfortunati, che traggono beneficio dal prolungamento della vita, riservato agli abitanti dei paesi ricchi e che hanno sì guadagnato in longevità, ma non hanno visto migliorare il loro stato di salute.

Per molti scienziati il sacro graal della ricerca sui telomeri è l'elisir della giovinezza. E un grosso passo in avanti in quella direzione è stato fatto nel novembre 2010, quando uno studio pubblicato su *Nature* ha mostrato come certi topi in cui la produzione di telomerasi è stata soppressa invecchino velocemente, ma inizino a ringiovanire non appena l'enzima viene ripristinato.[17]

Bill Andrews è il fondatore di una compagnia biotech con base in Nevada, la Sierra Sciences (il sito è www.cure-aging-or-die-trying.com) e sta cercando un sistema affinché il corpo si impregni dell'enzima e tutti i telomeri si rigenerino. Questo significa scoprire degli attivatori della telomerasi che attivino il gene dell'enzima senza uccidere le cellule. È un compito assai arduo. «Su una scala da 0 a 100 in cui 0

15. Jonathan Weiner, "The Hydra" in *The Weakest Link* in *Long for this World*, Ecco 2010.
16. *Fuoco sacro*, cit., cap. 2.
17. Mariela Jaskelioff, Florian L. Muller, Ji-Hye Paik, Emily Thomas, Shan Jiang, Andrew C. Adams, Ergun Sahin, Maria Kost-Alimova, Alexei Protopopov, Juan Cadiñanos, James W. Horner, Eleftheria Maratos-Flier & Ronald A. DePinho, "Telomerase reactivation reverses tissue degeneration in aged telomerase-deficient mice", *Nature*, 28 novembre 2010.

significa "nessun effetto sull'invecchiamento" e 100 significa "potenziale immortalità cellulare", i composti più efficaci di cui disponiamo segnano 15», dichiara Jon Cornell di Sierra Sciences.

La scala si basa sul livello di attivazione della telomerasi indotto dai composti confrontato alla produzione di telomerasi nella linea cellulare immortale HeLa (Henrietta Lacks). Purtroppo i nostri composti di livello 15 sono considerati troppo tossici per essere utilizzati sugli esseri umani. C'è ancora molto lavoro da fare in campo farmaceutico prima di arrivare alla sperimentazione pre-clinica.

Sierra Sciences spera di ottenere finanziamenti sufficienti – almeno centotrenta milioni di dollari – per condurre uno di questi composti attraverso i test necessari all'approvazione da parte della Fda e infine immetterlo sul mercato tra quindici anni.[18] Nel frattempo Andrews approva e consiglia un attivatore della telomerasi chiamato TA-65, un preparato nutraceutico commercializzato dalla T.A. Sciences. Questo composto ha «effettivamente un'azione di attivazione del gene della telomerasi», dice Cornell, «ma è assai più debole rispetto agli altri composti di cui abbiamo parlato. Come potenza TA-65 misura meno di 1». E allora perché lo pubblicizza? «Perché è meglio di niente».

Andrews è d'accordo. Non solo prende anche lui il TA-65, ma ne ha regalato una scorta al padre per il suo ottantesimo compleanno. «Finché non esce fuori qualcosa di meglio prenderò quotidianamente la mia pastiglia di TA-65. Non trovo rilevante il fatto che venga prodotta dalla concorrenza. Il punto è che a oggi è l'unico attivatore della telomerasi sul mercato ad avere una qualche legittimità».

La logica del «perché è meglio di niente» in realtà ci fa cadere nell'abbraccio dell'industria dell'amortalità. «Benché non sappiamo ancora se l'assunzione di supplementi contenenti resveratrolo dia come risultato un significativo allungamento della vita negli esseri umani, Ray e Terry assumono comunque 50 milligrammi di resveratrolo due volte al giorno» dichiarano Ray Kurzweil e il suo socio Terry Grossman in *Transcend*, la guida al «vivere abbastanza a lungo da vivere per sempre».[19] Stesso discorso per l'azione di allungamento dei telomeri esplicata dal TA-65: possedere telomeri più lunghi *potrebbe*

18. Pete Gauvin, "Long May He Run", *Adventure Sports Journal*, 8 luglio 2010.
19. Ray Kurzweil & Terry Grossman, "Supplements", in *The Plan* in *Transcend: Nine Steps to Living Well Forever*, Rodale, 2009.

significare maggiore aspettativa di vita. Come specifica il distributore del prodotto in questione: «Il TA-65 non è un farmaco e non affermiamo in alcun modo che serva a prevenire e curare alcun disturbo». C'è un solo dato di fatto incontrovertibile: queste pillole costano un occhio della testa. Arlene Weintraub lo spiega in *Selling the Fountain of Youth*,[20] un caustico ritratto dell'industria dei rimedi contro l'invecchiamento. Il costo del principio attivo del TA-65 è solo una parte del prezzo. Noel Patton, il fondatore di T.A. Sciences ha deciso di non vendere il supplemento «in confezioni individuali o su internet, ma ha stabilito che chiunque lo volesse provare si sarebbe dovuto iscrivere al Patton Protocol a un costo di venticinquemila dollari per il primo anno. I clienti che firmavano acconsentivano ad assumere l'integratore insieme a cinquantacinque vitamine e minerali e a sottoporsi a più di novanta esami del sangue ogni sei mesi».[21]

Nel 2006 Andrews è diventato il primo cliente pagante del TA-65, sborsando la retta annuale di venticinquemila dollari che gli dava diritto a 5 mg quotidiani di principio attivo estratto dall'astragalo. Ora è arrivato a 100 mg. «Non appena finisco le scorte penso di iscrivermi alla fornitura da duecento dollari al mese. Il prezzo è sceso moltissimo!», scrive per email.

Se questo cocktail di esami e costosi integratori ha un'aria familiare, allora riconoscerete senza dubbio anche il nuovo consulente medico di T.A. Sciences, il dottor Jeffry Life, ovvero il volto e il corpo – palestrato – della Cenegenics. T.A. Sciences e Cenegenics si somigliano da un punto di vista commerciale, poiché autorizzano i medici che lavorano per loro a vendere programmi completi e ricavano una grossa fetta dei loro profitti dai servizi farmaceutici e di laboratorio.

Ma c'è un altro aspetto che accomuna T.A. Sciences e Cenegenics. Sia il Patton Protocol che il programma Cenegenics destano preoccupazione per quanto riguarda i loro effetti dal punto di vista della pleiotropia antagonistica (la teoria per cui certe caratteristiche positive in una fase della vita siano negative in un periodo successivo). Ci si chiede se sia sicuro riportare un organismo anziano a una parvenza di giovinezza grazie all'aumento della concentrazione della telomerasi e grazie all'assunzione di ormoni che vengono prodotti solo in organismi giovani, oppure se tali cure aumentino il rischio di tumori.

---

20. Vendere la fonte della giovinezza. *[n.d.t].*
21. Arlene Weintraub, "Anti-Ageing Goes Mainstream" in *Selling the Fountain of Youth: How the anti-ageing industry made a disease out of getting old–and made billions*, Basic Books, 2010.

Se la telomerasi è l'enzima che impedisce alle cellule tumorali di morire – lo scopo principale del trattamento Wilt di de Grey – allora mi chiedo: Andrews non è preoccupato del fatto che assumere TA-65 potrebbe dare carburante sia alle cellule sane sia a quelle tumorali? Per niente, risponde sicuro. Mantenendo tutte le cellule, anche quelle immunitarie, sane più a lungo, la telomerasi in teoria aiuta il corpo a tenere a bada i tumori. Inoltre alla Sierra Sciences i «nostri biochip di Dna umano trattati con TA-65 mostrano come questo principio attivo sia la molecola più inerte che io abbia mai visto. L'unica sua proprietà sembra la stimolazione della produzione di telomerasi. Perciò la considero estremamente sicura, più sicura che andare al lavoro in macchina tutti i giorni».

Da Cenegenics pongo una domanda simile a Beth Traylor, la quale propone trattamenti con ormoni bioidentici tanto su se stessa quanto sulle pazienti in menopausa. A sostegno delle cure che propone fa il nome di una testimonial d'eccezione, Suzanne Somers, a cui nel 2000 era stato diagnosticato un tumore al seno.

Suzanne ha fatto un lavoro eccezionale di auto educazione. Ricordo che le diagnosticarono un tumore quando io ancora non sapevo niente della Cenegenics e della terapia ormonale sostitutiva con bioidentici. Dopo la diagnosi iniziò la HRT[22] e io pensai: «Oddio, ma cosa sta facendo?». Secondo la medicina tradizionale stava praticamente gettando benzina sul fuoco. Mi dissi: «Non le rimangono più di due anni». Noi medici eravamo preparati a pensare così: mai somministrare la HRT a una paziente con una storia di tumore al seno positivo per i recettori degli estrogeni. Quindi ero costernata. E invece non solo ce l'ha fatta, ma è in perfetta forma.

Non appena menziono gli aspetti controversi della HRT – che i medici della Cenegenics chiamano «ottimizzazione ormonale» – per gli uomini, Robert Willix, collega della dottoressa Traylor, perde l'atteggiamento benevolo e paterno con cui mi ha accolto e si inalbera. Siamo al telefono, Willix si trova a Boca Raton, e la connessione satellitare ogni tanto va in tilt pixelando l'immagine e distorcendo le parole, tanto che il dottore mi ricorda una sorta di essere postumano kurzweiliano. Willix dice che fin dalla fondazione della Cenegenics lui e Alan Mintz hanno convenuto che ciò che stavano facendo «non era controverso». L'immagine si blocca, salta. Willix va avanti: «Allora cos'è che crea controversia in medicina? La controversia nasce dal fatto che la medicina istituzionale non è d'accordo con alcune ricerche

22. Hormone replacement therapy

e dato che ha il potere di influenzare l'opinione pubblica può anche fabbricare controversia, anche in assenza di prove a sostegno».

La morte di Mintz mentre si sottoponeva a una biopsia del cervello è stata addotta dai critici dell'ottimizzazione ormonale come prova della sua pericolosità. Nel saggio *Why Do Anti-geing Doctors Die?*,[23] Jay Olschansky elenca i nomi di alcuni fautori di cure e programmi che sono morti prematuramente. «Alan Mintz, nato nel 1938 e morto nel 2007 a sessantanove anni, sostenitore delle proprietà anti-invecchiamento dell'ormone della crescita (che lui stesso assumeva). Causa della morte: probabile tumore al cervello», recita la voce dedicata al fondatore della Cenegenics.[24] Weintraub descrive una delle ultime apparizioni televisive di Mintz, come ospite del programma di attualità *60 Minutes*:

> Il corrispondente Steve Kroft sosteneva che non vi erano studi che provassero l'efficacia antietà dei programmi e dei trattamenti prescritti da Cenegenics che anche Mintz seguiva. Al che Mintz, evidentemente irritato replicò: «Non abbiamo mai condotto uno studio in doppio cieco sul sole, ma io e lei sappiamo benissimo che il sole sorge ogni mattina anche se il cielo è nuvoloso». Kroft chiese se era sicuro che i trattamenti non avrebbero mostrato effetti negativi entro cinque, dieci, o quindici anni». Mintz rispose: «Io sono tranquillo». Un anno dopo era morto.[25]

Jack Lalanne, il guru della forma fisica, amava dire che morire gli avrebbe rovinato l'immagine. La morte di Mintz, benché sia stata una «tragedia immensa» per l'amministratore delegato della Cenegenics John Adams, ha avuto un effetto trascurabile sulla reputazione dell'impresa che hanno fondato insieme.

> Mintz è morto di emorragia celebrale durante un intervento. Aveva problemi di memoria e faceva un esame dopo l'altro senza trovare niente e il medico gli disse: «Alan, posso farti fare una biopsia». Lui disse ok. Ed è morto per quella biopsia, – racconta Adams. Come vorrei che lo avesse conosciuto. Quanta passione aveva per questo lavoro e come ci si dedicava. Era una passione personale. Certo, non è che non guardasse al profitto, infatti capiva che alla fine avremmo dovuto guadagnarci qualcosa, ma ci sono voluti un po' di anni, dal 1997 al 2002, e anche un po' di soldi, una decina di milioni di dollari per arrivarci. L'investimento complessivo nella Cenegenics tra espansione e crescita supera i venti milioni. La società oggi genera buoni utili.

---

23. Perché i medici che propongono terapie antinvecchiamento muoiono? *[n.d.t.]*
24. S. Jay Olshanksy, "Why Do Anti-Ageing Doctors Die?" in *Longevity Rules: How to Age Well into the Future*, a cura di Stuart Greenbaum, Eskaton, 2010.
25. "The invention of the male menopause" in *Selling the Fountain...*, cit.

Gli utili rimangono costanti e si aggirano intorno al 15% del fatturato annuale il quale, nonostante le recenti turbolenze economiche che hanno visto alcuni pazienti sospendere i propri abbonamenti, nel 2009 ha totalizzato sessantacinque milioni di dollari. Pur dovendo stringere la cinghia, la gente ha dato la priorità alla salute e alle cure antinvecchiamento, osserva Adams. Per i prossimi cinque anni pensa di espandere il business dai dodici centri attuali a trenta e di sbarcare anche in Europa. Adams incontrò il suo futuro socio Mintz in una palestra che entrambi frequentavano di notte. Oggi è una presenza imponente, solido come una roccia, ancora più muscoloso dei medici che sono alle sue dipendenze, di una solidità che uno non immagina possa invecchiare quanto piuttosto erodersi. Ha iscritto tutta la famiglia, anche la madre che ha ottantadue anni, al programma. «Questo le dice quanto credo in quello che faccio, se coinvolgo anche mia madre».

La passione per ciò che si fa è una delle tante soluzioni antietà di cui parlo in questa sezione finale del libro. Per gli amortali la questione essenziale è come unire l'istinto che ci porta a vivere come se l'età non fosse importante alla reale capacità di farlo. Ma attenzione: i consigli per una vecchiaia sana sono validi anche per i non amortali.

Quando ho iniziato a scrivere questo libro non ero un'esperta di salute e fitness e devo dire che, giunta alla fine, non lo sono neanche adesso. Tuttavia le mie ricerche mi hanno portato a incontrare alcune figure di spicco della gerontologia, a partecipare a numerosi seminari e conferenze, ad assorbire molte informazioni e confrontarmi con la scienza dell'invecchiamento. Ho osservato amortali stagionati che si conservano bene e amortali acerbi il cui stile di vita minaccia di farli cadere da un fantasticare incurante del passare del tempo giù per la discesa di una vecchiaia piena di acciacchi evitabili. Viaggiando ho anche prestato molta attenzione alle differenze culturali e ai fattori economici che stanno determinando in alcuni paesi una sorta di apartheid sanitario tra anziani di classi diverse.

L'iniquità principale riguarda come sempre i cittadini poveri e quelli ricchi. I cibi industriali, a buon mercato e pieni di grassi, le abitudini sedentarie e la cattiva assistenza sanitaria sono potentissimi fattori di invecchiamento. Ma se anche la classe media danarosa si dà al cibo spazzatura e alla vita sedentaria e si rivolge alla scienza solo per esigere una pillola magica che la ringiovanisca e cancelli con un colpo di spugna anni di abitudini nefaste, allora i soldi non basteranno a garantire una vecchiaia sana e felice. L'America, il paese che ha generato le mie esuberanti nonne e i miei genitori si sta accasciando sotto il peso di una vecchiaia prematura, e l'Europa le sta alle calcagna.

Mi sembra tutto così *gratuito* se penso che basterebbero piccoli cambiamenti nello stile di vita per evitare a tante persone lunghi periodi, decenni, di malattia e sofferenza. Bastano pochi giorni di permanenza negli Stati Uniti per rendersi conto di quanto questi piccoli cambiamenti debbano costare a una cultura il cui palato è intorpidito da zucchero, sale e additivi, i cui muscoli sono atrofizzati perché camminare è diventato una bizzarra attività sportiva e in cui le sane abitudini si pagano un occhio della testa come beni di lusso.

Secondo i ricercatori, sono proprio le cattive abitudini degli americani la causa del divario crescente tra gli Stati Uniti e l'Europa relativamente alla longevità.[26] C'è una barzelletta sotto forma di cartolina che gira su internet in cui è raffigurato il David di Michelangelo modificato con Photoshop per farlo diventare obeso e sfatto. La didascalia recita: «David torna in Italia dopo un breve soggiorno negli States». Ma gli europei non hanno di che rallegrarsi. L'America è riuscita a esportare il flagello del cibo spazzatura e della pigrizia nel resto del mondo. Uno studio del 2007 evidenziava per esempio che «in paesi come la Grecia e la Spagna, famosi fino a poco tempo fa per la dieta mediterranea, si è verificato un aumento record dell'obesità infantile».[27]

Quindi per me la questione non è solo cosa posso e devo fare per la mia mamma e per me stessa, ma anche come posso applicare le cose che ho imparato al resto della società in cui vivo (mi occuperò del problema più avanti nel capitolo). Se si tratta di consigli da dare al singolo individuo, non c'è molto che possa raccomandare a mia madre che lei, a settantasei anni, non abbia già capito da sola. Da adolescente, la morte a un anno di distanza del padre e del fratello le causò un disturbo, l'anoressia, che oggi ha determinato l'osteoporosi che limita il suo desiderio di correre. «Non mi fa certo bene alla spina dorsale», dice. Ha anche la pressione alta e nel 2003 si è sottoposta alla chemio e radioterapia per curare un cancro al colon retto.

26. Pierre-Carl Michaud, Dana Goldman, Darius Lakdawalla, Adam Gailey, Yuhui Zheng, *International Differences in Longevity and Health and Their Economic Consequences*, NBER Working Paper Series.
27. T. Lang e G. Rayner, "Overcoming policy cacophony on obesity: an ecological public health framework for policymakers", Department of Health Management and Food Policy, City University, The International Association for the Study of Obesity, *Obesity Reviews* 8 2007.

Ciononostante è agile e piena di energia, molto più di tante persone che hanno la metà dei suoi anni. Le ho chiesto di raccontarmi quali accorgimenti usa per mantenersi così.

Gioco a tennis due volte a settimana, partite di un'ora durante le quali non faccio mai pausa. Frequento un corso di pilates una volta a settimana e gli istruttori mi fanno rimanere due ore. Cammino per chilometri e chilometri. Quando posso faccio parecchie vasche, ma non mi piacciono le piscine al chiuso.
La mia dieta forse non è da prendere a esempio perché, come l'alimentazione di tutte le ex anoressiche è un po' anarchica. In ogni caso cerco di fare un solo pasto al giorno e limitarmi alle carni bianche e al pesce. Mi piacciono frutta e verdura ma ho un debole per i dolci. Mi piacciono le bevande gassate (ma ho smesso di bere Diet Coke). Sono sempre lì a sgranocchiare qualcosa e da qualche tempo ho iniziato a tenere sottomano carote e ravanelli.
Faccio da sola i lavori di casa, salgo le scale a piedi, mi muovo molto ed energicamente. Il mio peso è lo stesso da quando ero adolescente, fatta eccezione per due anni di anoressia e tre gravidanze.

Ma neanche mio padre, ottantuno anni, se ne sta con le mani in mano. Come i protagonisti di *Cocoon* si concede regolari immersioni ringiovanenti. Almeno tre o quattro volte a settimana va in piscina e fa trentadue vasche di 25 metri, riscaldando i muscoli prima di tuffarsi con una serie di esercizi ispirati al pilates. Nella nostra famiglia è stato il primo a scoprire il pilates all'inizio degli anni Settanta dopo che l'intervento di fusione di due vertebre per curare la discopatia degenerativa di cui soffriva gli ha danneggiato i nervi lasciandolo anche debole e irrigidito. Oggi ha scarsa sensibilità ai piedi e a volte inciampa. Però, di ritorno dalla vacanza a Sharm in occasione del suo settantesimo compleanno, ha voluto camminare da casa mia alla stazione (mezz'ora di tragitto) caricandosi le valigie e l'attrezzatura da scuba diving. Poi, accusando dolori al petto, è andato in ospedale dove i medici gli hanno detto che si trattava di uno stiramento muscolare e gli hanno prescritto dei fluidificanti del sangue che prende tuttora. Segue una dieta giudiziosa, ma è ingrassato sul girovita, fenomeno che attribuisce all'età e ai geni.

L'insegnamento che si può ricavare dalla storia dei miei genitori è che geneticamente nessuno dei due ha ricevuto una mano di carte perfetta ed entrambi ci hanno messo del proprio per peggiorare la situazione. Mia madre si è ridotta alla fame da ragazza, e da adulta ha sempre mangiato in modo irregolare; mio padre ha portato più peso di quello che poteva reggere, sia come bagaglio sia come grasso sulla pancia. Ma nessuno dei due ha mai dato la colpa alle malattie, ai traumi o all'età per giustificare la pigrizia. Al contrario si mantengono fisicamente attivi e impegnati mentalmente e socialmente.

Vorrei che si iscrivessero al Patton Protocol o a Cenegenics? No, anche se entrambi i programmi forniscono l'assistenza sanitaria accurata e su misura che neppure un medico di famiglia può garantire. Durante la consultazione da Cenegenics ho avuto modo di vedere i risultati di complessi esami del sangue, mi hanno fatto eseguire esercizi sotto osservazione, mi hanno sottoposto a un check up completo e mi hanno fornito consigli nutrizionali. Le indagini hanno dato risultati incoraggianti. Il dottor Jeffrey Leake era entusiasta dei miei valori di colesterolo Hdl, i più alti che avesse mai visto (qualche tempo dopo Nir Barzilai, direttore dell'Institute for Aging Research presso l'Albert Einstein College of Medicine nel Bronx, a capo di uno studio che tenta di identificare i geni della longevità negli esseri umani, mi ha detto che un colesterolo Hdl eccezionalmente alto potrebbe essere un marcatore della longevità).

Gli esami non hanno rilevato problemi, anzi, alcuni risultati sono stati considerati «eccellenti», altri «buoni», anche se buono è «subottimale» e per Leake valori buoni equivalgono a essere considerati un rottame. Passare a valori ottimali comporta seguire un programma di esercizi e perdere peso, ma non troppo, mi dice il dottore. Nonostante il mio indice di massa corporea sia 19, ovvero vicino al minimo dell'intervallo di valori considerato normale, uno degli esami ha individuato un accumulo di grasso viscerale invisibile dall'esterno ma indice di predisposizione a patologie cardiovascolari, diabete, ipertensione e colesterolo cattivo (Ldl).

Leake inoltre raccomanda l'ottimizzazione ormonale. Propone di cominciare con due steroidi anabolizzanti, il Dhea in compresse e il testosterone in pomata. In seguito mi ha mandato un'email per rassicurarmi che «monitoreremo possibili effetti collaterali (acne, pelle grassa, abbassamento del tono della voce) della terapia androgenica». Anche l'estradiolo, come il testosterone, può migliorare la densità ossea. «E se è il caso, ma solo dopo che esami approfonditi abbiano rivelato una carenza incipiente di ormone della crescita, possiamo prescriverle un altro ormone, la somatropina».

Chiedo a Leake maggiori informazioni sul Dhea. È un ormone prodotto dalle ghiandole surrenali e si ritiene esplichi un ruolo protettivo per l'organismo nei confronti delle reazioni biologiche allo stress. Ne produciamo molto tra i venti e i trent'anni, in seguito i livelli diminuiscono fino ad arrivare al 20% dei valori massimi intorno ai settant'anni. I miei risultati erano preoccupanti? Chiedo al dottore. «Erano nella media», risponde, «ma credo che aumentare i livelli potrebbe essere di giovamento». Un mese dopo leggo un articolo sul *Daily Mail* che parla proprio di Dhea: "Gli scienziati pensano che un ormone prodotto naturalmente dall'organismo sia la panacea universale". Si tratta dei risultati ottenuti dal quarto studio longitudinale sull'invecchiamento effettuato in Gran Bretagna, in cui i ricercatori hanno rilevato una correlazione tra alti livelli di Dhea-S, un metabolita del Dhea, e ricchezza. Lo studio ha evidenziato un rapporto diretto tra maggiore agiatezza dei soggetti e longevità, ma di qui a concludere che il Dhea-S sia la causa della salute di ferro di cui godono i ricchi ce ne corre. Quando ho riferito al professor Marmot, l'unico scienziato citato nell'articolo, che i suoi commenti erano stati interpretati in chiave di aspettativa di vita, ha esclamato: «Santo cielo! Non abbiamo mai collegato il Dhea-S alla longevità, ho solo accennato ai risultati della ricerca. Non ho fatto congetture fantasiose».

Spesso i clienti arrivano alla porta della Cenegenics in pessima forma. Per loro impegnarsi, anche finanziariamente, a seguire il programma impone una disciplina che forse fino a quel momento non hanno avuto e li aiuta a disfarsi di abitudini che non percepivano come dannose. Traylor, che prima di unirsi alla Cenegenics era medico di famiglia, riferisce che l'ignoranza in materia di alimentazione è diffusa anche tra i pazienti con una cultura di livello universitario.

> C'è gente che visita dopo visita ha sempre gli stessi valori sballati di pressione, diabete e peso. Una volta ho chiesto a un paziente se veramente aveva seguito la dieta e lui mi ha detto: «Oh sì, dottore, pollo, pollo e ancora pollo. Ormai da KFC[28] mi conoscono bene». E ho pensato: «Oddio, non ho specificato che non doveva essere fritto». Pensavo fosse ovvio...

Una volta che il paziente ha perso il vizio dei bocconcini del Colonnello Sanders e di Ronald McDonald e che si è riusciti a farlo andare in palestra, è probabile che il programma inizi a dare risultati visibili. Maggiore esercizio fisico e una dieta bilanciata solitamente sortiscono ottimi risultati. Se la Cenegenics vendesse solo esercizio fisico e diete mirate, presentando il tutto in una confezione attraente con

28. Kentucky fried chicken, nota catena di ristoranti fast-food che cucinano esclusivamente piatti a base di pollo fritto. *[n.d.r.]*

i suoi specialisti palestrati e le diagnosi personalizzate e tutto il resto, non esiterei a raccomandare il programma a chiunque possegga un conto in banca adeguato. Ma c'è un *ma*. La ragione per cui i pazienti ottengono risultati tanto notevoli è la stessa che permise agli atleti della Germania dell'est di vincere una quantità incredibile di medaglie olimpiche: assumevano testosterone e steroidi che aumentavano la massa e la forza muscolare. «Noi crediamo che il trattamento ormonale dovrebbe essere prescritto per questioni di salute, non di performance atletica», dichiara Adams. «Da noi nessuno può entrare e dire: "Voglio assumere questo farmaco". Prima bisogna sottoporsi agli esami clinici, poi il medico stabilisce di cosa c'è bisogno». Gli specialisti della Cenegenics puntano «ai valori massimi di ciò che è considerato normale per una determinata fascia d'età perché è un approccio sicuro e senza rischi per la salute».

Thomas Perls e altri colleghi della comunità scientifica e medica sono scettici riguardo la sicurezza a lungo termine dell'assunzione di steroidi e ormone della crescita. Il testosterone, per esempio, è responsabile del calo della spermiogenesi e dell'aumento del colesterolo cattivo; può causare aggressività, atrofia testicolare, ritenzione idrica ed eruzioni cutanee. Inoltre il testosterone in pomata o gel tende a migrare dalla pelle del paziente a quella di chi gli sta vicino, causando tutta una serie di disturbi al partner e ai figli.[29]

Nel 1990 il *New England Journal of Medicine* pubblicò uno studio relativo agli effetti dell'ormone della crescita su un gruppo di uomini di età superiore a sessantuno anni. I risultati erano positivi. I soggetti mostravano un sostanziale aumento della massa muscolare senza effetti collaterali, ma si trattava di uno studio di breve durata che non forniva le prove definitive dei benefici della somatropina. Daniel Rudman, l'autore della ricerca, faceva notare che:

> [...] tra le questioni ancora da affrontare vi sono le seguenti: quali saranno i benefici e quale la natura e la frequenza degli effetti avversi quando si studieranno gruppi più numerosi di anziani e dosi diverse di ormone della crescita? Quali organi sono responsabili dell'aumento della massa magra? Le loro capacità funzionali vengono modificate? I possibili vantaggi della somministrazione di somatropina a pazienti anziani potranno essere esplorati solo dopo che avremo dato risposta alle domande precedenti.[30]

29. *Ibid.*
30. Daniel Rudman et al, "Effects of Human Growth Hormone in Men over 60 Years Old", *New England Journal of Medicine*, 5 luglio 1990.

Come sanno bene i critici teatrali, da una serie di stroncature si può mettere insieme un articolo di elogi. Allo stesso modo dallo studio positivo ma scientificamente cauto di Rudman l'industria dell'immortalità ha ricavato citazioni a sostegno delle proprie tesi e le ha disseminate su internet per promuovere i supplementi a base di somatropina. A riprova della credibilità delle affermazioni estrapolate dallo studio si cita la provenienza accademica dello stesso. «Ricordate, questi incredibili risultati sono stati pubblicati da una delle riviste scientifiche più conservatrici in assoluto».[31]

Nel 2003 la sopracitata rivista conservatrice ha affrontato nuovamente il soggetto con uno studio condotto dall'endocrinologa Mary Lee Vance. Questa volta le conclusioni non sono state altrettanto incoraggianti. L'ormone della crescita modifica la fisiologia, ma non sembra migliorare la funzionalità. Inoltre persistono i sospetti che esso favorisca il cancro. «Non sappiamo se la somministrazione prolungata di somatropina in soggetti anziani sia potenzialmente dannosa, particolarmente dal punto di vista del rischio di contrarre tumori, dato che negli anziani si registra una maggiore incidenza di tale patologia». La correlazione tra lo sviluppo del tumore alla prostata e alte concentrazioni di somatropina «non dimostra causalità diretta, ma deve ispirare prudenza nel prescrivere l'ormone della crescita ai pazienti anziani».[32]

Inoltre Vance osservava che esistono alternative valide all'ormone della crescita: «Andare in palestra fa sicuramente bene e costa di meno».

Non si può certo dire che le pozioni e i programmi pubblicizzati dall'industria dell'immortalità costino poco. Bill Andrews sostiene che prendere l'attivatore della telomerasi TA-65 sia più sicuro che andare in automobile. Fino a poco tempo fa costava quanto un'auto, e anche adesso comporta un esborso paragonabile al mantenimento di una Porche o di una Scion, a seconda delle dosi prescritte dal medico autorizzato da T.A. Sciences.

Insomma: qual è il prezzo da pagare per longevità e salute? Si tratta di un calcolo che tutti noi dobbiamo affrontare, considerato che abbiamo a che fare con sistemi sanitari imperfetti.

---

31. www.alternative-doctor.com
32. Mary Lee Vance, "Can Growth Hormone Prevent Aging?", *New England Journal of Medicine*, 27 febbraio 2003.

Mantenere e migliorare le nostre condizioni di salute è importante al fine di rimandare il più a lungo possibile il momento in cui dovremo affidarci al sistema. La degenza in ospedale serve a risolvere problemi specifici, ma spesso in ospedale ci ammaliamo. Ci sono dottori saggi e preparati, ma non sempre hanno ragione. Mia madre per esempio si oppose alle pressioni da parte dell'ottima équipe di medici del servizio sanitario nazionale che volevano si sottoponesse a colostomia, un intervento irreversibile a causa del punto in cui era localizzato il tumore. Le spiegarono che non c'era modo di sapere se la chemio e radioterapia avessero eliminato il tumore poiché gli esami rilevavano porzioni di tessuto cicatriziale residuo del trattamento. Lei ribatté che la sacca sarebbe stata peggio della morte e insisté per esplorare altre opzioni. C'è una vecchia battuta su zia Mabel che da quando ha avuto la colostomia è triste perché non riesce più ad abbinare "borsa" e scarpe, ma nel caso di mia madre è stata la sua amortalità a ridere bene e per ultima. Le sue ricerche rivelarono che nel Regno Unito esistevano due apparecchiature Pet (tomografia a emissione di positroni), una a Londra, l'altra in Irlanda del Nord. Si tratta di macchinari sofisticati e costosi che riescono a distinguere tra focolai di tumore e aree cicatriziali. Mia madre prese un appuntamento e corse il rischio di aspettare. Alla fine l'esame rivelò che il trattamento aveva sconfitto il tumore. Otto anni dopo sta ancora bene e l'ospedale ha cambiato protocollo: oggi i medici lasciano passare più tempo prima di consigliare l'intervento chirurgico ai pazienti.

Quella di mia madre è una lezione importante per tutti, amortali e non. Mai accettare senza discutere una prescrizione medica, men che meno quando si arriva a un'età in cui è più probabile essere vittima di luoghi comuni e miti infondati riguardo le nostre esigenze e priorità. I medici suppongono che un ultrasessantenne assegni una priorità bassa alla propria fisicità, e sono pochissimi coloro che immaginano che un anziano dia valore alla propria vita sessuale. Superati i quarant'anni è più probabile che se vi lamentate del gomito del tennista o di un dolore al ginocchio riceviate in risposta un luogo comune del tipo «Ma cosa ti aspetti alla tua età?».

Date a queste reazioni la scarsa importanza che si meritano e insistete per farvi dire quali trattamenti il medico raccomanderebbe a un paziente più giovane. «La discriminazione in base all'età nella società e nella professione medica è questione di vita o di morte, poiché causa altrettanti danni di un farmaco sbagliato o di un bisturi che scivola di mano», dice Mark Lachs, autorevole geriatra e internista, autore di *Treat Me, Not My Age* [Curate me, non la mia età].[33] La sua osservazione è valida per ogni paese del mondo e per ogni tipo di sistema sanitario.

Mentre la medicina tradizionale mantiene una visione sclerotizzata delle persone anziane, l'industria dell'immortalità approfitta della nostra insoddisfazione. Nel settembre 2010 ho assistito a una serie di incontri per venditori di terapie antietà in cui i partecipanti affilavano le proprie tecniche di vendita su un pubblico di addetti ai lavori. La due giorni si svolgeva nel quartiere di Kensington, a Londra, un luogo che esemplifica perfettamente il legame tra destino sanitario e denaro. Gli abitanti di Kensington, attenti al loro benessere fisico e provvisti di mezzi per mantenerlo, vivono in media dieci anni in più dei cittadini poveri nel nord dell'Inghilterra.[34] La ricchezza fa di loro anche il pubblico ideale dei fornitori di dispendiosi prodotti nutraceutici e terapie.

Zulya Maizetova, dermatologa, offre un «metodo integrato di prevenzione e inversione dell'invecchiamento della pelle mediante trattamenti specifici per migliorare la capacità che ha il corpo di rigenerarsi» e apre la conferenza con un panegirico sul resveratrolo. Ci si può chiedere perché gli organizzatori abbiano scelto una dermatologa per parlare di una molecola che forse attiva un gene che forse regola la durata della vita dei mammiferi, forse imitando il meccanismo della restrizione calorica. La Maizetova ci racconta che il resveratrolo inibisce il cancro – «interagisce con ognuno dei tre stadi del cancro» – e migliora lo stato di salute in mille modi. Nel suo discorso e nel botta e risposta successivo non si fa menzione dell'incertezza che caratterizza l'iter dei trial clinici della molecola. Al pari della telomerasi, il resveratrolo è per adesso disponibile solo come nutraceutico. Terminata la conferenza, individuo la dermatologa mentre fa un pranzo a base di centrifugato di verdura al Whole Foods all'angolo e colgo l'occasione per chiederle se non vede l'ora che la Fda approvi la commercializzazione dei potenti attivatori delle sirtuine. «Oh no», risponde, «io non uso farmaci di derivazione sintetica, uso solo resveratrolo naturale».

33. Mark Lachs, "Introduzione" in *Treat Me, Not My Age: A Doctor's Guide to Getting the best Care as You or a Loved One Gets Older*, Viking, 2010.
34. "Tackling inequalities in life expectancy in areas with the worst health and deprivation" in *Report by the Comptroller and Auditor General*, HC 186 Sessione 2010–2011, 2 luglio 2010.

Se lasciassimo la natura libera di fare il suo corso, la conferenza che ha permesso alla Maizetova di esprimersi non avrebbe mai avuto luogo. La celebrità di turno che prende la parola nel pomeriggio è nientedimeno che Noel Patton, il fondatore di T.A. Sciences. «I telomeri corti significano morte», dichiara. In qualità di primo utilizzatore del TA-65 è, insieme a Bill Andrews, una pubblicità vivente del prodotto. Ma diversamente da Andrews non è un professionista. «Non sono né uno scienziato né un medico», afferma il creatore del Patton Protocol.

Ogni problema di credibilità è risolto da Andrews. Benché Patton abbia molto da insegnare a Andrews in termini di capacità di fare soldi con la telomerasi, quest'ultimo possiede un curriculum vitae di tutto rispetto, che comprende un dottorato in genetica molecolare e di popolazione presso l'università della Georgia seguito da tre decenni di carriera in cinque compagnie biotech e che culmina nella creazione della Sierra Sciences. Il sostegno che garantisce al prodotto di una compagnia rivale ricorda un po' la lunga barba di de Grey nel suo voler suggerire un nobile scopo dietro il lavoro di entrambi. Andrews, de Grey e altri pilastri dell'industria dell'immortalità credono veramente che vincere l'invecchiamento sia una causa umanitaria. Sinceri, brillanti, competenti, sono plausibili e persuasivi, ma non significa che dobbiamo inevitabilmente mandar giù le loro opinioni o le loro molecole.

Nel settembre 2010 Andrews ha postato un tweet dai toni trionfanti: «Abbiamo finalmente trovato la fonte della giovinezza! Individuata molecola che inverte il processo dell'invecchiamento nell'uomo!», a cui ha aggiunto un link a uno studio durato un anno effettuato sui primi cento clienti di T.A. Sciences, il quale ha registrato un allungamento dei telomeri.

Seguiamo il link e scopriamo che i risultati dello studio non sono pubblicati in nessuna rivista scientifica istituzionale, ma solo su *Rejuvenation Research*, una pubblicazione dedicata «alle soluzioni d'avanguardia nel campo dei trattamenti antietà clinici e di laboratorio, nonché alla ricerca più recente sull'azione molecolare e cellulare richiesta ai nuovi approcci terapeutici affinché essi siano davvero efficaci». Il direttore della rivista è Aubrey de Grey.

Ci sarebbe da diventare vecchi solo cercando di districarsi nella giungla di interconnessioni dell'industria dell'immortalità; servirebbe più di una vita per valutare ognuno dei prodotti, programmi, protocolli e panacee e per analizzare le motivazioni e la passione che separano i profeti dai profittatori. La verità, ed è una verità dal sapore amaro per gli amortali, è che nessun prodotto, programma, protocollo o panacea ha dimostrato finora di essere veramente efficace nel riportare indietro le lancette dell'orologio. Alcuni composti come il resveratrolo e gli attivatori della telomerasi si basano su ricerche serie e potrebbero rivelarsi efficaci; altri non sono altro che un modo, come diceva Robert Butler, per fare pipì molto preziosa. E poi ci sono i trattamenti che vantano proprietà salvavita ma che in realtà la vita rischiano di accorciarla.

Non possiamo vivere per sempre. Possiamo però cercare di vivere bene a qualsiasi età. E allora, giunti alla fine di quello che le celebrità con un debole per le terapie psicologiche definiscono un *viaggio*, diamo un'occhiata al modo migliore per vivere bene l'amortalità.

Quando ho chiesto a mio padre come fa per mantenersi in forma, mi ha risposto citando una canzone popolare americana: «Una bistecca quando ho fame/whiskey quando ho sete/e se non mi casca addosso un albero/vivrò finché non muoio». Mi è subito tornato in mente da una parte l'approccio di Herbert Grönemeyer, determinato a essere l'albero che protegge i figli, dall'altra la comica ipocondria dei *Tre uomini in barca* di Jerome K. Jerome, i quali passano una serata a confrontare i rispettivi acciacchi. Dopo aver consultato una serie di tomi di medicina il narratore esce dal British Museum convinto che l'unico malanno che gli manca è il ginocchio della lavandaia. Perciò corre dal dottore per farsi scrivere la ricetta:

> Andai senza nemmeno aprirla dal più vicino farmacista e l'affidai a lui.
> Dopo averla letta il farmacista me la restituì.
> Disse che non erano prodotti di sua pertinenza.
> Domandai:
> «Ma lei non è un farmacista?»
> «Sono un farmacista. Se avessi una drogheria e una pensioncina per famiglie potrei accontentarla. Ma il fatto d'essere soltanto un farmacista me lo impedisce.
> Lessi la ricetta. Diceva:
> 1 bistecca da 1 libbra, con 1 pinta di birra ogni 6 ore.
> 1 passeggiata di 10 miglia tutte le mattine.
> 1 buon sonno tutte le sere alle 11 in punto.
> E non ti imbottire la testa di cose che non capisci.[35]

35. Jerome K. Jerome, *Tre uomini in barca (per non parlar del cane)*, trad. K. Bagnoli, Feltrinelli, 2003, pag. 4. Pubblicato per la prima volta nel 1889.

Annidata in una canzone popolare e in un romanzo del XIX secolo troviamo una formula per il benessere più efficace di qualsiasi rimedio brevettato o toccasana raccomandato dalla celebrità di turno. Certo, i nutrizionisti troverebbero da ridire sull'enfasi data alla carne rossa; i dottori suggerirebbero di limitare il consumo di alcol a ventuno unità a settimana nel caso degli uomini e quattordici per le donne. Ma le basi sono solide: bistecca (o una fonte alternativa di proteine a ridotto contenuto di grassi saturi come parte di un pasto cucinato in casa); whiskey o birra (ovvero una quantità limitata di una bevanda che ci piace); esercizio fisico (un'attività che ci diverta); una salutare noncuranza (pensare a se stessi più come a un albero che come a un fiore delicato, essere informati piuttosto che nevrotici); dormire.

È una ricetta semplice, ma, proprio come accade al farmacista di Jerome K. Jerome, non sempre siamo capaci di realizzarne le indicazioni. Uno dei motivi per cui tanti di noi mangiano cibi che ci fanno male – e non sono nemmeno saporiti, benché il nostro palato rovinato ci faccia credere il contrario – è che fare la spesa e cucinare si contendono la nostra attenzione e spesso devono cedere entrambe ai lunghi spostamenti da e per l'ufficio, alle lunghe giornate lavorative e alle attività ricreative che rappresentano la ricompensa per le ore passate a sgobbare. Le persone che lavorano hanno difficoltà a trovare un'ora a settimana per andare in palestra, figuriamoci per una salutare passeggiata di dieci miglia tutte le mattine.

Le comunità disagiate con alti livelli di disoccupazione possiedono un bene che in altri ceti sociali scarseggia: il tempo. Tuttavia, difficilmente lo dedicano alla cura della salute. Uno studio su larga scala riguardante istruzione e salute ha evidenziato una «relazione diretta tra il numero di anni passati a studiare e la probabilità di diventare obesi». Secondo gli autori della ricerca

> [...] l'effetto positivo dell'istruzione sull'obesità è probabilmente determinato da tre fattori: a) un accesso più facile a informazioni riguardanti la salute, e la capacità di interpretarle e metterle in pratica: b) una percezione più chiara dei rischi associati a un stile di vita sbagliato e c) maggiore autocontrollo e coerenza nelle scelte sul lungo termine.[36]

36. Franco Sassi, Marion Devaux, Jody Church, Michele Cecchini, Francesca Borgonovi, *Education and Obesity in Four OECD Countries*, OECD, 15 giugno 2009.

Jamie Oliver, lo chef britannico impegnato a migliorare l'alimentazione degli inglesi e degli americani, ha scoperto che per milioni di persone cucinare è un'operazione altrettanto astrusa del far di conto a mente nell'era delle calcolatrici. Il governo, invece di garantire un corretto approccio del problema nelle mense scolastiche, permette alle scuole pubbliche di nutrire i bambini con cibi industriali a basso costo (negli Stati Uniti il costo medio di un pasto è di 1 dollaro, nel Regno Unito si spende leggermente di più, 1,50 dollari) e l'economia domestica è praticamente esclusa dalle materie d'insegnamento.[37] I figli di genitori abbienti hanno maggiori probabilità di nutrirsi meglio e imparare abitudini sane, ma ormai il cibo spazzatura e la pigrizia stanno conquistando tutte le classi sociali.

Il fenomeno è trasversale. I nostri figli sono simili a oche da foie gras ingozzate per trasformarle in palle di lardo e non fanno abbastanza attività fisica per consumare le calorie che ingeriscono. Li portiamo a scuola e andiamo a riprenderli in automobile per difenderli da pericoli ipotetici, ma in realtà insegniamo loro una cultura dell'inattività che a lungo andare li avvelena. Genitori e figli hanno disimparato a camminare, figuriamoci a correre, a meno che non vogliamo definire corsa l'affannoso, sgraziato sprint da anatra zoppa con cui cerchiamo di non perdere l'autobus.

Neppure i lavori di casa ci obbligano a muoverci, dal momento che ne deleghiamo una parte agli elettrodomestici e un'altra a servizi di consegna a domicilio. Il tempo non ci basta mai, ma lo sprechiamo con facilità passando ore in totale immobilità, schiavi di TV e computer. Viviamo in seducenti mondi virtuali chiamati Second Life e World of Warcraft in cui siamo atleti olimpionici e guerrieri ninja. Ci allontaniamo dallo schermo controvoglia solo per farci una tazza di tè o per soddisfare quelle poche esigenze fisiologiche che ancora riusciamo a sentire, e i nostri muscoli flaccidi protestano di fronte a ogni sforzo insolito. E ci stupiamo se l'esercizio fisico, al pari di un'alimentazione sana, ci sembra un'impresa al di sopra delle nostre forze?

Se siamo fortunati ci manterremo comunque in salute per un periodo abbastanza lungo. Nir Barzilai chiedeva a chi entrava nel progetto di ricerca sui centenari se «il loro segreto fosse aver mangiato yogurt o essere stati vegetariani per tutta la vita» e racconta che, con sua grande soddisfazione, non ha incontrato «né vegetariani, né man-

---

37. "Jamie's Platform for Change: Why America Needs a Food Revolution Now", *www.jamieoliver.com*

giatori di yogurt» tra i valorosi e longevi soggetti dell'esperimento. Come Thomas Perls, anche Barzilai spera di individuare i genotipi della longevità.

Ma anche se li trovasse, consiglierebbe ai fortunati possessori del corredo genetico che garantisce lunga vita di nutrirsi correttamente ed evitare la sedentarietà, poiché salute ed energia sono essenziali per godere della vita nel presente. Sono molte le persone, amortali e non, che si abituano a convivere con lievi disagi fisici e scarsa forza muscolare già da giovani dimenticando cosa si prova quando si sta bene e come lo stare bene sia collegato a stati d'animo intangibili come la felicità. Per quanto sia difficile conciliare i mille impegni di cui è fatta la nostra vita con le buone pratiche e abitudini che ci danno vitalità e benessere, dobbiamo sapere che l'alternativa è ben peggiore.

Persino in certe piccole comunità che per tradizione svolgono lavori manuali e seguono una dieta basata su verdure fresche di coltivazione locale, legumi e piccole quantità di proteine animali si assiste, a causa dell'avanzata del cibo spazzatura e delle comodità casalinghe, a un accorciamento della parte di vita in cui si gode di uno stato di salute perfetto. In *The Blue Zones* Dan Buettner parla di tre comunità del genere, la Sardegna, Okinawa e la penisola di Nicoya in Costa Rica, raccontando poi in dettaglio le vicende di Loma Linda, una moderna cittadina americana a metà strada tra Sun City Shadow Hills e il centro di Los Angeles. Benché faccia parte della conurbazione di Los Angeles, questa cittadina, per altri versi ordinaria, è densamente popolata di anziani vivaci come quelli incontrati da Buettner nelle comunità rurali appena citate ed è assimilabile a una *blue zone*, in cui «molte più persone della media raggiungono i cento anni e sono in ottime condizioni di salute che garantiscono loro maggiore longevità».[38]

A Loma Linda è la fede – e il fatto di andare in chiesa – a dare una spinta alla longevità. Molti residenti sono avventisti del settimo giorno, una religione che «vieta espressamente il fumo, le bevande alcoliche e mangiare carni come quella del maiale, definite impure dalla Bibbia.[39] Invecchiando, le persone rimangono parte integrante della comunità coesa, non finiscono in un isolamento che li inebetisce come avviene nelle grandi città. Buettner ha intervistato Marge Jetton, una centenaria che vive in una struttura abitativa indipendente, ovve-

---

38. Dan Buettner, "Get Ready to Change Your Life" in *The Blue Zones – Lessons for living longer from the people who've lived the longest*, *National Geographic*, 2008.
39. Ivi, "An American Blue Zone".

ro una casa di riposo. Marge è un vulcano di energia: fa un chilometro e mezzo al giorno camminando dentro la struttura e tra 9 e 12 sulla cyclette. È rimasta vedova poco prima del settantasettesimo anniversario di matrimonio, rischiando di affondare nella disperazione: «Ci ho messo un anno per capire che il mondo non sarebbe venuto a bussare alla mia porta. Poi ho ricominciato a fare volontariato ed è stata la scelta migliore che potessi fare. Ho capito che quando si è depressi quello è il momento migliore per fare qualcosa per gli altri».[40]

Marge è la prova che è possibile ritagliarsi uno spazio per vivere bene anche in un contesto urbano, e questo è un fatto importante. Si è calcolato che nel 2008 metà della popolazione mondiale viveva già nelle metropoli. In Europa e America il 70% degli abitanti vive in una grande città, e la percentuale è destinata a crescere.[41] Siamo perlopiù incapaci di procurarci il cibo in modo tradizionale, ovvero allevando gli animali, cacciandoli o coltivando la terra. L'esercizio fisico non è una conseguenza del nostro stile di vita, ma un optional. Eppure è il segreto della longevità. «L'esercizio fisico è il fattore principale di prolungamento dell'aspettativa di vita e di salute», ha dichiarato Bill Andrews a una rivista sportiva. «Non m'importa cosa dicono gli esperimenti con i topi. Agli esseri umani dico solo una cosa: più vi muovete meglio è».[42]

A cinquantotto anni Andrews ha completato più di cento ultramaratone, ovvero percorsi di almeno 80 chilometri. Si tratta di un regime di esercizio fisico che la maggior parte di noi considera un sogno irraggiungibile (o un incubo, a seconda dei punti di vista), ma diversamente dall'azione della TA-65 sappiamo con certezza che qualsiasi forma di esercizio è meglio di niente. È dimostrato infatti che l'attività fisica mantiene il cervello sano riducendo l'insorgenza di problemi neurologici nella terza età.[43] Una persona obesa vive in media dieci anni in meno rispetto a chi rientra nel peso forma. Il rischio di decesso per una persona obesa di altezza media aumenta del 30% per ogni 15 chili aggiuntivi e diminuisce in proporzione.[44] Insomma essere un po' meno in sovrappeso e un po' più attivi ha un impatto decisivo sulla salute e la durata della vita.

---

40. *Ibid.*
41. *Human Population: Urbanization*, Population Reference Bureau, 2010.
42. Pete Gauvin, "Long May He Run", *Adventure Sports Journal*, 8 luglio 2010.
43. Professor Kirk Erickson et al, "Physical activity predicts gray matter volume in late adulthood", *Neurology*, 13 ottobre 2010.
44. *Obesity and the Economics of Prevention, Fit not Fat*, OECD, 2010.

Perciò se dovete perdere peso cominciate subito, ma non contate su prodotti dimagranti o su diete drastiche. Tanto per iniziare cucinatevi i pasti per una settimana. Se la vostra alimentazione consiste in panini, piatti pronti, cibi da asporto e cibi raffinati in genere, avrete il palato assuefatto ad alti livelli di zucchero e sale. Riducete al massimo il sale e lo zucchero che aggiungete ai cibi e riscoprirete di possedere delle papille gustative. Il cibo spazzatura diventerà sgradevole almeno quanto è desiderabile per coloro che non possono farne a meno. Per quanto mi riguarda sono carnivora ma consapevole, per cui non difendo il vegetarianesimo a ogni costo, benché sia al corrente dei vantaggi che offre tanto alla nostra salute quanto all'ambiente. E neppure consiglio di sottoporsi a diete severe. Il resveratrolo è stato scoperto da scienziati che cercavano di riprodurre negli esseri umani l'effetto di allungamento della vita che la restrizione calorica aveva sui topi da laboratorio. Alcuni topi da laboratorio umani cercano di ottenere gli stessi effetti nutrendosi soltanto di verdure lesse. Una cosa è certa: la vita deve sembrargli fin troppo *lunga*.

Smettete di fumare – se il vostro scopo è uccidervi lentamente esistono modi più interessanti – e vi ritroverete catapultati in un nuovo mondo di sapori e profumi.

Aggiungete un po' di moto alla vostra routine quotidiana. A meno che io sia in ritardo a un appuntamento oppure piova non prendo mai la metro se devo fare meno di tre stazioni (in centro città a Londra), e le scale mobili le faccio camminando o correndo, come mia madre.

Assumete vitamina D, essenziale per la crescita e la riparazione delle ossa, perché è l'unica che non introduciamo in quantità sufficiente con l'alimentazione, per quanto la nostra dieta possa essere varia. La produciamo ogni volta che i raggi ultravioletti del sole colpiscono la pelle, evento poco frequente per chi vive nei paesi nordici. Se a ciò aggiungiamo le creme protettive che ci consigliano i medici per affrontare i rischi di un cielo sereno, si capisce che siamo sempre in deficit di vitamina D.[45] Tuttavia uno studio recente ha messo in discussione tale idea, per cui assumere la dose quotidiana di vitamina D potrebbe solo rendere più preziosa la pipì.

45. Michael F. Holick, "Vitamin D Deficiency", *New England Journal of Medicine* 19 luglio 2007.

Thomas Perls ha un consiglio riservato agli uomini. È un dato di fatto che il maschio non possiede le stesse capacità di sopravvivenza della femmina. Infatti gli uomini costituiscono solo il 15% dei centenari. Alcuni ricercatori pensano che dipenda dalla capacità femminile di integrarsi socialmente che porta le donne a strutturare reti di supporto e a impegnarsi nei rapporti interpersonali.[46] Secondo un'altra teoria proposta da Perls, «le donne vincono la maratona della longevità» perché ogni mese per quarant'anni circa perdono ferro attraverso le mestruazioni, e il ferro «svolge una funzione molto importante nella produzione di radicali liberi da parte delle cellule». Perls spiega che:

> Il danno da radicali liberi è parte molto importante del processo di invecchiamento. Un ridotto apporto di ferro per un periodo relativamente lungo può spiegare il significativo ritardo (dieci anni) delle donne rispetto agli uomini nel manifestare cardiopatie e ictus.
> E allora ogni otto settimane faccio una cosa strana, perdo sangue come se avessi le mestruazioni andando a donarlo all'emoteca. Il mio gruppo è b negativo, quindi abbastanza raro. Ma non mi sottopongo alla donazione di sangue per motivi totalmente altruistici, sia ben chiaro.

Includo il suggerimento del dottor Perls tra i miei consigli per vivere bene a qualunque età ricordando che seguirlo non è obbligatorio, benché sia socialmente utile. C'è invece un altro aspetto della nostra vita che dovremmo cambiare seguendo l'esempio della famiglia reale: se cadiamo da cavallo è essenziale risalirci subito. Se mangiamo troppo e male, se beviamo come spugne, se fumiamo una sigaretta di nascosto e ci stravacchiamo sul divano per una settimana l'importante è che dopo risaliamo a cavallo. Non poniamoci obiettivi che inevitabilmente non raggiungeremo, non approfittiamo di uno sgarro per rinunciare a qualsiasi tentativo di vivere in modo più sano. Mantenersi in forma e attivi è essenziale se vogliamo, per dirla con l'amortale Mick Jagger, continuare a fare quello che ci piace finché ne avremo le forze. E se questo non ci basta come incentivo, pensiamo di farlo per il nostro paese e la nostra comunità. Infatti, con l'invecchiamento della popolazione e la crescente richiesta di erogazione di servizi sanitari che pesa sui bilanci statali, rimanere amortali e senza età il più a lungo possibile è un servizio che rendiamo alla società.

46. Phillis Moen, Donna Dempster-McClain, Robin M. Williams, "Social Integration and Longevity: An Event History Analysis of Women's Roles and Resilience", *American Sociological Review*, agosto 1989.

C'è una forma di esercizio che sicuramente fa stare bene tutti: utilizzare il potere che abbiamo in quanto cittadini e consumatori per fare pressione sui governi al fine di cambiare i sistemi e le politiche che minano la possibilità di vivere bene a qualsiasi età. Nel 1963, in un discorso al Congresso, John F. Kennedy disse: «Non basta che una grande nazione sia riuscita a dare più anni di vita ai suoi cittadini. Il nostro obiettivo deve essere rendere più vitali quegli anni». Ed ecco perché l'America non ha ancora raggiunto quell'obiettivo (e l'Europa non è certo messa meglio).

- ☑ La discriminazione in base all'età non è un problema marginale, anzi, è l'atteggiamento dominante nei paesi industrializzati.
- ☑ Siamo tutti implicati poiché accettiamo la deificazione della giovinezza, rinforzando in tal modo i pregiudizi relativi alle diverse fasce d'età.
- ☑ Le politiche di governo e istituzionali sono frammentarie e incoerenti.
- ☑ I politici sono troppo codardi sia per confrontarsi con le cattive abitudini che aumentano il rischio di contrarre malattie sia per porre dei limiti alle industrie che incoraggiano tali pratiche.

Consideriamo solo un aspetto della questione: il cibo. L'agribusiness e i suoi tifosi sostengono che l'industrializzazione della filiera di produzione del cibo sia un rimedio alla povertà, sottolineando che i beneficiari di tanta generosità crescono in altezza e non solo in larghezza, per cui non c'è alternativa a questo sistema se si vuole nutrire la popolazione mondiale in crescita. Opporsi a questo tipo di ragionamento non è facile. Senza un'economia di scala e riforme ai sussidi, i prodotti agricoli rimarranno con ogni probabilità un lusso alla portata di pochi.

Passando dalla parte degli elettori, è difficile che siano i primi a domandare ai politici di limitare i nostri vizi. Non c'è niente che irriti l'elettorato americano quanto un aumento del prezzo della benzina, o che mandi in bestia gli inglesi quanto la minaccia di alzare le accise sugli alcolici. Sembra quasi che i contribuenti siano contenti di sovvenzionare il vicino perché si ammali.

Uno dei problemi di base è che molti hanno perso la capacità di distinguere tra cibo buono e cibo che dà dipendenza. Le colazioni e i pranzi serviti durante i seminari della Age Boom Academy dimostravano come anche le persone meglio informate del problema, coloro che cercano di mangiare sano, siano tradite dal proprio palato corrotto. Giorno dopo giorno ho visto esperti di fama mondiale mandare giù senza protestare proprio i cibi che sono responsabili delle malattie che loro stessi cercano di sconfiggere.

All'inizio di ogni giornata i nostri generosi ospiti ci fornivano vassoi di paste, muffin e frutta fresca. Per pranzo di solito trovavamo insalata di riso selvatico e un assortimento di tramezzini. Per gli standard americani erano pasti salutari, nonostante le brioche, i muffin e il pane da tramezzini fossero pieni di zucchero e i tramezzini fossero farciti con carni insipide e lavorate industrialmente, fette di formaggio moscio e maionese ipertensiva. L'insalata di riso era tempestata di mirtilli secchi, mentre le fragole, dolci e senza imperfezioni, insieme ai pezzetti di ananas, erano praticamente prive di profumo e sapevano genericamente di frutta.

Quella non era la prima volta che mi confrontavo con i disturbi alimentari americani. Ricordo un viaggio a Chicago in occasione del funerale di mio zio. Negli ultimi anni di vita, lo zio insieme ad alcuni amici aveva fondato un'associazione, i Romeos, ovvero *Retired Old Men Eating Out*.[47] I Romeos apprezzavano in particolar modo i pranzi a prezzo fisso con buffet proposti da un ristorante della periferia di Chicago il cui nome ingannevolmente bucolico suggeriva piatti sani cucinati con i prodotti della fattoria. Fu quindi in quel ristorante che mia zia pensò di radunare parenti e amici per il pasto commemorativo. I partecipanti al funerale occupavano un angolo del granaio-ristorante, mentre agli altri tavoli era seduta la clientela normale.

I piatti erano raggruppati per continente, ovvero Sudamerica e Nordamerica, Europa e Asia. C'era anche la sezione insalate e ogni pietanza in versione regolare era affiancata da un bacile o una zuppiera colmi della versione a ridotto contenuto di grassi. Più i clienti normali erano ciccioni – e alcuni erano dei veri e propri giganti con fianchi e natiche ancora più monumentali della parte superiore del corpo – maggiore era la probabilità che scegliessero la versione light e ne caricassero una porzione maxi sul piatto, tornando più volte al buffet per razioni supplementari.

Quel cibo non mi piaceva, ma mi ritrovai ad andare e venire dal buffet per provare una pietanza e un continente dopo l'altro alla ricerca della mercanzia più sfuggente di tutte: il sapore. I cibi insipidi, ultra dolcificati e salati, inizialmente ci trasformano in criticoni insoddisfatti, «Non mi piace», diciamo, «e le porzioni sono troppo piccole». Perciò ne mangiamo di più, ma rimaniamo lo stesso insoddisfatti. E in men che non si dica perdiamo la capacità di distinguere il vero sapore dei cibi.

---

47. Pensionati che vanno al ristorante *[n.d.t.]*.

Ciononostante possiamo invertire il processo – e spero che i lettori prendano spunto da questo libro per impegnarsi a cambiare le cose – tanto a livello personale quanto pubblico, come consumatori ed elettori. Uno stile di vita amortale che non cerchi di migliorare il modo che abbiamo di invecchiare ha buone probabilità di finire male. Sì, possiamo vivere più a lungo, ma che ne dite di vivere quegli anni più sani e felici grazie a una buona alimentazione?

Per alcune persone questi sono discorsi radical chic del genere «Che mangino quinoa». C'è infatti una riluttanza diffusa a raccomandare un'alimentazione più sana per timore di apparire inconsapevoli della realtà economica con cui devono confrontarsi le classi più povere. L'alternativa è accettare lo stato delle cose, ovvero un divario in ambito sanitario che registra già oggi ampie differenze nell'aspettativa di vita tra poveri e ricchi. Negli Stati Uniti e in Gran Bretagna, due paesi in cui le disuguaglianze di reddito, accesso alle prestazioni sanitarie e all'istruzione sono evidenti, tali differenze sono assai marcate. Gli americani il cui reddito è pari a/o supera il novantacinquesimo percentile vivono in media nove anni in più rispetto a coloro che si collocano al decimo percentile o sotto di esso.[48] In Gran Bretagna il divario è ancora più ampio: diciassette anni di differenza nell'aspettativa di una vita priva di infermità tra i più ricchi e i più poveri.[49]

Il cibo spazzatura è più conveniente rispetto a quello sano perché è meno nutriente e perché chi lo produce gode di una serie di sovvenzioni ed esenzioni fiscali. Craig Sams, autore di *The Little Food Book* e co-fondatore di Green & Black, azienda che produce cioccolato biologico, fornisce una sintesi efficace.

> I governi, succubi delle multinazionali dell'agribusiness, sovvenzionano le monocolture su larga scala che fanno uso di concimi chimici e pesticidi e producono mais, soia, colza e cotone, tutte fonti di grassi a basso costo che vengono poi idrogenati diventando alternative economiche al burro e agli altri grassi solidi di origine naturale (benché negli ultimi anni i bio carburanti abbiano deviato il flusso di tali materie prime dall'uso alimentare a quello energetico). La lavorazione dei semi oleosi produce come scarto panelli di materia secca che, venduti a prezzo artificialmente basso agli allevatori di polli, maiali e vitelli, diventano mangime animale. →

48. Elizabeth Gudrais, "Unequal America, Causes and consequences of the wide – and growing – gap between rich and poor", *Harvard Magazine*, luglio-agosto 2008.
49. "Fair Society, Healthy Lives" in *The Marmot Review – Strategic Review of Health Inequalities in England post 2010.*

> Ma polli, maiali e vitelli industriali non si nutrono solo degli scarti di lavorazione. Nel corso della loro breve vita vengono imbottiti di ormoni e antibiotici e costretti alla semi immobilità. Il risultato sono degli esseri dal sesso incerto, con un sistema immunitario distrutto, grassi e pigri.
> Sì, siamo proprio ciò che mangiamo.

Se il mondo andasse come dico io, tutti mangerebbero bene e sarebbero più flessibili grazie al pilates. Pratico il pilates dalla metà degli anni Ottanta, ma non sono davvero la testimonial migliore per questo tipo di esercizio fisico. La facilità con cui compagni di corso molto più anziani di me si stirano, si allungano e rimangono in equilibrio rappresenta una prova eloquente a favore di una disciplina che favorisce flessibilità e forza allo stesso tempo. Quando un appassionato di pilates mi chiede cosa dovrebbe fare per rimanere sempre giovane, per prima cosa rispondo: «Lo stai già facendo».

Joseph Pilates era un tedesco che durante la Seconda guerra mondiale fu internato in un campo di prigionia inglese. Forse neppure gli appassionati della disciplina sanno che le macchine create in origine da Pilates sono il risultato dell'improvvisazione, dell'assemblaggio dei pochi materiali che aveva a disposizione, tra cui le molle della rete su cui dormiva. Per molti anni questa disciplina è rimasta un segreto ben custodito da ballerine e atleti, poi le celebrità hanno iniziato ad apprezzarne i vantaggi, diffondendola presso il grande pubblico. Un istruttore dello studio che frequento io è stato "rapito" da Madonna, e nelle nostre lezioni tranquille fra amici pian piano si sono insinuati i vip di turno. Le palestre e i circoli sportivi hanno approfittato del successo iniziando a proporre corsi tenuti da istruttori con pochissima esperienza (un insegnante certificato fa un anno di pratica e quattrocentocinquanta ore di teoria solo per impartire lezioni a corpo libero; per imparare a utilizzare i macchinari servono due anni e milleduecento ore di studio).

L'entusiasmo degli inizi si è calmato, ma gli standard di insegnamento rimangono poco uniformi. Una lezione di novanta minuti nello studio che frequento io, in centro città a Londra, costa venticinque sterline, ovvero l'equivalente di quattro pacchetti di sigarette. Il pilates insegnato a regola d'arte non è certo una disciplina per tutte le tasche. Eppure i miei compagni di corso vengono da ogni parte del mondo, sono rappresentativi di tutte le fasce d'età – dall'adolescenza agli ottant'anni – e di tutte le classi sociali – patrizi e plebei, occupati e disoccupati, pensionati e a riposo – uniti dal fatto di aver dato la priorità a questa disciplina nei confronti di altri modi di impiegare tempo e soldi. Barbara Giffin, originaria di Brighton, pratica il pilates da vent'anni. Figlia di un coltivatore, si descrive come «una persona qualsiasi che lavora». Ha smesso di studiare a quindici anni, è entrata in un ufficio come tuttofare, per un certo periodo ha lavorato come cameriera ai piani in un hotel svizzero, e ha lavorato come segretaria in varie aziende. Con l'indennità di licenziamento dall'ultimo impiego presso il Race Relations Board, si è pagata un corso per parrucchiera, il mestiere che ha sempre sognato. Oggi mette in pratica ciò che ha imparato lavorando per un centro di assistenza diurna per anziani e nelle case di riposo, dove incontra persone in pessime condizioni di salute. «Fanno spavento... Serve esercizio fisico per conservare la salute», dice Barbara.

Costi e disponibilità fanno del pilates un'opzione che non è aperta a tutti. Tuttavia ci sono altre forme di esercizio fisico, per esempio camminare, fare attività aerobica in palestra, lo yoga, il nuoto o le arti marziali, con cui mantenersi agili più a lungo. Barbara, con il suo caschetto rosso bruno e il fisico scolpito non fornisce indizi immediati della sua età anagrafica. Ha molti amici tra i quaranta e i cinquant'anni e trova ripugnante l'idea di una vacanza tutto compreso per over 50, «dove ci sono solo anziani. Io voglio frequentare persone che hanno le mie stesse passioni». L'avvicinarsi dei settant'anni la coglie di sorpresa e non ha intenzione né di smettere di lavorare né di diminuire le uscite nel fine settimana, soprattutto se si tratta di balli di gruppo.

Parlavo con un conoscente che mi raccontava con quanta ansia aspettava il momento di andare in pensione, per poter infine spendere i soldi risparmiati regalandosi un viaggio. Ma fisicamente era un rottame, era messo talmente male che non sarebbe riuscito a godersi la crociera che aspettava da anni. Ha aspettato, e ora è troppo vecchio per godersela. Non si sa mai cosa ha in serbo il futuro, ecco perché è meglio pensare a cosa accade nel presente.

In conclusione

La conclusione inevitabile

Niente in lui che perire possa,
che il mar non lo vada convertendo
in qualcosa di ricco e stupendo.

William Shakespeare, *La tempesta*

Una cosa buona non finisce mai.

Mick Jagger

Sembra più un inizio che la fine.

Slogan della compagnia Eternal Reefs

Nonna Jane, per quanto avesse un carattere selvatico, sapeva anche scherzare. Quando la sua migliore amica, una scultrice ancora più forastica di lei, espresse preoccupazione per la durata della propria protesi all'anca, mia nonna le rispose biascicando le parole: «Lillian, hai ottantanove anni, quanto ti serve che duri?»

Secondo un recente sondaggio gli americani considerano ottantanove anni l'età ideale per morire.[1] Mia nonna probabilmente trovava comico che la sua amica Lillian durasse più a lungo della protesi che le avevano installato, ma al pari di lei non accettava di non poter più ballare o che la vita – e il fatto di godersela – potesse finire. E non cambiò idea a 90, 91, 92, 93, 94, 95, 96 o 97, quando morì. Elina Makropulos esaurì le possibilità che la vita in questo mondo aveva per lei, ma agli amortali, ammaliati da questo mutevole uni-

1. Paul Taylor et al, "Growing Old in America: Expectations vs Reality", *Pew Research Center*, 29 giugno 2009.

verso e a loro volta agenti di un ammaliante cambiamento, le possibilità appaiono illimitate. Crediamo di poter compiere imprese che la società considera impossibili o inappropriate, come fondare imperi finanziari prima dei vent'anni, creare legami affettivi a qualsiasi età, fare figli quando sarebbe più giusto fare i nonni e praticare lo scuba diving all'età in cui si è bisnonni. A volte la realtà è una doccia fredda, altre volte – e succede sempre più spesso – la realtà si piega al nostro volere.

Mia nonna diede l'impressione di essere fragile solo dopo l'incidente d'auto, ma dentro di sé non si considerava affatto debole e malata. Mio cugino Adam mi ha fatto tornare in mente un episodio riguardante nonna Jane un anno prima che morisse. I medici che le avevano rimesso a posto le ossa dissero che non sarebbe mai più stata quella di prima, ma lei li aveva smentiti tornando ad abitare da sola nel suo appartamento all'ottavo piano di un condominio di Chicago. Un vicino che non la vedeva da qualche giorno, dopo aver suonato più volte il campanello e averla cercata al telefono, molto preoccupato chiamò l'ambulanza. Quando i paramedici entrarono nell'appartamento insieme alla polizia (come si fa di solito in questi casi) trovarono nonna Jane che dormiva nel suo letto. Si svegliò, si vide circondata dai poliziotti e chiese: «Che c'è? Sono in arresto?».

Per quanto ne sappiamo noi che siamo i suoi familiari gli unici crimini che ha commesso sono stati a sfondo culinario (era una pessima cuoca). Fino alla fine si è sempre considerata una persona voluta, anzi, in quell'occasione addirittura ricercata dalle autorità; una persona abbastanza brillante e piena di risorse da confrontarsi con il mondo in modo attivo e non, come accade spesso agli anziani, con un atteggiamento supplichevole. E l'immagine amortale che aveva di se stessa è stata vincente per quasi un secolo.

Poi qualcosa è cambiato. Le sue cellule sono invecchiate e l'energia vitale ha iniziato ad abbandonarla. Il personale medico ci consegnò un foglio fotocopiato in cui erano riportati i «segni e i sintomi dell'approssimarsi della morte». Jane si trovava già in quella che è definita «fase pre-attiva» ed era agitata, inappetente, aveva il fiato corto. Quando scivolò nella «fase attiva pre-morte» mostrava tutti i sintomi descritti dal documento tranne due: non aveva alcuna intenzione di «concludere le questioni lasciate in sospeso» e si rifiutava di ammettere che stava morendo. Non si aveva l'impressione che fosse pronta ad andarsene, non si intravedeva nessun barlume di serenità. Della sua vita le piaceva solo il fatto di viverla, non certo di lasciarla.

A somiglianza del meccanismo di scambio descritto dalla teoria della pleiotropia antagonistica – per cui le stesse caratteristiche che in gioventù conferiscono vigore, nella vecchiaia risultano d'intralcio – la passione per la vita tipica degli amortali nasce da impulsi che ci rendono anche particolarmente inadatti ad affrontare la fragilità e la morte. Scrivere questo libro mi ha costretta a confrontarmi con la scienza dell'invecchiamento e a riconoscere – senza tuttavia riuscire ad accettare istintivamente – l'inevitabilità della morte. Nonostante abbia valutato a fondo le insidie potenziali dell'immortalità spronerei mio marito, i miei cari e gli amici a ingurgitare elisir miracolosi o ad aprire le vene all'invasione di sciami nanobot guaritori se credessi di assicurare loro qualche anno di vita in più. Invece mi aggrappo alla speranza che mangiando cibi sani, facendo esercizio fisico e impegnandosi nella vita di relazione possano perlomeno sfidare il record di longevità di Jeanne Calment.

Ecco un obiettivo a cui può tendere qualsiasi persona sana a patto che possa soddisfare le esigenze fondamentali dell'esistenza e che abbia accesso ai moderni ritrovati della medicina e dell'igiene che hanno già allungato la nostra aspettativa di vita. Certo, l'orologiaio cieco ha caricato su alcuni di noi un fardello di geni difettosi che ostacolano ogni tentativo; certo, le disgrazie succedono, viviamo su un pianeta frammentato e litigioso in cui la violenza è distribuita a caso come i geni dell'atassia, un mondo dominato dal caso e da eventi imprevedibili e inevitabili. Però il resto sta a noi deciderlo.

Come abbiamo visto, fare in modo che gli anni di benessere psicofisico coincidano con l'allungamento dell'aspettativa di vita dipende in parte dal riuscire a creare cicli virtuosi di cura del proprio corpo. Anche la grinta è importante, e gli amortali non ne sono certo sprovvisti. Nei presupposti su cui si fonda il nostro atteggiamento nei confronti di chi vive senza pensare all'età e nella mancata percezione del passare del tempo, attraversiamo continuamente il confine sottile tra capacità di recupero e negazione, ottimismo e assurdità. Eppure, per parafrasare Marilyn Monroe, è meglio essere assolutamente ridicoli che assolutamente noiosi. O annoiati. I lavori della psicologa Ellen Langer lo sottolineano: ciò che sentiamo forma la persona che siamo. La noia e le sue brutte compagne chiamate distacco, isolamento e rigidità privano la vita di ogni gioia altrettanto efficacemente della malattia e della povertà.

In questo libro ho cercato di definire e descrivere l'amortalità e i suoi energici adepti per spiegare almeno in parte chi siamo e perché siamo così. Com'è che siamo arrivati a capovolgere presupposti antichi e radicati sulle età della vita e sul diventare vecchi? Rivoluzionari senza volerlo, abbiamo la capacità di portare la nostra rivoluzione tanto sulla strada giusta quanto su quella sbagliata e niente fermerà la spinta a rifondare la famiglia o a farci beffe delle limitazioni dell'età quando l'amore o la passione dei sensi ci chiamano. Ciò che importa è la qualità dei legami che creiamo e la qualità del nostro essere genitori. Non ci faremo generosamente da parte per lasciare spazio ai giovani talenti, ma la nostra coazione a lavorare, a rimanere produttivi, forse potrà alleviare in parte la pressione economica determinata dall'invecchiamento della popolazione. L'amortalità è il prodotto di un mondo che ha normalizzato certi tratti della personalità narcisistica, che preferisce l'individualismo al collettivismo e che ha perso fede in Dio e nella sfera pubblica. Ciononostante gli amortali, come ha dimostrato chiaramente Richard Flint, possiedono una qualità importante: un egoismo illuminato che li porta a riconoscere l'interdipendenza del benessere individuale e del bene comune.

Richard non si è mai liberato della paura della morte. Per lui e per molti altri amortali la paura della fine è benzina per il loro motore, e li fa correre veloci. La malattia che non gli lasciava scampo lo spronò a prendere decisioni consapevoli su come utilizzare al meglio la vita che gli restava, e questo è un modo di affrontare la questione che gli amortali farebbero bene a imitare. Essere preda di un terrore che non conosciamo può spingerci in direzioni e a comportamenti imprevedibili. L'ansia è debilitante. «La cosa di cui ho più paura è la paura stessa», diceva Montaigne.[2] Una profonda paura della morte oscurò la giovinezza di Montaigne e svanì solo dopo una caduta da cavallo che lo portò a sfiorare la morte. Solo allora riuscì, per usare le parole di Jason Pontin, a «guardare fisso il sole». Finalmente riconciliato con se stesso poté scherzare sulla morte: «Se non sapete come morire non preoccupatevi. La natura vi dirà come fare al momento giusto senza dimenticarsi nulla».[3]

Gli amortali devono credergli sulla parola e nel frattempo cercare di vivere bene, dando un significato alla vita, curando la propria salute e quella della comunità, sfidando i pregiudizi legati all'età e contribuendo a ridefinire il concetto di gioventù e vecchiaia. Se tali

2. Michel de Montaigne, *Saggi*, libro I, 1580.
3. Sarah Bakewell, "Come vivere? Non preoccupandosi della morte" in *Montaigne, l'arte di vivere*, trad. T. Fazi, Fazi 2011.

aspirazioni ci sembrano da megalomani potremmo limitarci a dare meno fastidio a chi ci circonda e tenere a bada l'impulso a creare scompiglio per il gusto della distrazione. Potremmo persino sforzarci di progettare la nostra vita con un occhio al mutare delle esigenze, indipendentemente da quanto ci sentiamo sempreverdi.

Non posso certo dare l'esempio. Riempio ogni momento della mia giornata, ma non necessariamente di attività finalizzate a qualcosa. Non credo che potrò mai permettermi di andare in pensione. Questo libro mi ha obbligato a guardare il sole strizzando gli occhi, ma non appena ho potuto ho distolto lo sguardo.

Eppure ho trovato una conclusione accettabile, anche se, da brava amortale, non è detto che ne accetti la necessità. Se non possiamo ottenere l'immortalità rimandando in eterno la morte, possiamo però affidarci a compagnie come l'americana Eternal Reefs che mescolano le nostre ceneri a pezzi di barriera corallina artificiale, collocati sui fondali marini da sommozzatori. All'inizio hanno un aspetto buffo, di cupolette e vasi panciuti di cemento bucherellato, ma con il tempo pesci, alghe e altre forme di vita marina li colonizzano trasformandoli in qualcosa di vivo e pulsante, circondato da un caleidoscopio di luce e movimento. In tal modo saremo sempre al centro dell'azione, sempre indaffarati. Sì, come soluzione questa ha proprio una rassicurante aria di amortalità.

Dieci domande per giungere a una diagnosi

Sei amortale?

Barra la risposta che corrisponde alla tua scelta istintiva

1. La differenza tra la tua età anagrafica e l'età che senti dentro è:
   - [A] Più di 10 anni.
   - [B] Da 1 a 10 anni.
   - [C] Sento l'età che ho.
   - [D] Non ho idea. L'età è irrilevante.

2. Descrivi la tua domenica-tipo:
   - [A] Spesso devo rimettermi in pari con il lavoro, ma riesco a trovare anche il tempo per stare con gli amici.
   - [B] Giornata tranquilla, guardo la TV.
   - [C] Vado in chiesa, faccio lavoretti in casa e sto con la mia famiglia.
   - [D] Difficile descriverla. Impegnata come gli altri giorni.

3. L'età migliore per avere figli è tra 35 e 40 anni:
   - [A] Concordo. Io/i miei amici abbiamo fatto così/pensiamo di farlo.
   - [B] Non credo sia vero. Forse è meglio avere figli quando si ha più energia.
   - [C] Sono contrario. Non è giusto che i bambini abbiano genitori anziani.
   - [D] Non ho ancora considerato la questione di avere figli.

4. Il tuo amico/a esce con un/a fidanzato/a di 25 anni più giovane. Che ne pensi?
   - A La differenza d'età non con conta. Sono anime gemelle.
   - B Capisci l'attrazione, ma la differenza d'età farà sì che la relazione non duri.
   - C Credo che i vecchi tornino bambini.
   - D Non me ne ero accorto.

5. Sei sempre stressato e preoccupato. Ti affidi a:
   - A Uno psicologo. Prima di tutto guarire se stessi.
   - B Lo shopping. Mi fa sempre stare bene.
   - C La preghiera. Mi fa sempre stare bene.
   - D Stress? L'unica cosa che mi dà stress è non avere niente da fare.

6. La tua vacanza ideale:
   - A Un turbinio di azione e avventura.
   - B Un misto di relax e turismo.
   - C Preferisco starmene tranquillo a casa.
   - D Preferisco i viaggi di lavoro. Non c'è modo migliore per capire a fondo il paese che si visita.

7. Di solito ti tieni in forma così:
   - A Mi sento in colpa. Ho l'abbonamento a una palestra ma ci vado raramente.
   - B Svolgo attività fisica/sportiva ma non sono più in forma come una volta.
   - C Alle superiori/università facevo molto sport.
   - D Non devo tenermi in forma: vado sempre di corsa.

8. Quando immagini la pensione:
   - A Mi vengono i brividi. Non voglio smettere di lavorare.
   - B Non so se potrò mai permettermi di andarci.
   - C Non vedo l'ora.
   - D Non ci ho ancora pensato. È una prospettiva troppo distante.

9. Qual è l'affermazione che rispecchia meglio il tuo atteggiamento nei confronti del diventare vecchi?
   - [A] Non voglio invecchiare come si faceva una volta.
   - [B] Prima o poi tutti invecchiamo.
   - [C] Non vedo l'ora di possedere la dignità e la saggezza che caratterizzano la vecchiaia.
   - [D] Non ci ho ancora pensato. È una prospettiva troppo distante.

10. La vita si conclude con la morte. Cosa ne pensi?
    - [A] Forse. La scienza però troverà dei modi per allungarci la vita.
    - [B] È vero, ma preferisco non pensarci.
    - [C] E la morte è l'inizio della vita eterna.
    - [D] Non ci ho ancora pensato. È una prospettiva troppo distante.

Leggi il tuo profilo alla pagina successiva

Prevalenza di [A]
Sei un amortale sincero. Hai una forte inclinazione per l'amortalità e per certi versi stai già vivendo come se l'età non contasse.

Prevalenza di [B]
Sei sulla buona strada. Le tendenze latenti sono pronte a svilupparsi.

Prevalenza di [C]
Sei sinceramente mortale. L'amortalità non ha presa su di te e neppure le sue molteplici manifestazioni ti colpiscono.

Prevalenza di [D]
Amortale totale. Sei talmente lontano dai concetti di età esteriore che forse non ti rendi neppure conto di quanto vivi come se l'età non contasse.

Bibliografia

Allen, Woody, *Getting Even,* First Vintage Books, 1978

Athill, Diana, *After a Funeral,* Jonathan Cape, 1986

Athill, Diana, *Stet: An Editor's Life,* Granta Books, 2000

Baker, Nick, *Groovy Old Men: A Spotter's Guide,* Icon Books, 2008

Bakewell Sarah, *Montaigne, l'arte di vivere, trad. T. Fazi,* Fazi 2011

Berg, Adriane, *How Nat To Co Broke at 102: Achieving Everlastmg Wealth,* John Wiley & Sons, 2008

Bower, Tom, *Bransm,* Fourth Estate, 2001

Branson, Richard, *Losing my Virginity,* Virgin Books, 2009

Bright, Randy, *Disneyland: Inside Story,* edited by Lory Frankel, Harry N. Abrams for the Walt Disney Company, 1987

Buettner, Dan, *The Blue Zones: Lessons for Living Longer from the People Who've Lived the Longest,* National Geographic, 2008

Butler (MD), Robert N., *The Longevity Prescription: the 8 Proven Keys to a Long,Healthy Life,* Avery, 2010

Chopra, Deepak, *Ageless Body, Timeless Mind,* Rider, 1993, 2003

Côté, James E., *Arrested Adulthood. The Changing Nature of Maturity and Identity,* New York University Press, 2000

Critser, Greg, *Fat Land: How Americans Became the Fattest People in the World,* Houghton Mifflin, 2003

Cunningham, Hugh, *Leisure in the Industrial Revolution,* Groom Helm, 1980

Dahmen, Nicole S. and Raluca Cozma (a cura di), *Media Takes: On Aging,* International Longevity Center USA and Aging Services of California, 2009

Dawkins, Richard, *The God Delusion*, Bantam Press, 2006

Eco, Umberto, Stephen Jay Gouid, Jean-Claude Carriere, Jean Delumeau, *Conversations about the End of Time*, Penguin Books, 1999

Eskapa, Ben, *Bizarre Sex*, Quartet Books, 1987

Fairley, Josephine and Stacey, Sarah, *The Anti-Ageing Beauty Bible*, Kyle Cathie,2010

Furedi, Frank, *Il nuovo conformismo, troppa psicologia nella vita quotidiana,* trad. L. Cornalba, Feltrinelli, 2005

Gibson, William, *Zero History*, G.P. Putnam's Sons, 2010

Gladwell, Malcolm, *The Tipping Point: How Little Things Can Make a Big Difference*, Abacus, 2010

Goldacre, Ben, *Bad Science*, Fourth Estate, 2008

Gray, John, *Straw Dogs: Thoughts on Humans and Other Animals*, Granta Books, 2002

Greenbaum, Stuart (a cura di), *Longevity Rules: How to Age Well into the Future*, Eskaton, *2010*

Haeberle, Erwin J., *The Sex Atlas*, Continuum Publishing, 1981

Hayflick, Leonard, *The limited in vitro lifetime of human diploid cell strains,* Exp Cell Res, 1965

James, Oliver, *Affluenza: il virus che minaccia la classe media,* trad. T. La Branca, Excelsior 1881, 2008.

Jennings, Luke, *Blood Knots*, Atlantic, 2010

Jerome K. Jerome, *Tre uomini in barca (per non parlar del cane),* trad. K. Bagnoli, Feltrinelli, 2003

Jones, Steve, *Almost like a Whale: The Origin of Species Updated*, Doubleday, 1999

Kessler, David A., *The End of Overeating: Taking Control of Our Insatiable Appetite*, Penguin Books, 2009

Kurzweil, Ray, Terry Grossman, *Transcend: Nine Steps to Living Well Forever*, Rodale, 2009

Kurzweil, Ray, *The Singularity is Near: When Humans Transcend Biology*, Duckworth, 2009

Lachs, Mark, *Treat Me, Not My Age: A Doctor's Guide to Getting the best Care as You or a Loved One Gets Older*, Viking, 2010

Langer, Ellen J., *Counter Clockwise: Mindful Health and the Power of Possibility,* Ballantine Books, 2009

Lasch, Christopher, *The Culture of Narcissism. American Life in An Age of Diminishing Expectations,* W.W. Norton, 1979, 1991

Layard, Richard, Judy Dunn, A *Cood Childhood: Searching for Values in a Competitive Age,* Penguin Books, The Children's Society, 2009

Layard, Richard, *Happiness: Lessons from a New Science,* Penguin Books, 2005

Lewis, Wettdy, *Plastic Makes Perfect — The Complete Cosmetic Beauty Guide,* Orion Books, 2007

Mezrich, Ben, *The Accidental Billionaires: the Founding of Facebo-ok: A tale of sex, money, genius and betrayal,* Doubleday, 2009

Mosley, Leonard, *Disney's World,* Stein and Day, 1985

National Health Insurance: Lessons from Abroad — A Century Foundation Guide to the Issues, Century Foundation Press, 2008

Neugarten, Dail A. (a cura di), *The Meanings of Age: Selected Papers of Bernice L. Neugarten,* University of Chicago Press, 1996

Palmer, Sue, *Toxic Childhood: How the Modern World is Damaging Our Children and What We Can Do About It,* Orion Books, 2006

Pinsky, Dr Drew, Dr S. Mark Young, *The Mirror Effect: How Celebrity Narcissism Is Endangering Our Families — And How To Save Them,* HarperCollins, 2009

Pollan, Michael, *Food Rules: An Eater's Manual,* Penguin Books, 2010

Postman, Neil, *The Disappearance of Childhood,* Vintage, 1994

Poundstone, William, *Priceless: The Hidden Psychology of Value,* Oneworld, 2010

Sams, Craig, *The Little Food Book: An Explosive Account of the Food We Eat Today,* Alastair Sawday Publishing, 2003

Savage, Jon, *Teenage: The Creation of Youth 1875-1945,* Chatto & Windus, 2007

Sheehy, Gail, *New Passages: Mapping Your Life Across Time,* Ballantine Books, 1995

Sheehy, Gail, *Passages: Predictable Crises of Adult Life,* E.P. Dutton & Co., 1974, 1976

Shelley, Mary W., *Frankenstein or the Modern Prometheus,* Boston, 1869

Stanley Paul, *Sport Diving: the British Sub-Aqua Club Diving Manual, 1988*

Sterling, Bruce, *Fuoco Sacro*, trad. D. Brolli, Fanucci, Roma 2000.

Stipp, David, *The Youth Pill:* Scientists *at the Brink of an Anti-Aging Revolution,* Current, 2010

Strawson, Galen, Against Narrativity, *Ratio* (new series), XVII, 4 dicembre 2004

Swift, Jonathan, *Gulliver's Travels,* Wordsworth Classics, 1992

Twenge, Jean M., W. Keith Campbell, *The Narcissicism Epidemic: Living in the Age of Entitlement,* Free Press, 2009

Verdino, Greg, *microMARKETING: Get Big Results by Thinking and Acting Small,* McGraw Hill, 2010

Voltaire, *Candide,* (1759). A cura di Stanley Appelbaum, Dover Publications, 1991

Weiner, Jonathan, *Long for this World: The Strange Science of Immortality*, Ecco, 2010

Weintraub, Arlene, *Selling the Fountain of Youth: How the anti-aging industry mode a disease out of getting old and made billions*, Basic Books, 2010

Williams, Bernard, *Problems of the Self: Philosophical Papers 1956-1972,* Cambridge University Press, 1973

Wolfe, David B., Robert E. Snyder, *Ageless Marketing. Strategies for Reaching the Hearts and Minds of the New Customer Majority,* Dearborn Trade Publishing, 2003

Ringraziamenti

Se questo libro è venuto alla luce lo devo al dio delle assegnazioni – nonché capo del Time Warner public policy per l'Europa Carolyn Dailey – che durante quello che lei aveva definito «un pranzo per farsi un'idea» nell'ottobre 2009, ha fatto in modo che capitassi seduta a fianco del famoso agente letterario Ed Victor. «Allora, che tipo di libro avevi in mente di scrivere?», mi ha chiesto Ed, e già un attimo dopo stavamo parlando di amortalità. Non era finito gennaio che lui aveva già convinto Miranda West, all'epoca senior commissioning editor della Vermilion, a seguire il progetto. Qualche settimana dopo aver firmato il contratto con la Vermilion, Miranda ha consegnato le sue dimissioni e ha lasciato il paese ma, con mio grande sollievo, ha acconsentito lo stesso a lavorare sul mio libro da freelance. I suoi consigli si sono rivelati fondamentali.

Un grandissimo ringraziamento va anche ai miei colleghi del TIME. Lev Grossman, che di notte scrive racconti dark fantasy molto affascinanti, mi ha chiesto di scrivere un articolo partendo dalle mie prime riflessioni sull'amortalità per *Le 10 idee che stanno cambiando il mondo* sul numero uscito nel marzo 2009. Michael Elliott, deputy managing editor e International editor – che è stato e continua a essere un amico e un mentore sin dai tempi, ormai preistorici, in cui lavoravamo insieme al *The Economist* – mi ha concesso il congedo per la scrittura del libro anche se cadeva proprio a ridosso delle elezioni parlamentari nella regione che di solito seguo per lavoro.

Jumana Farouky, associate editor del TIME e tutta la redazione di Londra, mi hanno sostituita con grande generosità, anche dopo il mio rientro e in più di una occasione quando la fatica di chiudere un libro sommata a quella degli impegni di lavoro correnti mi avevano quasi fatto perdere la testa. Daphné Vanden Borre e Tracy Chan del *Time & Fortune* creative department, hanno contribuito con la creazione di idee e con il loro sostegno morale.

Il deputy international editor Bobby Gosh e sua moglie Bipasha sono stati ospiti particolarmente formidabili e generosi tra una cerchia di amici altrettanto formidabili e generosi che mi hanno ospitato durante il periodo di ricerca e/o sopportato durante la stesura, quando mi sono rivelata un'ospite della peggior specie: antisociale, poco collaborativa e sempre attaccata a internet a rubare la connessione agli altri.

Un grazie speciale – con scuse – va a Sara Burns e a Richard Sayer, Nicky e Luke Jennings, Florian Haertel e alla famiglia, compresi Bill Agee e Kristen Burgess Agee, Adam Bezark e Kristen Simental-Bezark, Laura e Skip Mandracchia, Angus Deayton e mia sorella Lise.

Mia sorella Cassie ha contribuito a ispirare il progetto, mentre Charlotte Grimshaw, tra i componenti più stretti della mia famiglia elettiva e nominata all'interno di queste pagine, non solo ha fornito un contributo sostanziale ma è stata anche la mia compagna di immersione durante quel viaggio nel Mar Rosso con mio padre. Mi ha incoraggiato a lungo a scrivere un libro e qualche anno fa, mi aveva suggerito l'argomento – come le donne si reinventano la vecchiaia – portandomi così a riflette sull'amortalità.

La Age Boom Academy guidata dall'International Longevity Center e sponsorizzata dal *New York Times*, è stata una risorsa fantastica. Il mio ringraziamento va a Biz Stone e a tutti gli altri del team Twitter per aver creato e per mantenere attivo uno strumento di ricerca tutt'ora sottovalutato. Un ringraziamento anche a Tim Berners-Lee per aver dato il via alla rivoluzione che ha portato a Twitter e che ha contribuito così tanto all'amortalità.

Il fan di twitter William Gibson e Allen Stairs dell'Università del Maryland hanno dedicato un bel po' di tempo a scovare materiali di eccezionale importanza e a discuterli con me. Sul fronte della ricerca, un altro aiuto significativo è venuto da Alec Howe e Patrick Lodge della Breaking Trends™.

Chi mi ha aiutato a dare forma alla gran mole di dati e materiali raccolti è stata Catriona "Katy" Watts, la miglior ricercatrice che abbia mai incontrato.

Quattro persone si sono lasciate risucchiare dalla prima stesura del libro per poi esprimere con franchezza il loro parere, sempre con grande tatto. Sono riconoscete a Gary Stix, *senior writer* al *Scienti-*

fic American; Peter Gumbel, amico, ex collega e genio a tutto tondo; Jef MecAllister, mio incredibile predecessore come Bureau Chief del *Time* a Londra, le cui impronte mi sembrano ancora troppo grandi per poterle ricalcare; e l'adorabile Beth Mitchell, mente acuta ed entusiasta seguace del pilates.

Per gli spunti, i consigli e il sostegno devo il mio ringraziamento anche a Maggie Alderson, Anoushka Boone, Josephine Fairley, Veronica Grant, Sabrina Guinness, Susy Hutchence, Dominique Jansen, Martine Johnson, Wendy Lewis, Tim Livesey, Cindy Palmano, Mary Schiffer e Sian Williams.

Un grazie anche a tutti i miei intervistati, ai miei parenti, ai miei nipoti acquisiti, più che se fossero miei, e a mio marito (di nuovo dal profondo), ma soprattutto ai miei genitori e non solo per aver sopportato le mie domande incessanti, ma per averle sollevate per primi.

Indice dei nomi

AMORTALITÀ
Piaceri e pericoli del vivere senza età
di Catherine Mayer
traduzione di Sabina Terziani

- -

QUI FINISCE IL LIBRO...

- - - - - - - - - - - - - - - -

... Ma non finisce qui:

Questo volume, edito dalla Iacobelli editore, è stato stampato in Italia
nel mese di maggio 2012 presso lo stabilimento tipografico Iacobelli,
via Catania 8, Pavona di Albano (Roma, Castelli Romani).

I caratteri utilizzati per la copertina sono: Gotham, Gill Sans, The Sans, The Serif.
I caratteri utilizzati per il testo sono: Bembo, Times New Roman.

Le carte utilizzate sono tutte dotate di certificazione ambientale.
Per l'interno è la Sole green da 80 g/mq delle cartiere Burgo.
Per la copertina è la Chromomatt da 300 g/mq delle cartiere Burgo.

La plastificazione opaca della copertina è stata effettuata dalla Verniplast, Pomezia (Roma).

Le lastre sono state incise su sistemi CTP della Heidelberg.
La stampa è stata effettuata su macchine Roland 700 formato 72x101 della Man Roland.

Gli inchiostri utilizzati sono della serie Eureka della Colorgraf,
formulata a base di oli vegetali e materie prime naturali rinnovabili.

L'energia elettrica dello stabilimento tipografico, fornita da Burgo Energia,
è prodotta da fonti rinnovabili e da cogenerazione ad alto rendimento.

progetto grafico e copertina
Falcinelli&Co. / Stefano Vittori e Livia Massaccesi

editing
Valentina Iacoponi

impaginazione
Gilberto Iacobelli

promozione
Lineabook

distribuzione
Pde

: :

Abbiamo lavorato con passione e cura per realizzare questo libro.
Possa avere vita lunga e alla fine del suo ciclo tornare alla natura.